싸피

SW적성진단
5일 완성

KB210792

시대에듀

2025 최신판 시대에듀 All-New 싸피 SSAFY (삼성 청년 SW아카데미) SW적성진단 5일 완성

Always **with you**

사람의 인연은 길에서 우연하게 만나거나 함께 살아가는 것만을 의미하지는 않습니다.
책을 펴내는 출판사와 그 책을 읽는 독자의 만남도 소중한 인연입니다.
시대에듀는 항상 독자의 마음을 헤아리기 위해 노력하고 있습니다. 늘 독자와 함께하겠습니다.

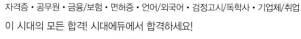
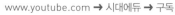

머리말 PREFACE

SSAFY는 SAMSUNG SOFTWARE ACADEMY FOR YOUTH의 줄임말로 삼성 청년 SW아카데미를 뜻한다. SSAFY는 삼성의 SW 교육 경험과 고용노동부의 취업 지원 노하우를 바탕으로 취업 준비생에게 SW 역량 향상 교육 및 다양한 취업지원 서비스를 제공하여 취업에 성공하도록 돕는 프로그램으로 기수별 1,150명, 연간 2,300명의 청년을 대상으로 교육을 진행한다.

삼성 청년 SW아카데미에 입과하려면 SW적성진단 시험에 통과하여야 한다. SW적성 진단은 온라인으로 진행되며 객관식과 주관식 문제가 출제된다. 객관식은 수리/추리 논리력을 진단하며, 주관식은 Computational Thinking에 대해 진단한다.

이에 시대에듀에서는 SSAFY 입과를 준비하는 수험생들이 보다 효율적으로 대비할 수 있도록 다음과 같은 특징의 본서를 출간하게 되었다.

도서의 특징

❶ 수리/추리 논리력 진단 문제를 수록하여 SW적성진단에서 출제되는 객관식 문제에 대비할 수 있도록 하였다.

❷ Computational Thinking 진단 문제를 수록하여 SW적성진단에서 출제되는 주관식 문제에 대비할 수 있도록 하였다.

❸ 객관식과 주관식 문제로 구성한 SW적성진단 최종점검 모의고사 2회를 수록하여 실전처럼 연습할 수 있도록 하였다.

❹ 에세이와 면접 자료를 수록하여 한 권으로 삼성 청년 SW아카데미 입과에 필요한 모든 과정을 준비할 수 있도록 하였다.

끝으로 본서를 통해 삼성 청년 SW아카데미 입과를 준비하는 모든 수험생에게 합격의 행운이 따르기를 진심으로 바란다.

SDC(Sidae Data Center) 씀

SSAFY란?

삼성 청년 SW아카데미(SSAFY)는 삼성의 SW 교육 경험과 고용노동부의 취업지원 노하우를 바탕으로 취업 준비생에게 SW 역량 향상 교육 및 다양한 취업지원 서비스를 제공하여 취업에 성공하도록 돕는 프로그램이다.

1 최고 수준의 교육을 제공한다.

전문분야별 자문교수단과 삼성의 SW 전문가가 함께 참여한 명품 커리큘럼을 제공하여 경쟁력 있는 차세대 SW 인력을 양성한다.

2 맞춤형 교육을 제공한다.

개인별 SW 역량 및 이해도 수준, 전공에 따라 맞춤형 교육을 제공하여 최적의 학습효과를 지향한다.

3 자기주도적 학습을 지향한다.

단순히 지식을 전달하기보다 스스로 문제를 해결할 수 있는 역량을 강화시키고, 기업에서 실제로 수행하는 형태의 프로젝트를 통해 실무 적응력을 향상시킨다.

4 취업 경쟁력을 높일 수 있는 효율적인 취업지원 서비스를 제공한다.

고용노동부의 취업지원 노하우를 기반으로 교육생에게 최적의 일자리 정보를 제공하고 취업 실전 교육과 컨설팅 서비스를 통해 취업에 성공하도록 지원한다.

비전

SSAFY는 SW 경쟁력을 강화시켜
IT 생태계 저변을 넓히고 대한민국 청년 취업 경쟁력을 향상시킨다.

인재상

SSAFY는 문제해결능력을 갖춘
경쟁력 있는 차세대 SW 인력을 양성한다.

논리적 사고	열정	학습의지
SW의 개념과 원리를 이해하고 규칙을 찾아 문제를 해결하는 인재	열정과 도전정신으로 교육에 적극 참여하는 인재	지속적으로 학습하고 교육에 몰두하여 목표를 성취하는 인재

삼성 청년 SW아카데미는 논리적 사고력과 SW에 대한
호기심을 바탕으로 한 열정과 학습의지가 넘치는 젊은 인재와 함께한다.

지원자격

구분	내용
대상	• 연령 : 만 29세 이하 • 학력 : ❶ 국내외 4년제 대학(학사 이상) 졸업자 및 졸업 예정자(전공 무관) 　　　　❷ 국내 지정 마이스터고 졸업자 및 졸업 예정자(학과 무관)
재직 여부	• 현재 미취업자 대상 • 인터뷰일로부터 본교육 시작일 전까지 재직(예정)자 지원 불가(사업장 건강보험 및 국민연금 가입 여부 기준) 　※ 졸업 예정자는 취업 여부 무관 지원 가능
기타	• 교육 시작일에 교육 입과 가능한 자 • 입과 후 1년간 SSAFY 교육에 온전히 집중할 수 있는 자 • 대학교, 대학원 재학 중인자 지원 불가(단, 졸업 예정자는 가능) • 병역필 또는 면제자로 해외여행에 결격 사유가 없는 자 　※ 교육 시작일 전까지 병역의무 완료 예정자 포함 　※ 교육 기간 중 취업할 경우, 해당 업체 입사 전에 개별적으로 퇴소

SSAFY 입과 안내 INFORMATION

교육생 지원내용

전문화된 SW 교육 제공

SW 역량을 향상시키고 취업에 도움이 될 수 있도록 다양한 실전 학습 기회가 주어진다.
(삼성 SW 역량 테스트 응시 기회 제공, 경진 대회 실시 등)

교육지원금 지급

SW 교육에 온전히 집중할 수 있도록 매월 100만 원의 교육지원금을 지급한다.

국내외 연구소 실습 기회 부여

우수 교육생을 선발하여 국내외 연구소의 실습 기회를 제공한다.
(삼성전자 해외연구소 등)

우수 교육생 시상

교육 성적 우수자, SW 등급 취득자 등 우수 교육생을 위한 다양한 시상 제도를 실시한다.

개인별 진로상담 및 취업지원 서비스 제공

맞춤형 일자리 정보 및 취업 실전 역량 교육과 컨설팅 서비스를 통해
취업에 성공할 수 있도록 지원한다.

모집절차

지원서 접수 　　　　SW적성진단 　　　　인터뷰 　　　　입과 및 교육

SW적성진단

SW적성진단은 지원서상 선택한 학력/전공 기준으로 구분하여 실시한다.

구분	내용
SW전공	기초 코딩 테스트를 통한 기본적인 SW역량 확인
SW비전공, 마이스터고	SW학습에 필요한 기본적인 사고력, 추론능력 확인 (수리/추리 논리력 및 Computational Thinking 진단)

SW적성진단(SW비전공, 마이스터고) 출제정보

구분	수리/추리 논리력	Computational Thinking 진단	주의사항
문제 유형	객관식	단답형 주관식	수리/추리 논리력 완료 후 Computational Thinking 진단 응시가 가능
문항 수	15문항	5세트/25문항	–
제한 시간	30분	40분	진단별 제한 시간 초과 시 자동 제출
응시 가능 시간	응시 시작 30분 전부터 SW적성진단 준비화면 접속이 가능하다. 최초 응시 및 진단 시작 후, 제한 시간 이내에 모든 진단을 완료해야 한다.		

※ 세부사항은 변경될 수 있으니 지원 전 반드시 공고를 확인하기 바랍니다.

입과 후 교육과정 CURRICULUM

교육과정 특징

문제해결능력을 갖춘 경쟁력 있는 **차세대 SW 인력 양성**

**몰입형
집중 코딩 교육**

- 실습 중심의 강도 높은 코딩 교육을 실시한다.
- 미션 달성에 따라 레벨이 올라가는 학습방식(Gamification)을 적용하여 교육 몰입도를 높인다.

**실전형
자기주도 학습**

- 실제 업무와 유사한 형태의 프로젝트를 수행하면서 협업능력과 문제해결역량을 쌓을 수 있다.
- 학습자 간 코드 리뷰, 페어 프로그래밍 등 상호학습을 지향한다.

**성과창출형
교육**

- 경진대회, SW테스트 등을 통해 자신의 실력을 주기적으로 측정할 기회를 제공한다.
- 모든 PJT는 Git를 활용하며, PJT 수행결과가 곧 개인의 포트폴리오가 된다.

교육과정 로드맵

기본과정(5개월)	1차 Job Fair(1개월)
목표 : 기초 코딩 역량을 갖춘 신입 SW 개발자 양성 내용 : SW 필수 지식과 알고리즘 중심의 몰입형 코딩 교육, 수준별 분반 운영	내용 : 취업역량 향상 집중교육(수준별 분반 운영), 개인별 취업지원 서비스 제공, 취업활동 및 채용정보 중점 지원, 해외연수(성적 우수자 대상), 계절학기 운영(SW 수준별)
심화과정(5개월)	2차 Job Fair(1개월)
목표 : 프로젝트 기반의 자기 주도형 학습을 통한 실전형 SW 개발자 양성 내용 : 교육생 수준에 맞는 자기 주도형 프로젝트 수행, 실무 환경과 동일한 개발방식 활용	내용 : 채용 박람회 개최, 개인별 맞춤형 경력 설계, 개인별 취업지원 서비스 제공, 취업활동 및 채용정보 중점 지원

SSAFY 커리큘럼

SSAFY 기본과정 커리큘럼	알고리즘 기반의 코딩역량을 향상시켜 SW 개발자로서의 기초를 탄탄히 다지고, 웹, 임베디드, IoT의 핵심 기술을 집중 탐구하여 다양한 경험과 문제해결능력을 보유한 인재로 성장한다.
SSAFY 심화과정 커리큘럼	SW 실전역량 강화를 위한 프로젝트 기반의 자기주도형 학습으로 실무역량 향상 및 취업 경쟁력을 강화할 수 있다. **프로젝트 과제 선정** • 취업 포트폴리오 관리 : 취업 포트폴리오 관리로 취업 준비생의 신뢰성과 전문성 보증 • 현업 유사 프로젝트 : 현업과 유사한 프로젝트 주제로 실습을 진행하여 실전 개발 역량 강화 • 4차 산업혁명 기술 : 4차 산업혁명 기술 활용 역량 강화를 통한 취업 우대 기술 확보 **프로젝트 수행** • 공통 프로젝트 : 비전공자/전공자가 한 팀으로 구성되어 웹 기반의 기술을 공통적으로 학습하여 원하는 웹 서비스 구현 • 특화 프로젝트 : 4차 산업혁명 분야 중 본인이 흥미 있는 특화 기술을 익히고 신기술 프로젝트 진행 • 자율 프로젝트 : 자유롭게 본인의 아이디어 기획 및 명세서를 스스로 작성하고 1·2학기 동안 학습한 다양한 기술들을 활용하여 나만의 포트폴리오 완성

도서 200% 활용하기 STRUCTURES

객관식

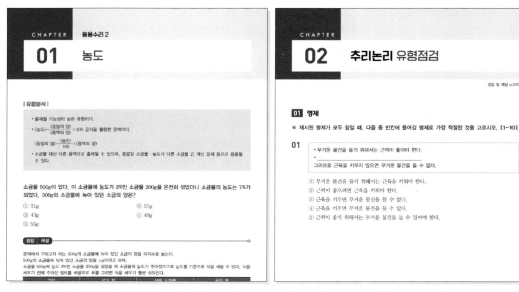

▶ 수리/추리 출제유형별 이론점검 – 대표유형 – 유형점검으로 객관식 출제영역에 대한 체계적인 학습을 하도록 하였다.

주관식

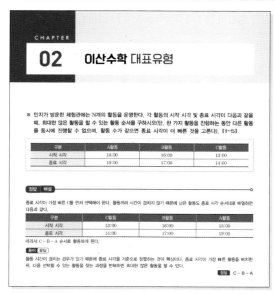

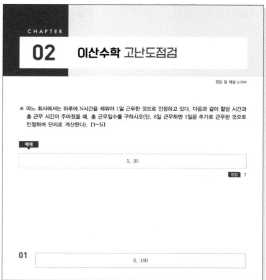

▶ 주관식 출제영역별 대표유형 – 유형점검 – 고난도점검으로 순차적인 학습을 통해 기초를 탄탄하게 쌓도록 하였다.

최종점검 모의고사

제1회 최종점검 모의고사

정답 및 해설 p.074

01 객관식

01 원영이의 회사 앞 카페에서 12시부터 1시까지 점심시간에 이용하는 손님을 대상으로 오픈 기념 이벤트를 시행한다. 0, 1, 2, 3, 4, 5, 6의 일곱 장의 카드 중 두 개의 카드를 뽑아 두 자릿수를 만들었을 때, 20 미만 혹은 60 이상의 두 자릿수가 되면 무료커피 교환권 쿠폰을 제공한다. 이때 원영이가 무료커피 교환권을 받을 확률은?

① $\frac{1}{6}$ ② $\frac{5}{6}$

③ $\frac{7}{12}$ ④ $\frac{17}{36}$

⑤ $\frac{1}{3}$

제2회 최종점검 모의고사

정답 및 해설 p.083

01 객관식

01 S사 구내식당에는 국류 5가지, 나물류 4가지, 볶음류 3가지의 메뉴가 있다. 국류, 나물류, 볶음류 중에서 서로 다른 메뉴를 두 개 선택하여 각각 하나씩 고르는 경우의 수는?

① 39가지   ② 41가지

③ 43가지   ④ 45가지

⑤ 47가지

▶ 객관식과 주관식 문제로 구성한 모의고사 2회분을 수록하여 자신의 실력을 스스로 점검할 수 있도록 하였다.

에세이 + 면접

CHAPTER 01 작성 방법

01 에세이란 무엇인가?

1. 기업의 채용에 있어 지원자에게 작성하라는 에세이란?

10년 전만 해도 외국계 건설팅 회사에서만 사용하는 독특한 채용방식이었던 에세이가 한국의 채용시장에 신입사원 채용전형 요소로 들어오기 시작하면서, 대기업을 중심으로 '경험과 경력을 기술할 수 있는 에세이'로 자기소개서를 제출하는 방식이 탈스펙 채용과 함께 확산되고 있다. SSAFY에서도 지원자가 SW를 알고 있는지를 확인하는 것이 아니라 SW에 얼마나 관심이 있는지 확인하는 일련의 과정이다.

지원할 때 제출 또는 입력하는 서류전형 요소는 이력사항과 자기소개서가 있다. 이력사항의 경우, 정부의 개인정보보호 법률에 따라 기록했던 주민등록번호, 신체사항 그리고 재산여부 등는 항목들은 사라지고 있으며, 경력사항이나 자격, 교육수료사항을 더 자세하게 적는 방향으로 바뀌고 있다. 자기소개서도 성장과정, 성격의 장단점, 사회경험, 지원동기 등의 정형화된 항목에서 벗어나, 에세이 형식의 '학업 이외에 관심과 열정을 가지고 했던 다양한 경험 중 가장 기억에 남는 것을 구체적으로 기술해 주세요.'와 같이 지원자의 변화되어 온 과정과 함께 지금 가지고 있는 생각을 글로써 알아보기 위한 구체적인 항목으로 대체되고 있다.

스토리텔링과 작성은 자신의 생각이나 의도를 상대방에게 알린다는 공통점이 있지만, 스토리텔링으로만 자기소개서를 구성하다 보면 다른 사람의 스토리에 나의 소재만 이식하여 스토리형식을 베끼는 형태로 답을 작성하는 경우가 많다. 이와 달리, 에세이는 자신의 논리력과 설득력을 잘 드러내기 위해서 상대적으로 자신이 스펙 중에 열위에 있다고 판단되는 부분에서부터 우위에 있다고 판단하는 것까지 모두 생각에 적어야 한다. 즉, 글을 읽는 사람이 어느 정도의 개요를 한눈에 볼 수 있을 정도로 구성하면서 완성된 글 근의 형태로 작성해야 하기 때문에 단순한 스토리텔링의 글과는 다른 지분이 존재한다. 에세이의 경우, 면접

CHAPTER 01 면접 소개

01 면접 주요사항

면접의 사전적 정의는 면접관이 지원자를 직접 만나보고 인품(人品)이나 언행(言行) 따위를 시험하는 일로, 흔히 필기시험 후에 최종적으로 심사하는 방법이다.

최근 주요 기업의 인사담당자들을 대상으로 채용 시 면접이 차지하는 비중을 질문조사했을 때, 50 ~ 80% 이상이라고 답한 사람이 전체 응답자의 80%를 넘었다. 이와 대조적으로 지원자들을 대상으로 취업 시험에서 면접을 준비하는 기간을 물었을 때, 대부분의 응답자가 2 ~ 3일 정도라고 대답한다.

지원자가 일정 수준의 스펙을 갖추기 위해 자격증 시험과 토익을 치르고 이력서와 자기소개서까지 쓰다 보면 면접전형이 짧길 이유가 없는 것이 사실이다. 그리고 서류전형과 인적성검사를 통과해야만 면접을 볼 수 있기 때문에 자연스럽게 면접은 취업시험 과정에서 그 비중이 작아질 수밖에 없다. 하지만 아이러니하게도 실제 채용 과정에서 면접이 차지하는 비중은 절대적이라고 해도 과언이 아니다.

기업들은 채용 과정에서 토론 면접, 인성 면접, 프레젠테이션 면접, 역량 면접 등의 다양한 면접을 실시한다. 1차 커트라인이라고 할 수 있는 서류전형을 통과한 지원자들의 스펙이나 능력은 서로 엇비슷하다고 판단되기 때문에 서류상 보이는 자격증이나 토익 성적보다는 지원자의 인성을 파악하기 위해 면접을 타후 강화하는 것이다. 일부 기업은 의도적으로 압박 면접을 실시하기도 한다. 지원자가 당황할 수 있는 질문을 던져서 그것에 대한 지원자의 반응을 살펴보는 것이다.

면접은 다르게 생각한다면 '나는 누구인가'에 대한 물음에 해답을 줄 수 있는 가장 현실적이고 미래적인 경험이 될 수 있다. 취업난 속에서 자격증을 취득하고 토익 성적을 올리기 위해 앞만 보고 달려온 지원자들은 자신에 대해 고민하고 탐구할 수 있는 시간을 평소 쉽게 가질 수 없었을 것이다. 자신을 잘 알고 있어야 자신에 대해서 자신감 있게 말할 수 있다. 대체로 사람들은 자신에게 관대한 편이기 때문에 스스로에 대해 어떤 기대와 환상을 가지고 있는 경우가 많다. 하지만 면접은 제삼자에 의해 개인의 능력을 객관적으로 평가

▶ 실제 출제된 에세이 기출 질문 및 면접 예상 질문을 수록해 SSAFY의 모든 전형에 대비할 수 있도록 하였다.

이 책의 차례 CONTENTS

1 일차

PART 1 객관식

CHAPTER 01   수리논리

01 응용수리

1. 수의 관계

(1) 약수와 배수

a가 b로 나누어떨어질 때, a는 b의 배수, b는 a의 약수

(2) 소수

1과 자기 자신만을 약수로 갖는 수. 즉, 약수의 개수가 2개인 수

(3) 합성수

1과 자신 이외의 수를 약수로 갖는 수. 즉, 소수가 아닌 수 또는 약수의 개수가 3개 이상인 수

(4) 최대공약수

2개 이상의 자연수의 공통된 약수 중에서 가장 큰 수

(5) 최소공배수

2개 이상의 자연수의 공통된 배수 중에서 가장 작은 수

(6) 서로소

1 이외에 공약수를 갖지 않는 두 자연수. 즉, 최대공약수가 1인 두 자연수

(7) 소인수분해

주어진 합성수를 소수의 거듭제곱의 형태로 나타내는 것

(8) 약수의 개수

자연수 $N = a^m \times b^n$에 대하여, N의 약수의 개수는 $(m+1) \times (n+1)$개

(9) 최대공약수와 최소공배수의 관계

두 자연수 A, B에 대하여, 최소공배수와 최대공약수를 각각 L, G라고 하면 $A \times B = L \times G$가 성립한다.

2. 방정식의 활용

(1) 날짜 · 요일 · 시계

① 날짜 · 요일
  ㉠ 1일＝24시간＝1,440분＝86,400초
  ㉡ 날짜 · 요일 관련 문제는 대부분 나머지를 이용해 계산한다.

② 시계
  ㉠ 시침이 1시간 동안 이동하는 각도 : 30°
  ㉡ 시침이 1분 동안 이동하는 각도 : 0.5°
  ㉢ 분침이 1분 동안 이동하는 각도 : 6°

(2) 거리 · 속력 · 시간

① (거리)＝(속력)×(시간)
  ㉠ 기차가 터널을 통과하거나 다리를 지나가는 경우
    • (기차가 움직인 거리)＝(기차의 길이)＋(터널 또는 다리의 길이)
  ㉡ 두 사람이 반대 방향 또는 같은 방향으로 움직이는 경우
    • (두 사람 사이의 거리)＝(두 사람이 움직인 거리의 합 또는 차)

② $(속력)=\dfrac{(거리)}{(시간)}$
  ㉠ 흐르는 물에서 배를 타는 경우
    • (하류로 내려갈 때의 속력)＝(배 자체의 속력)＋(물의 속력)
    • (상류로 올라갈 때의 속력)＝(배 자체의 속력)－(물의 속력)

③ $(시간)=\dfrac{(거리)}{(속력)}$

(3) 나이 · 인원 · 개수

구하고자 하는 것을 미지수로 놓고 식을 세운다. 동물의 경우 다리의 개수에 유의해야 한다.

(4) 원가 · 정가

① (정가)＝(원가)＋(이익), (이익)＝(정가)－(원가)

② $(a원에서\ b\%\ 할인한\ 가격)=a\times\left(1-\dfrac{b}{100}\right)$

(5) **일률 · 톱니바퀴**

① **일률**

전체 일의 양을 1로 놓고, 시간 동안 한 일의 양을 미지수로 놓고 식을 세운다.

- $(일률) = \dfrac{(작업량)}{(작업기간)}$

- $(작업기간) = \dfrac{(작업량)}{(일률)}$

- $(작업량) = (일률) \times (작업기간)$

② **톱니바퀴**

$(톱니\ 수) \times (회전수) = (총\ 맞물린\ 톱니\ 수)$

즉, A, B 두 톱니에 대하여, $(A의\ 톱니\ 수) \times (A의\ 회전수) = (B의\ 톱니\ 수) \times (B의\ 회전수)$가 성립한다.

(6) **농도**

① $(농도) = \dfrac{(용질의\ 양)}{(용액의\ 양)} \times 100$

② $(용질의\ 양) = \dfrac{(농도)}{100} \times (용액의\ 양)$

(7) **수 I**

① 연속하는 세 자연수 : $x-1,\ x,\ x+1$
② 연속하는 세 짝수(홀수) : $x-2,\ x,\ x+2$

(8) **수 II**

① 십의 자릿수가 x, 일의 자릿수가 y인 두 자리 자연수 : $10x+y$

이 수에 대해, 십의 자리와 일의 자리를 바꾼 수 : $10y+x$

② 백의 자릿수가 x, 십의 자릿수가 y, 일의 자릿수가 z인 세 자리 자연수 : $100x+10y+z$

(9) **증가 · 감소**

① x가 $a\%$ 증가 : $\left(1 + \dfrac{a}{100}\right)x$

② y가 $b\%$ 감소 : $\left(1 - \dfrac{b}{100}\right)y$

3. 경우의 수 · 확률

(1) 경우의 수

① 경우의 수 : 어떤 사건이 일어날 수 있는 모든 가짓수

② 합의 법칙

    ㉠ 두 사건 A, B가 동시에 일어나지 않을 때, A가 일어나는 경우의 수를 m, B가 일어나는 경우의 수를 n이라고 하면, 사건 A 또는 B가 일어나는 경우의 수는 $m+n$이다.

    ㉡ '또는', '~이거나'라는 말이 나오면 합의 법칙을 사용한다.

③ 곱의 법칙

    ㉠ A가 일어나는 경우의 수를 m, B가 일어나는 경우의 수를 n이라고 하면, 사건A와 B가 동시에 일어나는 경우의 수는 $m \times n$이다.

    ㉡ '그리고', '동시에'라는 말이 나오면 곱의 법칙을 사용한다.

④ 여러 가지 경우의 수

    ㉠ 동전 n개를 던졌을 때, 경우의 수 : 2^n

    ㉡ 주사위 m개를 던졌을 때, 경우의 수 : 6^m

    ㉢ 동전 n개와 주사위 m개를 던졌을 때, 경우의 수 : $2^n \times 6^m$

    ㉣ n명을 한 줄로 세우는 경우의 수 : $n! = n \times (n-1) \times (n-2) \times \cdots \times 2 \times 1$

    ㉤ n명 중, m명을 뽑아 한 줄로 세우는 경우의 수 : $_n\mathrm{P}_m = n \times (n-1) \times \cdots \times (n-m+1)$

    ㉥ n명을 한 줄로 세울 때, m명을 이웃하여 세우는 경우의 수 : $(n-m+1)! \times m!$

    ㉦ 0이 아닌 서로 다른 한 자리 숫자가 적힌 n장의 카드에서, m장을 뽑아 만들 수 있는 m자리 정수의 개수 : $_n\mathrm{P}_m$

    ㉧ 0을 포함한 서로 다른 한 자리 숫자가 적힌 n장의 카드에서, m장을 뽑아 만들 수 있는 m자리 정수의 개수 : $(n-1) \times {}_{n-1}\mathrm{P}_{m-1}$

    ㉨ n명 중, 자격이 다른 m명을 뽑는 경우의 수 : $_n\mathrm{P}_m$

    ㉩ n명 중, 자격이 같은 m명을 뽑는 경우의 수 : $_n\mathrm{C}_m = \dfrac{_n\mathrm{P}_m}{m!}$

    ㉪ 원형 모양의 탁자에 n명을 앉히는 경우의 수 : $(n-1)!$

⑤ 최단거리 문제 : A에서 B 사이에 P가 주어져 있다면, A와 P의 최단거리, B와 P의 최단거리를 각각 구하여 곱한다.

(2) 확률

① (사건 A가 일어날 확률)=$\dfrac{(사건\ A가\ 일어나는\ 경우의\ 수)}{(모든\ 경우의\ 수)}$

② **여사건의 확률**

  ㉠ 사건 A가 일어날 확률이 p일 때, 사건 A가 일어나지 않을 확률은 $(1-p)$이다.

  ㉡ '적어도'라는 말이 나오면 주로 사용한다.

③ **확률의 계산**

  ㉠ 확률의 덧셈

  두 사건 A, B가 동시에 일어나지 않을 때, A가 일어날 확률을 p, B가 일어날 확률을 q라고 하면, 사건 A 또는 B가 일어날 확률은 $p+q$이다.

  ㉡ 확률의 곱셈

  A가 일어날 확률을 p, B가 일어날 확률을 q라고 하면, 사건 A와 B가 동시에 일어날 확률은 $p \times q$이다.

④ **여러 가지 확률**

  ㉠ 연속하여 뽑을 때, 꺼낸 것을 다시 넣고 뽑는 경우 : 처음과 나중의 모든 경우의 수는 같다.

  ㉡ 연속하여 뽑을 때, 꺼낸 것을 다시 넣지 않고 뽑는 경우 : 나중의 모든 경우의 수는 처음의 모든 경우의 수보다 1만큼 작다.

  ㉢ (도형에서의 확률)=$\dfrac{(해당하는\ 부분의\ 넓이)}{(전체\ 넓이)}$

02 자료해석

(1) 꺾은선(절선)그래프

　① 시간적 추이(시계열 변화)를 표시하는 데 적합하다.

　　예 연도별 매출액 추이 변화 등

　② 경과·비교·분포를 비롯하여 상관관계 등을 나타낼 때 사용한다.

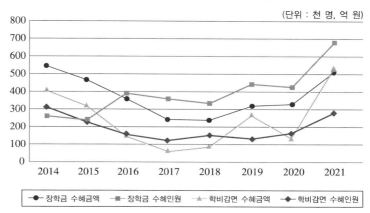

〈중학교 장학금, 학비감면 수혜현황〉

(단위 : 천 명, 억 원)

━●━ 장학금 수혜금액　━■━ 장학금 수혜인원　━▲━ 학비감면 수혜금액　━◆━ 학비감면 수혜인원

(2) 막대그래프

　① 비교하고자 하는 수량을 막대 길이로 표시하고, 그 길이를 비교하여 각 수량 간의 대소 관계를 나타내는 데 적합하다.

　　예 영업소별 매출액, 성적별 인원분포 등

　② 가장 간단한 형태로 내역·비교·경과·도수 등을 표시하는 용도로 사용한다.

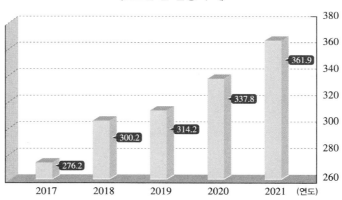

〈연도별 암 발생 추이〉

(3) 원그래프

① 내역이나 내용의 구성비를 분할하여 나타내는 데 적합하다.

　　예 제품별 매출액 구성비 등

② 원그래프를 정교하게 작성할 때는 수치를 각도로 환산해야 한다.

〈C국의 가계 금융자산 구성비〉

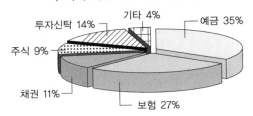

(4) 점그래프

① 지역분포를 비롯하여 도시, 지방, 기업, 상품 등의 평가나 위치, 성격을 표시하는 데 적합하다.

　　예 광고비율과 이익률의 관계 등

② 종축과 횡축에 두 요소를 두고, 보고자 하는 것이 어떤 위치에 있는가를 알고자 할 때 사용한다.

〈OECD 국가의 대학졸업자 취업률 및 경제활동인구 비중〉

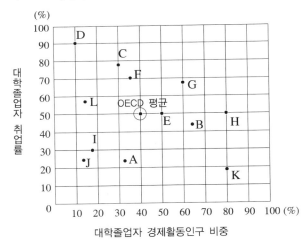

(5) 층별그래프

① 합계와 각 부분의 크기를 백분율로 나타내고 시간적 변화를 보는 데 적합하다.

② 합계와 각 부분의 크기를 실수로 나타내고 시간적 변화를 보는 데 적합하다.

　　예 상품별 매출액 추이 등

③ 선의 움직임보다는 선과 선 사이의 크기로써 데이터 변화를 나타내는 그래프이다.

〈우리나라 세계유산 현황〉

(6) 레이더 차트(거미줄그래프)

① 다양한 요소를 비교할 때, 경과를 나타내는 데 적합하다.

　　예 매출액의 계절변동 등

② 비교하는 수량을 직경, 또는 반경으로 나누어 원의 중심에서의 거리에 따라 각 수량의 관계를 나타내는 그래프이다.

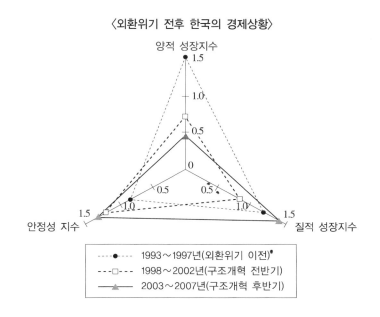

〈외환위기 전후 한국의 경제상황〉

03 수열

(1) **등차수열** : 앞의 항에 일정한 수를 더해 이루어지는 수열

예

(2) **등비수열** : 앞의 항에 일정한 수를 곱해 이루어지는 수열

예
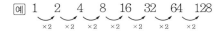

(3) **계차수열** : 수열의 인접하는 두 항의 차로 이루어진 수열

예
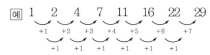

(4) **피보나치수열** : 앞의 두 항의 합이 그 다음 항의 수가 되는 수열

예 1   1 $\underset{1+1}{2}$ $\underset{1+2}{3}$ $\underset{2+3}{5}$ $\underset{3+5}{8}$ $\underset{5+8}{13}$ $\underset{8+13}{21}$

(5) **건너뛰기 수열**

• 두 개 이상의 수열이 일정한 간격을 두고 번갈아가며 나타나는 수열

예 1   1   3   7   5   13   7   19

• 홀수 항 : 1   3   5   7
          +2   +2   +2

• 짝수 항 : 1   7   13   19
          +6   +6   +6

• 두 개 이상의 규칙이 일정한 간격을 두고 번갈아가며 적용되는 수열

예
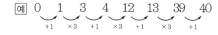

(6) 군수열 : 일정한 규칙성으로 몇 항씩 묶어 나눈 수열

예 • 1 1 2 1 2 3 1 2 3 4

⇒ $\underline{1 \quad 1 \quad 2} \quad \underline{1 \quad 2 \quad 3} \quad \underline{1 \quad 2 \quad 3 \quad 4}$

• 1 3 4 6 5 11 2 6 8 9 3 12

⇒ $\underset{1+3=4}{\underline{1 \quad 3 \quad 4}} \quad \underset{6+5=11}{\underline{6 \quad 5 \quad 11}} \quad \underset{2+6=8}{\underline{2 \quad 6 \quad 8}} \quad \underset{9+3=12}{\underline{9 \quad 3 \quad 12}}$

• 1 3 3 2 4 8 5 6 30 7 2 14

⇒ $\underset{1\times3=3}{\underline{1 \quad 3 \quad 3}} \quad \underset{2\times4=8}{\underline{2 \quad 4 \quad 8}} \quad \underset{5\times6=30}{\underline{5 \quad 6 \quad 30}} \quad \underset{7\times2=14}{\underline{7 \quad 2 \quad 14}}$

01 거리·속력·시간

| 유형분석 |

- (거리)=(속력)×(시간) 공식을 활용한 문제이다.

  $$(속력)=\frac{(거리)}{(시간)}$$

  $$(시간)=\frac{(거리)}{(속력)}$$

거리	
속력	시간

  으로 기억해두면 세 가지 공식을 한 번에 기억할 수 있다.
- 시간차를 두고 출발하는 경우, 마주 보고 걷거나 둘레를 도는 경우, 기차가 터널을 지나는 경우 등 추가적인 조건과 결합하여 문제가 출제될 수 있다.

S사원은 회사 근처 카페에서 거래처와 미팅을 갖기로 했다. 처음에는 4km/h로 걸어가다가 약속 시간에 늦을 것 같아서 10km/h로 뛰어서 24분 만에 미팅 장소에 도착했다. 회사에서 카페까지의 거리가 2.5km일 때, S사원이 뛴 거리는?

① 0.6km
② 0.9km
③ 1.2km
④ 1.5km
⑤ 1.8km

총 거리와 총 시간이 주어져 있으므로 걸은 거리와 뛴 거리 또는 걸은 시간과 뛴 시간을 미지수로 잡을 수 있다. 미지수를 잡기 전에 문제에서 묻는 것을 정확하게 파악해야 나중에 답을 구할 때 헷갈리지 않는다. 문제에서 S사원이 뛴 거리를 물어보았으므로 거리를 미지수로 놓는다.

S사원이 회사에서 카페까지 걸어간 거리를 $x$km, 뛴 거리를 $y$km라고 하자.

회사에서 카페까지의 거리는 2.5km이므로 걸어간 거리 $x$km와 뛴 거리 $y$km를 합하면 2.5km이다.

$x+y=2.5 \cdots \bigcirc$

S사원이 회사에서 카페까지 24분이 걸렸으므로 걸어간 시간$\left(\dfrac{x}{4} \text{시간}\right)$과 뛰어간 시간$\left(\dfrac{y}{10} \text{시간}\right)$을 합치면 24분이다. 이때 속력은 시간 단위이므로 분으로 바꾸어 계산한다.

$\dfrac{x}{4} \times 60 + \dfrac{y}{10} \times 60 = 24 \rightarrow 5x+2y=8 \cdots \bigcirc\bigcirc$

$\bigcirc\bigcirc - 2 \times \bigcirc$을 하여 $\bigcirc$과 $\bigcirc\bigcirc$을 연립하면 $x=1$이고, 구한 x의 값을 $\bigcirc$에 대입하면 $y=1.5$이다.

따라서 S사원이 뛴 거리는 1.5km이다.

정답 ④

유형 풀이 Tip

1. 미지수를 정할 때에는 문제에서 묻는 것을 정확하게 파악해야 한다.
2. 속력과 시간의 단위를 처음에 정리하여 계산하면 실수 없이 풀이할 수 있다.
   - 1시간=60분=3,600초
   - 1km=1,000m=100,000cm

01 농도

유형분석

- 출제될 가능성이 높은 유형이다.
- (농도)=$\dfrac{(용질의 \ 양)}{(용액의 \ 양)} \times 100$ 공식을 활용한 문제이다.

  (용질의 양)=$\dfrac{(농도)}{100} \times (용액의 \ 양)$
- 소금물 대신 다른 용액으로 출제될 수 있으며, 증발된 소금물·농도가 다른 소금물 간 계산 문제 등으로 응용될 수 있다.

소금물 500g이 있다. 이 소금물에 농도가 3%인 소금물 200g을 온전히 섞었더니 소금물의 농도는 7%가 되었다. 500g의 소금물에 녹아 있던 소금의 양은?

① 31g
② 37g
③ 43g
④ 49g
⑤ 55g

정답 | 해설

문제에서 구하고자 하는 500g의 소금물에 녹아 있던 소금의 양을 미지수로 놓는다.
500g의 소금물에 녹아 있던 소금의 양을 xg이라고 하자.
소금물 500g에 농도 3%인 소금물 200g을 섞었을 때 소금물의 농도가 주어졌으므로 농도를 기준으로 식을 세울 수 있다. 식을 세우기 전에 주어진 정보를 바탕으로 표를 그리면 식을 세우기 훨씬 쉬워진다.

구분	섞기 전	섞을 소금물	섞은 후
소금(g)	x	6	$x+6$
소금+물(g)	500	200	500+200
농도(%)	구할 필요 없음	3	7

섞은 후의 정보를 가지고 식을 구하면 다음과 같다.

$\dfrac{x+6}{500+200} \times 100 = 7$

→ $(x+6) \times 100 = 7 \times (500+200)$

→ $(x+6) \times 100 = 4,900$

→ $100x+600 = 4,900$

→ $100x = 4,300$

∴ $x = 43$

따라서 500g의 소금물에 녹아 있던 소금의 양은 43g이다.

정답 ③

간소화

숫자의 크기를 최대한 간소화해야 한다. 특히, 농도의 경우 분수와 정수가 같이 제시되고, 최근에는 비율을 활용한 문제가 많이 출제되고 있으므로 통분이나 약분을 통해 수를 간소화시켜 계산 실수를 줄일 수 있도록 한다.

주의사항

항상 미지수를 구해서 그 값을 계산하여 풀이해야 하는 것은 아니다. 문제에서 원하는 값은 정확한 미지수를 구하지 않아도 풀이과정에서 답이 제시되는 경우가 있으므로 문제에서 묻는 것을 명확히 해야 한다.

섞은 소금물 풀이 방법

1. 정보 정리

　주어진 정보를 각 소금물 단위로 정리한다. 각 소금물에서 2가지 정보가 주어졌다면 계산으로 나머지 정보를 찾는다.

2. 미지수 설정

　각 소금물에서 2가지 이상의 정보가 없다면 그중 한 가지 정보를 미지수로 설정한다. 나머지 모르는 정보도 앞서 설정한 미지수로 표현해놓는다.

3. 식 세우기

　섞기 전과 섞은 후의 소금의 양, 소금물의 양을 이용하여 식을 세운다.

| 유형분석 |

- 전체 일의 양을 1로 두고 풀이하는 유형이다.
- 분이나 초 단위 계산이 가장 어려운 유형으로 출제되고 있다.
- (일률)=$\dfrac{\text{(작업량)}}{\text{(작업기간)}}$

  (작업기간)=$\dfrac{\text{(작업량)}}{\text{(일률)}}$

  (작업량)=(일률)×(작업기간)

한 공장에서는 기계 2대를 운용하고 있다. 이 공장의 전체 작업을 수행할 때 A기계로는 12시간이 걸리며, B기계로는 18시간이 걸린다. 이미 절반의 작업이 수행된 상태에서, A기계로 4시간 동안 작업하다가 이후로는 A, B 두 기계를 모두 동원해 작업을 수행했다면 남은 절반의 작업을 완료하는 데 소요되는 총 시간은?

① 1시간

② 1시간 12분

③ 1시간 20분

④ 1시간 30분

⑤ 1시간 40분

정답 해설

전체 일의 양을 1이라고 하자.

A기계가 한 시간 동안 작업할 수 있는 일의 양은 $\dfrac{1}{12}$이고, B기계가 한 시간 동안 작업할 수 있는 일의 양은 $\dfrac{1}{18}$이다.

이미 절반의 작업이 진행되었으므로 남은 일의 양은 $1-\dfrac{1}{2}=\dfrac{1}{2}$이다. 이 중 A기계로 4시간 동안 작업을 진행했으므로 A기계와

B기계가 함께 작업해야 하는 일의 양은 $\dfrac{1}{2}-\left(\dfrac{1}{12}\times 4\right)=\dfrac{1}{6}$이다.

따라서 남은 $\dfrac{1}{6}$을 수행하는 데 걸리는 시간은 $\dfrac{\dfrac{1}{6}}{\left(\dfrac{1}{12}+\dfrac{1}{18}\right)}=\dfrac{\dfrac{1}{6}}{\dfrac{5}{36}}=\dfrac{6}{5}$시간이므로 총 1시간 12분이 걸린다.

정답 ②

유형 풀이 Tip

1. 전체의 값을 모르는 상태에서 비율을 묻는 문제의 경우 전체를 1이라고 하면 쉽게 풀이할 수 있다.

   예 S가 1개의 빵을 만드는 데 3시간이 걸린다. 1개의 빵을 만드는 일의 양을 1이라고 하면 S는 한 시간에 $\frac{1}{3}$ 만큼의 빵을 만든다.

2. 난이도가 있는 일의 양 문제를 접근할 때 전체 일의 양을 막대 그림으로 표현하면서 풀이하면 한눈에 파악할 수 있다.

   예

$\frac{1}{2}$ 수행됨	A기계로 4시간 동안 작업	A, B 두 기계를 모두 동원해 작업

| 유형분석 |

- 원가, 정가, 할인가, 판매가 등의 개념을 명확히 한다.
  (정가)=(원가)+(이익)
  (이익)=(정가)−(원가)

  a원에서 $b\%$ 할인한 가격$=a\times\left(1-\dfrac{b}{100}\right)$원
- 난이도가 어려운 편은 아니지만 비율을 활용한 계산 문제이기 때문에 실수하기 쉽다.
- 경우의 수와 결합하여 출제되기도 했다.

종욱이는 25,000원짜리 피자 두 판과 8,000원짜리 샐러드 세 개를 주문했다. 통신사 멤버십 혜택으로 피자는 15%, 샐러드는 25%를 할인받았고, 이벤트로 통신사 멤버십 혜택을 적용한 금액의 10%를 추가 할인받았다고 한다. 종욱이가 할인받은 금액은?

① 12,150원
② 13,500원
③ 18,600원
④ 19,550원
⑤ 20,850원

할인받기 전 종욱이가 지불할 금액은 $25,000 \times 2 + 8,000 \times 3 = 74,000$원이다.
통신사 할인과 이벤트 할인을 적용한 금액은 $(25,000 \times 2 \times 0.85 + 8,000 \times 3 \times 0.75) \times 0.9 = 54,450$원이다.
따라서 종욱이가 할인받은 금액은 $74,000 - 54,450 = 19,550$원이다.

정답 ④

유형 풀이 Tip

전체 금액을 구하는 것이 아니라 할인된 금액을 구하면 수의 크기도 작아지고, 풀이 과정을 단축시킬 수 있다.
예를 들어 위의 문제에서 피자는 15%, 샐러드는 25%를 할인받았으므로 할인받은 금액은 각각 7,500원, 6,000원이다. 할인받은 금액의 합을 원래 지불했어야 하는 금액에서 빼면 60,500원이고, 이의 10%는 6,050원이므로 종욱이가 할인받은 총 금액은 $7,500 + 6,000 + 6,050 = 19,550$원이다.

01 경우의 수

| 유형분석 |

- 출제될 가능성이 높은 유형이다.
- 순열(P)과 조합(C)을 활용한 문제이다.

$${}_n\mathrm{P}_m = n \times (n-1) \times \cdots \times (n-m+1)$$

$${}_n\mathrm{C}_m = \frac{{}_n\mathrm{P}_m}{m!} = \frac{n \times (n-1) \times \cdots \times (n-m+1)}{m!}$$

- 벤다이어그램을 활용한 문제가 출제되기도 한다.

S전자는 토요일에는 2명의 사원이 당직 근무를 서도록 사칙으로 규정하고 있다. S전자의 B팀에는 8명의 사원이 있다. B팀이 앞으로 3주 동안 토요일 당직 근무를 선다고 했을 때, 가능한 모든 경우의 수는?(단, 모든 사원은 당직 근무를 2번 이상 서지 않는다)

① 1,520가지
② 2,520가지
③ 5,040가지
④ 10,080가지
⑤ 15,210가지

정답 해설

8명을 2명씩 3그룹으로 나누는 경우의 수는 ${}_8\mathrm{C}_2 \times {}_6\mathrm{C}_2 \times {}_4\mathrm{C}_2 \times \frac{1}{3!} = 28 \times 15 \times 6 \times \frac{1}{6} = 420$가지이다.

3개의 그룹을 각각 A, B, C라 하면, 3주 동안 토요일에 근무자를 배치하는 경우의 수는 A, B, C를 일렬로 배열하는 경우의 수와 같다. 3그룹을 일렬로 나열하는 경우의 수는 $3 \times 2 \times 1 = 6$가지이다.
따라서 구하는 경우의 수는 $420 \times 6 = 2,520$가지이다.

정답 ②

유형 풀이 Tip

경우의 수의 합의 법칙과 곱의 법칙 등에 대해 명확히 한다.
- 합의 법칙
  ㉠ 두 사건 A, B가 동시에 일어나지 않을 때, A가 일어나는 경우의 수를 m가지, B가 일어나는 경우의 수를 n가지라고 하면, 사건 A 또는 B가 일어나는 경우의 수는 $m+n$가지이다.
  ㉡ '또는', '~이거나'라는 말이 나오면 합의 법칙을 사용한다.
- 곱의 법칙
  ㉠ A가 일어나는 경우의 수를 m가지, B가 일어나는 경우의 수를 n가지라고 하면, 사건 A와 B가 동시에 일어나는 경우의 수는 $m \times n$가지이다.
  ㉡ '그리고', '동시에'라는 말이 나오면 곱의 법칙을 사용한다.

01 확률

| 유형분석 |

- 출제되는 응용수리 2문제 중 1문제에 속할 가능성이 높은 유형이다.
- 순열(P)과 조합(C)을 활용한 문제이다.
- 조건부 확률 문제가 출제되기도 한다.

주머니에 1부터 10까지의 숫자가 적힌 카드 10장이 들어있다. 주머니에서 카드를 세 번 뽑는다고 할 때, 1, 2, 3이 적힌 카드 중 하나 이상을 뽑을 확률은?(단, 꺼낸 카드는 다시 넣지 않는다)

① $\dfrac{5}{8}$

② $\dfrac{17}{24}$

③ $\dfrac{7}{24}$

④ $\dfrac{7}{8}$

⑤ $\dfrac{5}{6}$

정답 해설

(1, 2, 3이 적힌 카드 중 하나 이상을 뽑을 확률)=1−(세 번 모두 4 ~ 10이 적힌 카드를 뽑을 확률)

- 세 번 모두 4 ~ 10이 적힌 카드를 뽑을 확률 : $\dfrac{7}{10} \times \dfrac{6}{9} \times \dfrac{5}{8} = \dfrac{7}{24}$

따라서 1, 2, 3이 적힌 카드 중 하나 이상을 뽑을 확률은 $1 - \dfrac{7}{24} = \dfrac{17}{24}$ 이다.

정답 ②

유형 풀이 Tip

- 여사건의 확률
  ㉠ 사건 A가 일어날 확률이 p일 때, 사건 A가 일어나지 않을 확률은 $(1-p)$이다.
  ㉡ '적어도'라는 말이 나오면 주로 사용한다.
- 확률의 덧셈
  두 사건 A, B가 동시에 일어나지 않을 때, A가 일어날 확률을 p, B가 일어날 확률을 q라고 하면, 사건 A 또는 B가 일어날 확률은 $p+q$이다.
- 확률의 곱셈
  A가 일어날 확률을 p, B가 일어날 확률을 q라고 하면, 사건 A와 B가 동시에 일어날 확률은 $p \times q$이다.

| 유형분석 |

- 자료를 보고 해석하거나 추론한 내용을 고르는 문제가 출제된다.
- 증감 추이, 증감률, 증감폭 등의 간단한 계산이 포함되어 있다.
- %, %p 등의 차이점을 알고 적용할 수 있어야 한다.
  %(퍼센트) : 어떤 양이 전체(100)에 대해서 얼마를 차지하는가를 나타내는 단위
  %p(퍼센트 포인트) : %로 나타낸 수치가 이전 수치와 비교했을 때 증가하거나 감소한 양

다음은 지방자치단체 재정력 지수를 나타낸 자료이다. 이에 대한 설명으로 옳은 것은?

〈지방자치단체 재정력 지수〉

구분	2021년	2022년	2023년	평균
서울	1.106	1.088	1.010	1.068
부산	0.942	0.922	0.878	0.914
대구	0.896	0.860	0.810	0.855
인천	1.105	0.984	1.011	1.033
광주	0.772	0.737	0.681	0.730
대전	0.874	0.873	0.867	0.871
울산	0.843	0.837	0.832	0.837
경기	1.004	1.065	1.032	1.034
강원	0.417	0.407	0.458	0.427
충북	0.462	0.446	0.492	0.467
충남	0.581	0.693	0.675	0.650
전북	0.379	0.391	0.404	0.393
전남	0.319	0.330	0.320	0.323

※ 매년 지방자치단체의 기준 재정수입액이 기준 재정수요액에 미치지 않는 경우, 중앙정부는 그 부족만큼의 지방교부세를 당해 연도에 지급함
※ 재정력 지수=(기준 재정수입액)÷(기준 재정수요액)

① 3년간 지방교부세를 지원받은 적이 없는 지방자치단체는 서울, 인천, 경기 3곳이다.
② 2023년의 서울 재정력 지수 대비 전북 재정력 지수의 비율은 30% 미만이다.
③ 3년간 재정력 지수가 지속적으로 상승한 지방자치단체는 전북이 유일하다.
④ 3년간 지방교부세를 가장 많이 지원받은 지방자치단체는 전남이다.
⑤ 3년간 대전과 울산의 기준 재정수입액이 매년 서로 동일하다면 기준 재정수요액은 대전이 울산보다 항상 많다.

3년간 재정력 지수가 지속적으로 상승한 지방자치단체는 전북이 유일하다고 하였으므로 우선 전북부터 재정력 지수가 지속적으로 상승하였는지 확인한다. 전북은 3년간 재정력 지수가 지속적으로 상승하였으므로 나머지 지방자치단체 중 3년간 재정력 지수가 상승하는 지방자치단체가 있는지 파악하여 전북이 유일한지를 확인한다. 3년간이므로 2021년 대비 2022년에 상승한 지방만 2022년 대비 2023년에 상승했는지 확인한다.

구분	2021년 대비 2022년	2022년 대비 2023년
서울	하락	–
부산	하락	–
대구	하락	–
인천	하락	–
광주	하락	–
대전	하락	–
울산	하락	–
경기	상승	하락
강원	하락	–
충북	하락	–
충남	상승	하락
전북	상승	상승
전남	상승	하락

오답분석

① 기준 재정수입액이 수요액보다 작으면 정부의 지원을 받는데 기준 재정수입액이 수요액보다 작으면 재정력지수는 1 미만이다. 인천의 경우 2022년에 재정력 지수가 1 미만이므로 정부의 지원을 받은 적이 있다.

② 2023년의 서울 재정력 지수 대비 전북 재정력 지수의 비율은 $\frac{0.404}{1.010} \times 100 = 40\%$로 30% 이상이다.

④ 재정력 지수는 액수에 대한 비율을 나타낸 값이므로 절대적인 액수를 파악할 수 없다.

⑤ 기준 재정수입액이 동일하면 재정력 지수가 클수록 기준 재정수요액이 적다. 따라서 대전은 울산보다 기준 재정수요액이 항상 적다.

정답 ③

유형 풀이 Tip

• 간단한 선택지부터 해결하기
  계산이 필요 없거나 생각하지 않아도 되는 선택지를 먼저 해결한다.
  예 ③은 제시된 수치의 증감 추이를 판단하는 문제이므로 가장 먼저 풀이 가능하다.

• 옳은 것 / 옳지 않은 것 헷갈리지 않게 표시하기
  자료해석은 옳은 것 또는 옳지 않은 것을 찾는 문제가 출제된다. 문제마다 매번 바뀌므로 이를 확인하는 것은 매우 중요하다. 따라서 선택지에 표시할 때에도 선택지가 옳지 않은 내용이라서 '×' 표시를 했는지, 옳은 내용이지만 문제가 옳지 않은 것을 찾는 문제라 '×' 표시를 했는지 헷갈리지 않도록 표시 방법을 정해야 한다.

• 제시된 자료를 통해 계산할 수 있는 값인지 확인하기
  제시된 자료만으로 계산할 수 없는 값을 묻는 선택지인지 먼저 판단해야 한다. 문제를 읽고 바로 계산부터 하면 함정에 빠지기 쉽다.

01 자료변환

| 유형분석 |

- 제시된 표나 그래프의 수치를 그래프로 올바르게 변환한 것을 묻는 유형이다.
- 복잡한 표가 제시되지 않으므로 수의 크기만을 판단하여 풀이할 수 있다.
- 정확한 수치가 제시되지 않을 수 있으므로 그래프의 높낮이나 넓이를 판단하여 풀이해야 한다.
- 제시된 표나 그래프의 수치를 계산하여 변환하는 유형도 출제될 수 있다.

다음은 연도별 치킨전문점의 개ㆍ폐업점 수에 대한 표이다. 이를 바르게 나타낸 그래프는?

〈연도별 개ㆍ폐업점 수〉

(단위 : 개)

구분	개업점 수	폐업점 수	구분	개업점 수	폐업점 수
2012년	3,449	1,965	2018년	3,252	2,873
2013년	3,155	2,121	2019년	3,457	2,745
2014년	4,173	1,988	2020년	3,620	2,159
2015년	4,219	2,465	2021년	3,244	3,021
2016년	3,689	2,658	2022년	3,515	2,863
2017년	3,887	2,785	2023년	3,502	2,758

①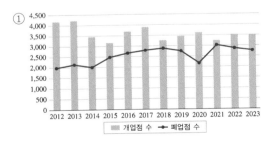

②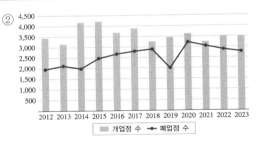

③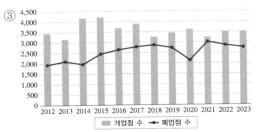

④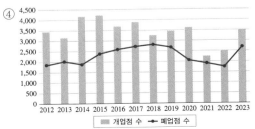

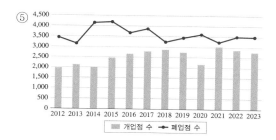

⑤

정답 **해설**

제시된 자료의 개업점 수와 폐업점 수의 증감 추이를 나타내면 다음과 같다.

구분	2012년	2013년	2014년	2015년	2016년	2017년	2018년	2019년	2020년	2021년	2022년	2023년
개업점 수	-	감소	증가	증가	감소	증가	감소	증가	증가	감소	증가	감소
폐업점 수	-	증가	감소	증가	증가	증가	증가	감소	감소	증가	감소	감소

이와 일치하는 추이를 보이고 있는 ③의 그래프가 옳다.

오답분석

① 2012 ~ 2013년 개업점 수가 자료보다 높고, 2014 ~ 2015년 개업점 수는 낮다.
② 2019년 폐업점 수는 자료보다 낮고, 2020년 폐업점 수는 높다.
④ 2021 ~ 2022년 개업점 수와 폐업점 수가 자료보다 낮다.
⑤ 2012 ~ 2023년 개업점 수와 폐업점 수가 바뀌었다.

정답 ③

유형 풀이 Tip

1. 수치를 일일이 확인하는 것보다 해당 풀이처럼 증감 추이를 먼저 판단해서 선택지를 1차적으로 거르고 나머지 선택지 중 그래프 모양이 크게 차이 나는 곳의 수치를 확인하면 빠르게 풀이할 수 있다.
2. 막대그래프가 자료로 제시되는 경우 막대의 가운데 부분을 연결하면 꺾은선 그래프가 된다.

수추리

| 유형분석 |

- 제시된 자료의 규칙을 바탕으로 미래의 값을 추론하는 유형이다.
- 등차수열이나 등비수열, log, 지수 등의 수학적인 지식을 묻기도 한다.

S제약회사에서는 유산균을 배양하는 효소를 개발 중이다. 이 효소와 유산균이 만났을 때 다음과 같이 유산균의 수가 변화하고 있다면 효소의 양이 12g일 경우에 남아있는 유산균의 수는?

<효소의 양에 따른 유산균의 수>

효소의 양(g)	1	2	3	4	5
유산균의 수 (억 마리)	120	246	372	498	624

① 1,212억 마리   ② 1,346억 마리

③ 1,480억 마리   ④ 1,506억 마리

⑤ 1,648억 마리

1. 규칙 파악

문제에서 효소와 유산균이 만났을 때 유산균의 수가 변화한다고 하였으므로 효소의 양과 유산균의 수의 변화는 관련이 있는 것을 알 수 있다. 효소의 양은 1g씩 늘어나고 있고 그에 따른 유산균의 수는 계속 증가하고 있다. 수열 문제에 접근할 때 가장 먼저 등차수열이나 등비수열이 아닌지 확인해야 하는데, 이 문제에서 유산균의 수는 공차가 126인 등차수열임을 알 수 있다.

2. 계산

GSAT 수추리는 직접 계산해도 될 만큼의 계산력을 요구한다. 물론 식을 세워서 계산하는 방법이 가장 빠르고 정확하지만 공식이 기억나지 않는다면 머뭇거리지 말고 직접 계산을 해야 한다.

이 문제 역시 효소의 양이 12g일 때 유산균의 수를 물었으므로 공식이 생각나지 않는다면 직접 계산으로 풀이할 수 있다. 하지만 시험 보기 전까지 식을 세워보는 연습을 하여 실전에서 빠르게 풀 수 있도록 다음과 같이 2가지의 풀이 방법을 제시하였다.

㉠ 직접 계산하기

효소의 양(g)	5		6		7		8		9		10		11		12
유산균의 수 (억 마리)	624	→	750	→	876	→	1,002	→	1,128	→	1,254	→	1,380	→	1,506
		+126		+126		+126		+126		+126		+126		+126	

㉡ 식 세워 계산하기

식을 세우기 전에 미지수를 지정한다. 효소의 양이 ng일 때 유산균의 수를 a_n억 마리라고 하자.

등차수열의 공식이 $a_n = (\text{첫 항}) + (\text{공차}) \times (n-1)$임을 활용한다.

유산균의 수는 매일 126억 마리씩 증가하고 있다.

등차수열 공식에 의해 $a_n = 120 + 126(n-1) = 126n - 6$이다.

따라서 효소의 양이 12g일 때의 유산균의 수는 $a_{12} = 126 \times 12 - 6 = 1,512 - 6 = 1,506$억 마리이다.

정답 ④

유형 풀이 Tip

자료해석의 수추리는 복잡한 규칙을 묻지 않고, 지나치게 큰 n(미래)의 값을 묻지 않는다. 등차수열이나 등비수열 등이 출제되었을 때, 공식이 생각나지 않는다면 써서 나열하는 것이 문제 풀이 시간을 단축할 수 있는 방법이다.

정답 및 해설 p.002

01 응용수리

01 화창한 어느 날 낮에 3%의 설탕물 400g이 들어있는 컵을 창가에 놓아두었다. 저녁에 살펴보니 물이 증발하여 농도가 5%가 되었다. 남아있는 물의 양은?

① 220g

② 230g

③ 240g

④ 250g

⑤ 260g

02 농도가 서로 다른 소금물 A, B가 있다. 소금물 A를 200g, 소금물 B를 300g 섞으면 농도가 9%인 소금물이 되고, 소금물 A를 300g, 소금물 B를 200g 섞으면 농도 10%인 소금물이 될 때, 소금물 B의 농도는?

① 7%

② 10%

③ 13%

④ 20%

⑤ 25%

03 270g의 물이 들어있는 컵에 30g의 식염을 혼합시켜 식염수를 만든 후 210g을 따라냈다. 컵에 남은 식염수에 물과 식염을 더하여 12%의 식염수 150g을 만들기 위해 필요한 물의 양은?

① 38g

② 42g

③ 48g

④ 51g

⑤ 53g

04 S씨는 뒷산에 등산하러 갔다. 오르막길 A는 1.5km/h로 이동하였고, 내리막길 B는 4km/h로 이동하였다. A로 올라가 정상에서 쉬고, B로 내려오는 데 총 6시간 30분이 걸렸고, 정상에서 30분 동안 휴식을 하였다. 오르막길과 내리막길이 총 14km일 때, A의 거리는?

① 2km   ② 4km
③ 6km   ④ 8km
⑤ 10km

05 서울에 사는 S씨는 여름휴가를 맞이하여 남해로 가족여행을 떠났다. 다음 〈조건〉을 고려할 때, 구간단속구간의 제한 속도는?

> **조건**
> • 서울에서 남해까지 거리는 390km이며, 30km 구간단속구간이 있다.
> • 일반구간에서 시속 80km/h를 유지하며 운전하였다.
> • 구간단속구간에서는 제한 속도를 유지하며 운전하였다.
> • 한 번도 쉬지 않았으며, 출발한 지 5시간 만에 남해에 도착하였다.

① 60km/h   ② 65km/h
③ 70km/h   ④ 75km/h
⑤ 80km/h

06 일정한 속력으로 달리는 기차가 400m 길이의 터널을 완전히 통과하는 데 10초, 800m 길이의 터널을 완전히 통과하는 데 18초가 걸렸다. 이 기차의 속력은?

① 50m/s   ② 55m/s
③ 60m/s   ④ 75m/s
⑤ 100m/s

07 효진이는 4km 떨어진 회사까지 150m/min의 속도로 자전거를 타고 가다가 중간에 내려 50m/min의 속도로 걸어갔다. 집에서 회사까지 도착하는 데 30분이 걸렸을 때, 효진이가 걸어간 시간은?

① 3분

② 5분

③ 10분

④ 12분

⑤ 15분

08 출입국관리사무소에서는 우리나라에 입국한 외국인을 조사하고 있다. 당일 조사한 결과 외국인 100명 중 중국인은 30%였고, 관광을 목적으로 온 외국인은 20%였다. 중국인을 제외한 외국인 중 관광을 목적으로 온 사람은 20%였다. 임의로 중국인 1명을 조사할 때, 관광을 목적으로 온 사람일 확률은?

① $\dfrac{1}{2}$

② $\dfrac{1}{3}$

③ $\dfrac{1}{4}$

④ $\dfrac{1}{5}$

⑤ $\dfrac{1}{6}$

09 두 자연수 a, b에 대하여 a가 짝수일 확률은 $\dfrac{2}{3}$, b가 짝수일 확률은 $\dfrac{3}{5}$이다. 이때 a와 b의 곱이 짝수일 확률은?

① $\dfrac{11}{15}$

② $\dfrac{4}{5}$

③ $\dfrac{13}{15}$

④ $\dfrac{14}{15}$

⑤ $\dfrac{1}{3}$

10 50원, 100원, 500원짜리 동전으로 900원을 지불하는 경우의 수는?(단, 각 동전은 8개씩 가지고 있다)

① 6가지   ② 7가지

③ 8가지   ④ 9가지

⑤ 10가지

11 하나의 주사위를 2번 던졌을 때, 첫 번째 나온 수를 a, 두 번째 나온 수를 b라고 하면 방정식 $ax=b$의 해가 정수일 확률은?

① $\dfrac{11}{36}$ ② $\dfrac{7}{18}$

③ $\dfrac{17}{36}$ ④ $\dfrac{19}{36}$

⑤ $\dfrac{7}{12}$

12 다음 〈보기〉와 같이 직사각형 A ~ F가 나열되었을 때, A와 B가 서로 이웃하지 않게 하여 A ~ F를 배치할 경우 가능한 총 배치방법은?

보기

A	B	C	D	E	F

① 240가지   ② 300가지

③ 360가지   ④ 420가지

⑤ 480가지

13 원가가 2,000원인 제품에 15%의 마진을 붙여 정가로 판매하였다. 판매된 제품은 모두 160개이고 그중 8개 제품에 하자가 발견되어 판매가격의 두 배를 보상금으로 지불했을 때, 얻은 이익은 모두 얼마인가?

① 10,800원
② 11,200원
③ 18,200원
④ 24,400원
⑤ 26,500원

14 S사는 사내 교육에 참석한 사원들에게 다과를 나누어 주려고 한다. 쿠키 48봉지, 주스 72병, 사탕 180개를 최대한 많은 사원에게 나누어 주려고 할 때, 사원 한 명이 받는 주스의 개수는?(단, 다과를 받지 못한 사원은 없다)

① 4병
② 6병
③ 10병
④ 12병
⑤ 15병

15 정사각형의 색종이를 가로·세로로 번갈아 가면서 반으로 접은 후 다시 펼쳤을 때, 정사각형이 64개가 나오려면 몇 번을 접어야 하는가?

① 10번
② 9번
③ 8번
④ 7번
⑤ 6번

16 다음 묘비의 비문에 적혀있는 철학자가 생을 마감한 나이는?

> 여기 위대한 철학자가 누워있다.
> 그는 생애의 $\frac{1}{5}$은 수학을 배우면서 자랐고, 생의 $\frac{3}{10}$이 지나고 학교에서 공부하였다. 그 후 8년이 흘렀을 때, 그는 결혼하였다. 4년 후 아들이 태어났지만, 아들은 아버지 생애의 $\frac{1}{6}$밖에 살지 못하였고, 아들이 죽은 5년 후에 그는 죽었다.

① 51살   ② 61살
③ 71살   ④ 81살
⑤ 91살

17 밑면의 가로의 길이가 5cm, 세로가 4cm, 높이가 11cm인 직육면체 모양의 물통이 있다. 이 물통은 바닥에 구멍이 나서 물이 3mL/s의 속도로 빠진다. 이 물통에 물을 15mL/s의 속도로 부으면 몇 초 후에 물통이 가득 차는가?(단, $1\text{cm}^3 = 1\text{mL}$이다)

① 18초   ② $\frac{55}{3}$초
③ $\frac{56}{3}$초   ④ 19초
⑤ $\frac{58}{3}$초

18 상품 A와 상품 B의 재고는 각각 60개이다. 상품 A는 2개에 35,000원, 상품 B는 3개에 55,000원의 정상가격에 판매하고 있었으나 잘 팔리지 않아 A와 B 모두 5개에 80,000원에 할인하여 판매하고자 한다. 상품 A, B를 정상가격에 판매하였을 때와 할인가격에 판매하였을 때의 차이는?

① 18만 원   ② 23만 원
③ 29만 원   ④ 32만 원
⑤ 38만 원

상점 A와 B에서는 같은 종류의 면도기를 팔고 있다. 처음 면도기 가격은 상점 A, B 모두 동일했으나, 상점 A에서 정가의 15%를 할인하여 판매했고, 상점 B는 20%를 할인하여 판매하였다. 이 소식을 들은 상점 A는 처음 정가의 15%를 추가로 할인을 하였다고 한다. 상점 B가 A의 최종 가격보다 같거나 더 싸게 판매하려고 할 때, 상점 B는 처음 할인한 가격에서 최소 몇 %를 추가로 할인해야 하는가?

① 10%
② 11%
③ 12.5%
④ 15.5%
⑤ 20%

20 민사원과 안사원이 함께 보고 자료를 만들고 있다. 민사원은 30장의 보고 자료를 만드는 데 2시간, 안사원은 50장을 만드는 데 3시간이 걸린다. 이 둘이 함께 일을 하면 평소보다 10% 느리게 자료를 만들게 된다. 이들이 함께 맡은 새로운 업무를 차장에게 보고하기 위한 자료 120장을 만드는 데 걸리는 최소 시간은 얼마인가?

① $\dfrac{80}{19}$ 시간
② $\dfrac{81}{20}$ 시간
③ $\dfrac{82}{21}$ 시간
④ $\dfrac{83}{22}$ 시간
⑤ $\dfrac{83}{21}$ 시간

21 어떤 마을의 총 인구수가 150명이다. 어른과 어린이의 비율은 2 : 1이고 남자 어린이와 여자 어린이의 비율은 2 : 3이라면 남자 어린이는 몇 명인가?

① 15명
② 20명
③ 25명
④ 30명
⑤ 35명

22 S사 총무부에서 비품 관리를 맡은 L대리는 복사용지 박스를 각 팀에 나눠줘야 한다. 1팀당 3박스씩 나눠주면 5박스가 남고, 5박스씩 나눠주면 1팀은 못 받고 1팀은 3박스를 받는다. S사 전체 팀 수와 복사용지 박스 개수의 합은?

① 23 　　　　　　　　　　　　　② 25
③ 27 　　　　　　　　　　　　　④ 29
⑤ 31

23 A는 뛰어서 200m/min 속도로 가고, B는 걸어서 50m/min의 속도로 간다. B가 A보다 300m 앞에 있을 때, 시간이 얼마나 지나야 서로 만나게 되는가?

① 1분 　　　　　　　　　　　　② 2분
③ 3분 　　　　　　　　　　　　④ 4분
⑤ 5분

24 1km 떨어진 지점을 왕복하는 데 20분 동안 30m/min의 속력으로 갔다. 총 1시간 안에 왕복하려면 이후에는 얼마의 속력으로 가야 하는가?

① 25m/min 　　　　　　　　　② 30m/min
③ 35m/min 　　　　　　　　　④ 40m/min
⑤ 45m/min

25 6장의 서로 다른 쿠폰이 있는데 처음 오는 손님에게 1장, 두 번째 오는 손님에게 2장, 세 번째 오는 손님에게 3장을 주는 경우의 수는?

① 32가지 　　　　　　　　　　② 60가지
③ 84가지 　　　　　　　　　　④ 110가지
⑤ 120가지

26 수영장에 오염농도가 5%인 물 20kg이 있다. 이 물에 깨끗한 물을 넣어 오염농도를 1%만큼 줄이려고 한다. 이때 물을 얼마나 넣어야 하는가?

① 1kg   ② 2kg

③ 3kg   ④ 4kg

⑤ 5kg

27 8%의 소금물 600g이 있다. 여기에 소금을 더 넣어 18%의 소금물을 만들려고 한다. 필요한 소금의 양은?(단, 소수점 둘째 자리에서 반올림한다)

① 약 72.7g   ② 약 73.2g

③ 약 73.8g   ④ 약 74.2g

⑤ 약 74.5g

28 한 학교의 올해 남학생과 여학생 수는 작년에 비해 남학생은 8% 증가, 여학생은 10% 감소했다. 작년의 전체 학생 수는 820명이고, 올해는 작년에 비해 10명이 감소하였다고 할 때, 작년의 여학생 수는?

① 400명   ② 410명

③ 420명   ④ 430명

⑤ 440명

29 둘레가 600m인 연못을 A와 B가 서로 반대방향으로 걷는다. A는 분당 15m의 속력으로 걷고, B는 A보다 더 빠른 속력으로 걷는다. 두 사람이 같은 위치에서 동시에 출발하여, 1시간 후 5번째로 만났다면 B의 속력은?

① 20m/min   ② 25m/min

③ 30m/min   ④ 35m/min

⑤ 40m/min

30 S사원은 인사평가에서 A, B, C, D 네 가지 항목의 점수를 받았다. 이 점수를 각각 $1:1:1:1$의 비율로 평균을 구하면 82.5점이고, $2:3:2:3$의 비율로 평균을 구하면 83점, $2:2:3:3$의 비율로 평균을 구하면 83.5점이다. 각 항목의 만점은 100점이라고 할 때, S사원이 받을 수 있는 최고점과 최저점의 차는?

① 40점   ② 35점
③ 30점   ④ 25점
⑤ 20점

31 A와 B는 생선을 파는 상인이다. 첫째 날 A와 B의 전체 생선의 양은 각각 k마리, $2k$마리가 있었다. A는 둘째 날에 첫째 날 양의 $\dfrac{2}{3}$를 팔았고, 그 다음날부터는 남은 양의 $\dfrac{2}{3}$씩 팔았다. B는 둘째 날부터 꾸준히 $\dfrac{5}{6}$씩 팔았다면, A의 남은 생선 양이 B보다 많아지는 날은 몇 번째 날부터인가?

① 첫째 날   ② 둘째 날
③ 셋째 날   ④ 넷째 날
⑤ 다섯째 날

32 S사 신입사원 채용시험의 응시자는 100명이다. 시험 점수 전체 평균이 64점이고, 합격자 평균과 불합격자 평균이 각각 80점, 60점이라고 하면 합격률은?

① 36%   ② 32%
③ 28%   ④ 24%
⑤ 20%

33 S사에서 근무 중인 P과장은 업무 계약 건으로 출장을 가야 한다. S사에서 시속 75km로 이동하던 중 점심시간이 되어 전체 거리의 40% 지점에 위치한 휴게소에서 30분 동안 점심을 먹었다. 시계를 확인하니 약속 시간에 늦을 것 같아 시속 25km를 더 올려 이동하였더니, 회사에서 출장지까지 총 3시간 20분이 걸려 도착하였다. S사에서 출장지까지의 거리는?

① 100km

② 150km

③ 200km

④ 250km

⑤ 300km

34 S사에서 주요 고객을 대상으로 설문조사를 실시하려고 한다. 〈보기〉에 따라 설문조사를 3일 안에 마치려 할 때 필요한 아르바이트생은 최소 몇 명인가?

> **보기**
> • 주요 고객 3,200명에게 설문조사를 할 것이다.
> • 고객 한 명당 설문조사 시간은 3분이 걸린다.
> • 아르바이트생 한 명은 하루에 400분 동안 일을 할 수 있다.

① 5명

② 6명

③ 7명

④ 8명

⑤ 9명

35 야구공과 야구공을 담을 수 있는 상자가 있다. 한 상자에 야구공을 6개씩 담으면 4개의 야구공이 남고, 한 상자에 야구공을 7개씩 담으면 야구공 한 개가 담긴 상자 하나와 빈 상자 두 개가 남는다. 상자의 개수와 야구공의 개수의 합은?

① 160개

② 166개

③ 172개

④ 178개

⑤ 184개

36 갑은 곰 인형 100개를 만드는 데 4시간, 을은 25개를 만드는 데 10시간이 걸린다. 이들이 함께 일을 하면 각각 원래 능력보다 20% 효율이 떨어진다. 이들이 함께 곰 인형 132개를 만드는 데 걸리는 시간은?

① 5시간　　　　　　　　　　　② 6시간

③ 7시간　　　　　　　　　　　④ 8시간

⑤ 9시간

37 A지점을 출발하여 B지점에 도착하는 T열차와 J열차가 있다. T열차는 J열차보다 분당 속도가 3km 빠르다. 두 열차가 동시에 A지점을 출발했고, 전체 운행 거리의 $\frac{4}{5}$ 지점에서 T열차가 분당 속도를 5km 늦췄더니, 두 열차가 B지점에 동시에 도착했다. T열차의 처음 출발 속도는?

① 6km/min　　　　　　　　　② 7km/min

③ 8km/min　　　　　　　　　④ 9km/min

⑤ 10km/min

38 20%의 설탕물 400g에 각설탕 10개를 넣었더니 25%의 설탕물이 되었다고 할 때, 각설탕 3개의 무게는?

① 7g　　　　　　　　　　　　② 8g

③ 10g　　　　　　　　　　　④ 12g

⑤ 14g

39 A원뿔의 밑면의 반지름은 4cm, 높이는 $h\,\mathrm{cm}$이다. B원뿔의 밑면의 반지름이 5cm라고 하면, B원뿔의 높이가 몇 cm일 때 두 원뿔의 부피가 같아지겠는가?

① $\dfrac{3}{5}h\,\mathrm{cm}$

② $\dfrac{16}{25}h\,\mathrm{cm}$

③ $\dfrac{17}{25}h\,\mathrm{cm}$

④ $\dfrac{18}{25}h\,\mathrm{cm}$

⑤ $\dfrac{19}{25}h\,\mathrm{cm}$

40 너비는 같고 지름이 각각 10cm인 A롤러와 3cm인 B롤러로 각각 벽을 칠하는데, 처음으로 A와 B가 같은 면적을 칠했을 때 A, B롤러가 회전한 값의 합은?(단, 롤러는 1회전씩 칠하며 회전 중간에 멈추는 일은 없다)

① 11바퀴

② 12바퀴

③ 13바퀴

④ 14바퀴

⑤ 16바퀴

41 A가 혼자 컴퓨터 조립을 하면 2시간이 걸리고, B 혼자 컴퓨터 조립을 하면 3시간이 걸린다. 먼저 A가 혼자 컴퓨터를 조립하다가 중간에 일이 생겨 나머지를 B가 완성했는데, 걸린 시간은 총 2시간 15분이었다. A 혼자 일한 시간은?

① 45분

② 1시간

③ 1시간 15분

④ 1시간 30분

⑤ 1시간 45분

42 500개의 상자를 접는데 갑은 5일, 을은 13일이 걸린다. 이들이 함께 2,500개의 상자를 접기 시작하여 중간에 을이 그만두고, 갑이 혼자서 남은 상자를 다 접었다고 한다. 모든 상자를 접는 데 걸린 시간이 20일이었을 때, 갑과 을이 같이 일한 기간은?

① 12일　　　　　　　　　　　② 13일
③ 14일　　　　　　　　　　　④ 15일
⑤ 16일

43 영화관에서 영화를 보는데 영화표의 가격이 성인은 12,000원이고, 청소년은 성인의 0.7배이다. 9명이 단체 관람을 하는데 90,000원을 지불하였다면 청소년은 모두 몇 명인가?

① 3명　　　　　　　　　　　② 4명
③ 5명　　　　　　　　　　　④ 6명
⑤ 7명

44 현진이가 500원짜리 우유와 700원짜리 우유를 몇 개 사고 8,200원을 내려고 했더니 계산된 금액은 8,600원이었다. 8,200원은 현진이가 두 우유의 가격을 서로 바꿔서 계산한 것이었다고 할 때, 현진이는 500원 짜리 우유를 몇 개 샀는가?

① 5개　　　　　　　　　　　② 6개
③ 7개　　　　　　　　　　　④ 8개
⑤ 9개

45 농도를 모르는 A식염수 100g과 농도가 20%인 B식염수 400g을 섞었더니 17% 식염수가 되었다. A식염수의 농도는?

① 4%   ② 5%

③ 6%   ④ 7%

⑤ 8%

46 1에서 9까지 9개의 숫자 중에 서로 다른 3개의 숫자를 택할 때, 각 자리의 수 중 어떤 두 수의 합도 9가 아닌 수를 만들려고 한다. 예를 들어 217은 조건을 만족하지 않고 352는 조건을 만족한다고 할 때, 조건을 만족하는 세 자리 자연수의 개수는?

① 144개   ② 168개

③ 250개   ④ 336개

⑤ 402개

47 S사에서 2박 3일로 신입사원 OT 행사를 하기로 하였다. 김대리는 신입사원에게 할당된 방에 신입사원을 배정하는 업무를 맡았다. 다음 〈조건〉을 참고할 때 신입사원에게 주어진 방은 몇 개인가?

> **조건**
> • 4명씩 방을 배정하면 12명이 방 배정을 못 받는다.
> • 6명씩 방을 배정하면 방이 2개가 남는다.

① 8개   ② 9개

③ 10개   ④ 11개

⑤ 12개

48 수도권 지하철 5호선의 배차간격은 4분이고, 6호선의 배차간격은 7분이다. 오전 9시에 5호선과 6호선의 환승역인 공덕역에서 동시에 정차했다면, 오전 10시부터 오전 11시 사이 공덕역에서 동시에 정차하는 횟수는?

① 1번   ② 2번
③ 3번   ④ 4번
⑤ 5번

49 마트에서 500mL 우유 1팩과 요거트 1개를 묶음 판매하고 있다. 묶어서 판매하는 행사가격은 우유와 요거트 정가의 20%를 할인해서 2,000원이다. 요거트 1개의 정가가 800원일 때, 우유 1팩 정가는?

① 800원   ② 1,200원
③ 1,500원   ④ 1,700원
⑤ 1,800원

50 회의실에는 원형으로 된 탁자가 있다. 이 탁자에 10명이 앉는 경우의 수는?

① 7!가지   ② $\dfrac{8!}{2}$ 가지

③ 8!가지   ④ $\dfrac{9!}{2}$ 가지

⑤ 9!가지

01 다음은 동북아시아 3개국 수도의 30년간의 인구변화에 대한 자료이다. 이에 대한 설명으로 옳지 않은 것은?

〈동북아시아 3개국 수도 인구수〉

(단위 : 천 명)

구분	1993년	2003년	2013년	2023년
서울	9,725	10,342	10,011	9,860
베이징	6,017	8,305	12,813	20,384
도쿄	30,304	33,587	35,622	38,001

① 2013년을 기점으로 인구수가 2번째로 많은 도시가 바뀐다.
② 세 도시 중 해당 기간 동안 인구가 감소한 도시가 있다.
③ 베이징은 해당 기간 동안 언제나 세 도시 중 가장 높은 인구 증가율을 보인다.
④ 연도별 인구가 최소인 도시의 인구수 대비 인구가 최대인 도시의 인구수의 비는 계속 감소한다.
⑤ 해당 기간 동안 인구가 최대인 도시와 인구가 최소인 도시의 인구의 차는 계속적으로 증가한다.

02 다음은 어느 국가의 A ~ C지역 가구 구성비를 나타낸 자료이다. 이에 대한 설명으로 옳은 것은?

〈A ~ C지역 가구 구성비〉

(단위 : %)

구분	부부 가구	2세대 가구		3세대 이상 가구	기타 가구	소계
		부모+미혼자녀	부모+기혼자녀			
A	5	65	16	2	12	100
B	16	55	10	6	13	100
C	12	40	25	20	3	100

※ 기타 가구 : 1인 가구, 형제 가구, 비친족 가구
※ 핵가족 : 부부 또는 (한)부모와 그들의 미혼 자녀로 이루어진 가족
※ 확대가족 : (한)부모와 그들의 기혼 자녀로 이루어진 2세대 이상의 가족

① 핵가족 가구의 비중이 가장 높은 지역은 A이다.
② 1인 가구의 비중이 가장 높은 지역은 B이다.
③ 확대가족 가구 수가 가장 많은 지역은 C이다.
④ A, B, C지역 모두 핵가족 가구 수가 확대가족 가구 수보다 많다.
⑤ 부부 가구의 구성비는 C지역이 가장 높다.

03 다음은 2015 ~ 2023년 공연예술의 연도별 행사 추이를 나타낸 자료이다. 이에 대한 설명으로 옳은 것은?

〈공연예술의 연도별 행사 추이〉

(단위 : 건)

구분	2015년	2016년	2017년	2018년	2019년	2020년	2021년	2022년	2023년
양악	2,658	2,658	2,696	3,047	3,193	3,832	3,934	4,168	4,628
국악	617	1,079	1,002	1,146	1,380	1,440	1,884	1,801	2,192
무용	660	626	778	1,080	1,492	1,323	미집계	1,480	1,521
연극	610	482	593	717	1,406	1,113	1,300	1,929	1,794

① 이 기간 동안 매년 국악 공연 건수가 연극 공연 건수보다 더 많았다.
② 이 기간 동안 매년 양악 공연 건수가 국악, 무용, 연극 공연 건수의 합보다 더 많았다.
③ 2015년에 비해 2023년 공연 건수의 증가율이 가장 높은 장르는 국악이었다.
④ 연극 공연 건수가 무용 공연 건수보다 많아진 것은 2022년부터였다.
⑤ 2022년에 비해 2023년에 공연 건수가 가장 많이 증가한 장르는 국악이다.

04 다음은 S사 신입사원 채용에 지원한 남·녀의 입사지원자와 합격인원을 나타낸 자료이다. 이에 대한 설명으로 옳지 않은 것은?(단, 소수점 둘째 자리에서 반올림한다)

〈신입사원 채용 현황〉

(단위 : 명)

구분	입사지원자 수	합격인원 수
남자	10,891	1,699
여자	3,984	624

① 총 입사지원자 중 합격률은 15% 이상이다.
② 여자의 입사지원자 대비 여자의 합격률은 20% 미만이다.
③ 총 입사지원자 중 여자는 30% 미만이다.
④ 합격자 중 남자의 비율은 약 80%이다.
⑤ 남자 입사지원자의 합격률은 여자 입사지원자의 합격률보다 낮다.

05 다음은 2019 ~ 2023년 S사의 경제 분야 투자에 대한 자료이다. 이에 대한 설명으로 옳지 않은 것은?

<S사의 경제 분야 투자규모>

(단위 : 억 원, %)

연도 구분	2019년	2020년	2021년	2022년	2023년
경제 분야 투자규모	20	24	23	22	21
총지출 대비 경제 분야 투자규모 비중	6.5	7.5	8	7	6

① 2023년 총지출은 320억 원 이상이다.
② 2020년 경제 분야 투자규모의 전년 대비 증가율은 25% 이하이다.
③ 2019 ~ 2023년 동안 경제 분야에 투자한 금액은 110억 원이다.
④ 2020 ~ 2023년 동안 경제 분야 투자규모와 총지출 대비 경제 분야 투자규모 비중의 전년 대비 증감추이는 동일하지 않다.
⑤ 2021년이 2022년보다 경제 분야 투자규모가 전년에 비해 큰 비율로 감소하였다.

06 다음은 S사의 금융 구조조정 자금 총지원 현황에 대한 자료이다. 이에 대한 〈보기〉의 설명 중 옳은 것을 모두 고르면?

〈금융 구조조정 자금 총지원 현황〉

(단위 : 억 원)

구분	은행	증권사	보험사	제2금융	저축은행	농협	소계
출자	222,039	99,769	159,198	26,931	1	0	507,938
출연	139,189	4,143	31,192	7,431	4,161	0	186,116
부실자산 매입	81,064	21,239	3,495	0	0	0	105,798
보험금 지급	0	113	0	182,718	72,892	47,402	303,125
대출	0	0	0	0	5,969	0	5,969
총계	442,292	125,264	193,885	217,080	83,023	47,402	1,108,946

보기

ㄱ. 출자 부문에서 은행이 지원받은 금융 구조조정 자금은 증권사가 지원받은 금융 구조조정 자금의 3배 이상이다.

ㄴ. 보험금 지급 부문에서 지원된 금융 구조조정 자금 중 저축은행이 지원받은 금액의 비중은 20%를 초과한다.

ㄷ. 제2금융에서 지원받은 금융 구조조정 자금 중 보험금 지급 부문으로 지원받은 금액이 차지하는 비중은 80% 이상이다.

ㄹ. 부실자산 매입 부문에서 지원된 금융 구조조정 자금 중 은행이 지급받은 금액의 비중은 보험사가 지급받은 금액 비중의 20배 이상이다.

① ㄱ, ㄷ
② ㄴ, ㄷ
③ ㄴ, ㄹ
④ ㄱ, ㄴ, ㄷ
⑤ ㄴ, ㄷ, ㄹ

다음은 어린이 보호구역 지정대상 및 현황에 대한 자료이다. 이에 대한 〈보기〉의 설명 중 옳지 않은 것을 모두 고르면?

〈어린이 보호구역 지정대상 및 지정현황〉

(단위 : 곳)

구분		2017년	2018년	2019년	2020년	2021년	2022년	2023년
어린이보호구역 지정대상	계	17,339	18,706	18,885	21,274	21,422	20,579	21,273
어린이보호구역 지정현황	계	14,921	15,136	15,444	15,799	16,085	16,355	16,555
	초등학교	5,917	5,946	5,975	6,009	6,052	6,083	6,127
	유치원	6,766	6,735	6,838	6,979	7,056	7,171	7,259
	특수학교	131	131	135	145	146	148	150
	보육시설	2,107	2,313	2,481	2,650	2,775	2,917	2,981
	학원	0	11	15	16	56	36	38

보기

ㄱ. 2020년부터 2023년까지 어린이보호구역 지정대상은 전년 대비 매년 증가하였다.

ㄴ. 2018년 어린이보호구역 지정대상 중 어린이보호구역으로 지정된 구역의 비율은 75% 이상이다.

ㄷ. 어린이보호구역으로 지정된 구역 중 학원이 차지하는 비중은 2021년부터 2023년까지 전년 대비 매년 증가하였다.

ㄹ. 어린이보호구역으로 지정된 구역 중 초등학교가 차지하는 비중은 2017년부터 2021년까지 매년 60% 이상이다.

① ㄱ, ㄴ
② ㄴ, ㄹ
③ ㄱ, ㄴ, ㄷ
④ ㄱ, ㄷ, ㄹ
⑤ ㄴ, ㄷ, ㄹ

08 다음은 한국, 일본, 프랑스, 독일, 영국 5개국의 지적재산권 수입 및 지급 현황에 대한 자료이다. 이에 대한 설명으로 옳지 <u>않은</u> 것은?

〈국가별 지적재산권 수입 및 지급 현황〉

(단위 : 백만 원)

구분	2021년		2022년		2023년	
	수입	지급	수입	지급	수입	지급
한국	2,610	2,546	2,789	3,015	3,656	4,259
일본	8,658	7,879	8,702	8,154	11,237	10,572
프랑스	5,784	5,417	6,659	5,986	6,583	6,441
독일	7,977	7,652	8,511	8,090	11,003	9,544
영국	5,921	3,548	7,345	7,015	7,854	6,907
합계	30,950	27,042	34,006	32,260	40,333	37,723

① 매년 독일의 지적재산권 수입이 한국의 지적재산권 수입보다 3배 이상 많다.
② 일본의 2021 ~ 2023년 지적재산권 수입 및 지급 금액이 5개국 중 가장 많다.
③ 2021 ~ 2023년 동안 한국을 제외한 모든 나라들은 지적재산권 수입보다 지적재산권 지급이 더 낮다.
④ 영국의 2023년 지적재산권 지급 금액은 전년 대비 10% 이상 감소했다.
⑤ 2023년에 가장 많은 지적재산권 수입을 얻은 나라의 지적재산권 지급 비율은 전체의 1/5을 넘는다.

09 다음은 2020 ~ 2023년 S지역의 유아교육 규모에 대한 자료이다. 이에 대한 설명으로 옳지 <u>않은</u> 것은?

〈유아교육 규모〉

(단위 : 개, 명, %)

구분	2020년	2021년	2022년	2023년
유치원 수	112	124	119	110
학급 수	327	344	340	328
원아 수	8,423	8,391	8,395	8,360
교원 수	566	572	575	578
취원율	14.5	13.2	13.7	13.3

① 2020 ~ 2023년 유치원당 평균 학급 수는 3개를 넘지 않는다.
② 2020 ~ 2023년 학급당 원아 수의 평균은 20명 이상이다.
③ 취원율이 가장 높았던 해에 원아 수도 가장 많았다.
④ 학급당 교원 수는 2021년에 가장 낮고, 2023년에 가장 높다.
⑤ 교원 1인당 원아 수는 점점 증가하고 있다.

10 다음은 전자인증서 인증수단 방법 중 선호도를 조사한 자료이다. 이에 대한 설명 중 옳지 않은 것은?(단, 평균점수는 소수점 첫째 자리에서 반올림한다)

〈전자인증서 인증수단별 선호도 현황〉

(단위 : 점)

구분	실용성	보안성	간편성	유효기간
공인인증서 방식	16	( )	14	1년
ID/PW 방식	18	10	16	없음
OTP 방식	15	18	14	1년 6개월
이메일 및 SNS 방식	18	8	10	없음
생체인증 방식	20	19	18	없음
I-pin 방식	16	17	15	2년

※ 선호도는 실용성, 보안성, 간편성 점수를 합한 값임
※ 유효기간이 1년 이하인 방식은 보안성 점수에 3점을 가산함

① 생체인증 방식의 선호도는 OTP 방식과 I-pin 방식 합보다 38점 낮다.
② 실용성 전체 평균점수보다 높은 방식은 총 4가지이다.
③ 유효기간이 '없음'인 인증수단 방식의 간편성 평균점수는 15점이다.
④ 공인인증서 방식의 선호도가 51점일 때, 빈칸에 들어갈 값은 18점이다.
⑤ 유효기간이 '없음'인 인증수단 방식의 실용성 점수는 모두 18점 이상이다.

11 다음은 우리나라 국민들의 환경오염 방지 기여도에 대한 자료이다. 이에 대한 설명으로 옳은 것은?

<환경오염 방지 기여도>

(단위 : %)

구분		합계	매우 노력함	약간 노력함	별로 노력하지 않음	전혀 노력하지 않음
성별	남성	100	13.6	43.6	37.8	5.0
	여성	100	23.9	50.1	23.6	2.4
연령	10 ~ 19세	100	13.2	41.2	39.4	6.2
	20 ~ 29세	100	10.8	39.9	42.9	6.4
	30 ~ 39세	100	13.1	46.7	36.0	4.2
	40 ~ 49세	100	15.5	52.4	29.4	2.7
	50 ~ 59세	100	21.8	50.4	25.3	2.5
	60 ~ 69세	100	29.7	46.0	21.6	2.7
	70세 이상	100	31.3	44.8	20.9	3.0
경제활동	취업	100	16.5	47.0	32.7	3.8
	실업 및 비경제활동	100	22.0	46.6	27.7	3.7

① 10세 이상 국민들 중 환경오염 방지를 위해 별로 노력하지 않는 사람 비율의 합이 가장 높다.

② 매우 노력함과 약간 노력하는 사람 비율 합은 남성보다 여성이, 취업자보다 실업 및 비경제 활동자가 더 높다

③ 10세 이상 국민들 중 환경오염 방지를 위해 매우 노력하는 사람의 비율이 가장 높은 연령층은 60 ~ 69세이다.

④ 우리나라 국민들 중 환경오염 방지를 위해 전혀 노력하지 않는 사람의 비율이 가장 높은 집단은 10 ~ 19세이다.

⑤ 10 ~ 69세까지 각 연령층에서 약간 노력하는 사람의 비중이 제일 높다.

12 다음은 서울과 대구의 연간 분기별 평균기온에 대한 자료이다. 이에 대한 〈보기〉의 설명 중 옳은 것을 모두 고르면?

〈연간 분기별 평균기온〉

[서울]

(단위 : ℃)

연도 \ 분기	1분기 (1 ~ 3월)	2분기 (4 ~ 6월)	3분기 (7 ~ 9월)	4분기 (10 ~ 12월)
2023년	−0.5	15.4	32.8	12.7
2022년	−2.1	14.4	31.1	12.5
2021년	−3.5	14.2	29.1	11.5
2020년	−4.7	14.5	29.2	12.3
2019년	−5.2	14.9	28.8	12.5

[대구]

(단위 : ℃)

연도 \ 분기	1분기 (1 ~ 3월)	2분기 (4 ~ 6월)	3분기 (7 ~ 9월)	4분기 (10 ~ 12월)
2023년	−1.5	16.9	36.9	13.8
2022년	−1.9	16.1	35.8	12.7
2021년	−2.4	16.3	33.2	12.5
2020년	−3.1	15.4	34.1	11.9
2019년	−4.2	14.7	33.9	12.1

보기

ㄱ. 2020년부터 2023년까지 전년 대비 1분기 평균기온 변화량의 차이는 서울은 매년 증가하지만, 대구는 매년 감소한다.
ㄴ. 매년 2분기와 3분기의 평균기온은 대구가 서울보다 높다.
ㄷ. 서울의 1분기와 2분기 차이가 가장 큰 해는 2022년이다.
ㄹ. 대구의 분기별 평균기온이 가장 높은 연도와 낮은 연도는 동일하다.

① ㄱ
② ㄷ
③ ㄱ, ㄴ
④ ㄴ, ㄷ
⑤ ㄱ, ㄴ, ㄹ

13 다음은 상수도 구역별 수질 농도 현황에 대한 그래프이다. 이에 대한 설명으로 옳은 것은?

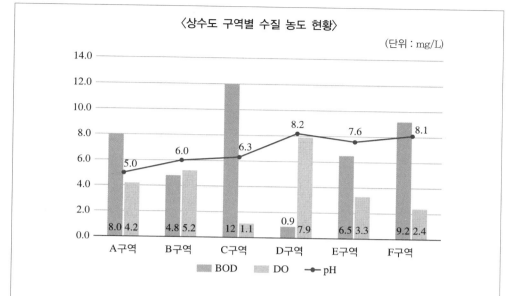

〈상수도 구역별 수질 농도 현황〉

(단위 : mg/L)

〈수질 등급 기준〉

등급	매우 좋음	좋음	약간 좋음	보통	약간 나쁨	나쁨	매우 나쁨
	1a	1b	2	3	4	5	6
DO(mg/L)	7.5 이상	5.0 이상			2.0 이상		2.0 미만
BOD(mg/L)	1 이하	2 이하	3 이하	5 이하	8 이하	10 이하	10 초과
pH	6.5 ~ 8.5				6.0 ~ 8.5		

※ DO, BOD, pH의 수치를 모두 충족하는 등급으로 결정됨
※ DO는 용존산소량, BOD는 생화학적 산소요구량, pH는 수소이온농도를 말함

① BOD농도가 5mg/L 이하인 상수도 구역 중 3등급은 하나이다.
② pH가 가장 높은 구역의 등급은 '매우 좋음'이다.
③ 상수도 구역에서 등급이 '약간 나쁨' 또는 '나쁨'인 구역은 두 곳이다.
④ 수질 등급 기준은 DO와 BOD의 농도가 높을수록 좋은 등급을 받는다.
⑤ 수소이온농도가 낮을수록 수질 등급은 '매우 좋음'에 가까워진다.

14 다음은 2023년도 신재생에너지 산업통계 자료이다. 이를 나타낸 그래프로 올바르지 않은 것은?

〈신재생에너지원별 산업 현황〉

(단위 : 억 원)

구분	기업체 수(개)	고용인원(명)	매출액	내수	수출액	해외공장매출	투자액
태양광	127	8,698	75,637	22,975	33,892	18,770	5,324
태양열	21	228	290	290	0	0	1
풍력	37	2,369	14,571	5,123	5,639	3,809	583
연료전지	15	802	2,837	2,143	693	0	47
지열	26	541	1,430	1,430	0	0	251
수열	3	46	29	29	0	0	0
수력	4	83	129	116	13	0	0
바이오	128	1,511	12,390	11,884	506	0	221
폐기물	132	1,899	5,763	5,763	0	0	1,539
합계	493	16,177	113,076	49,753	40,743	22,579	7,966

① 신재생에너지원별 기업체 수(개)

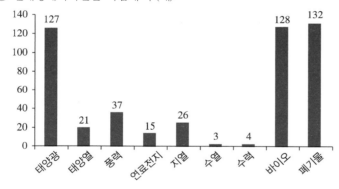

② 신재생에너지원별 고용인원(명)

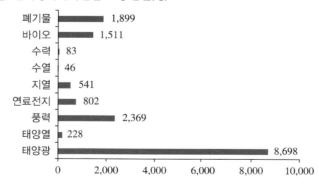

③ 신재생에너지원별 고용인원 비율

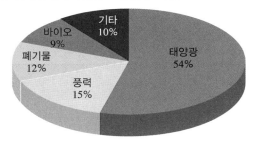

④ 신재생에너지원별 내수 현황(억 원)

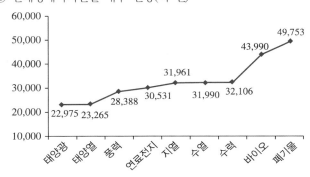

⑤ 신재생에너지원별 해외공장매출 비율

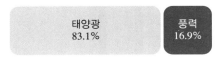

15 다음은 어린이 및 청소년의 연령별 표준 키와 체중을 조사한 자료이다. 이를 바르게 나타낸 그래프는?

<어린이 및 청소년 표준 키와 체중>

(단위 : cm, kg)

나이	남		여		나이	남		여	
	키	체중	키	체중		키	체중	키	체중
1세	76.5	9.77	75.6	9.28	10세	137.8	34.47	137.7	33.59
2세	87.7	12.94	87.0	12.50	11세	143.5	38.62	144.2	37.79
3세	95.7	15.08	94.0	14.16	12세	149.3	42.84	150.9	43.14
4세	103.5	16.99	102.1	16.43	13세	155.3	44.20	155.0	47.00
5세	109.5	18.98	108.6	18.43	14세	162.7	53.87	157.8	50.66
6세	115.8	21.41	114.7	20.68	15세	167.8	58.49	159.0	52.53
7세	122.4	24.72	121.1	23.55	16세	171.1	61.19	160.0	54.53
8세	127.5	27.63	126.0	26.16	17세	172.2	63.20	160.4	54.64
9세	132.9	30.98	132.2	29.97	18세	172.5	63.77	160.5	54.65

① 10세 이전 남녀의 키

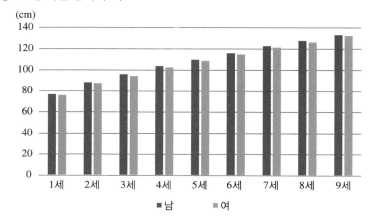

② 10대 남녀의 표준 체중

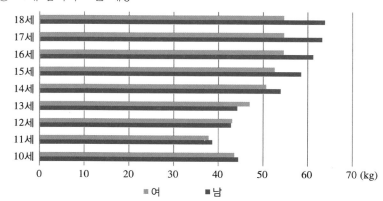

③ 남자의 10세 이전 표준 키 및 체중

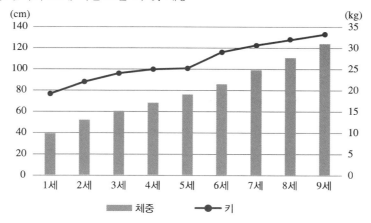

④ 10대 여자의 표준 키 및 체중

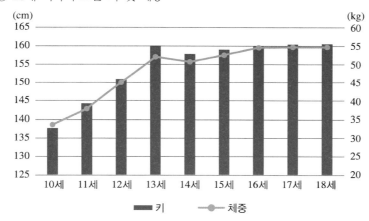

⑤ 바로 전 연령 대비 남녀 표준 키 차이

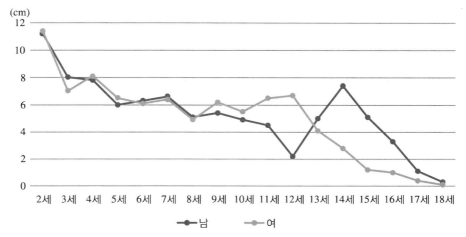

16 다음은 A국과 B국의 축구 대결을 앞두고 양국의 골키퍼, 수비(중앙 수비, 측면 수비), 미드필드, 공격(중앙 공격, 측면 공격) 능력을 각 영역별로 평가한 자료이다. 이에 대한 설명으로 옳지 않은 것은?(단, 원 중심에서 멀어질수록 점수가 높아진다)

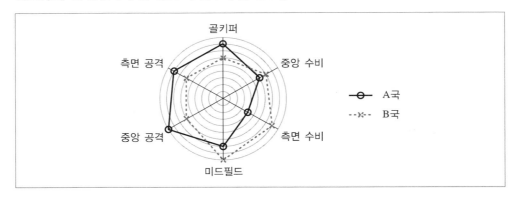

① A국은 공격보다 수비에 약점이 있다.
② B국은 미드필드보다 수비에서의 능력이 뛰어나다.
③ A국과 B국은 측면 수비 능력에서 가장 큰 차이가 난다.
④ A국과 B국 사이에 가장 작은 차이를 보이는 영역은 중앙 수비이다.
⑤ 골키퍼의 역량이 보다 뛰어난 국가는 A국이다.

17 다음은 A, B, C학과의 입학 및 졸업자 인원 현황에 대한 자료이다. 빈칸에 들어갈 값으로 가장 적절한 것은?(단, 각 수치는 매년 일정한 규칙으로 변화한다)

〈학과별 입학 및 졸업자 추이〉

(단위 : 명)

구분	A학과		B학과		C학과	
	입학	졸업	입학	졸업	입학	졸업
2019년	70	57	63	50	52	39
2020년	79	66	65	52	56	43
2021년	90	77	58		60	47
2022년	85	72	60	47	50	37
2023년	95	82	62	49	53	40

① 37
② 45
③ 46
④ 47
⑤ 49

18 2023년 하반기 S기업 홍보팀 입사자는 2023년 상반기에 비해 20% 감소하였으며, 2023년 하반기 인사팀 입사자는 2023년 상반기 마케팅팀 입사자 수의 2배이고, 영업팀 입사자는 2023년 상반기보다 30명이 늘었다. 또한 2023년 하반기 마케팅팀의 입사자는 2023년 하반기 인사팀의 입사자와 같다. 2023년 하반기 전체 입사자가 2023년 상반기 대비 25% 증가했을 때, 2023년 상반기 대비 2023년 하반기 인사팀 입사자의 증감률은?

〈S기업 입사자 수〉

(단위 : 명)

구분	마케팅	영업	홍보	인사	합계
2023년 상반기 입사자 수	50		100		320

① −15%   ② 0%

③ 15%   ④ 30%

⑤ 25%

19 S시에서 운영하는 시립도서관에서 보관하고 있는 책의 수가 매월 다음과 같은 규칙을 보일 때, 2023년 5월에 보관하고 있는 책의 수는?

〈S시 시립도서관 보관 책 현황〉

(단위 : 권)

연/월	2022년 6월	2022년 7월	2022년 8월	2022년 9월	2022년 10월
보관 중인 책의 수	5,000	5,125	5,250	5,375	5,500

① 6,750권   ② 6,625권

③ 6,500권   ④ 6,375권

⑤ 6,250권

20 어떤 동굴의 한 석순의 길이를 10년 단위로 측정한 결과가 다음과 같을 때, 2050년에 이 석순의 길이를 측정할 때 그 길이는?

<석순의 길이 변화>

(단위 : cm)

연대	1960년	1970년	1980년	1990년	2000년
석순의 길이	10	12	13	15	16

① 22cm　　　　　　　　　② 23cm

③ 24cm　　　　　　　　　④ 25cm

⑤ 26cm

2 일차

PART 1 객관식

CHAPTER 02   추리논리

02 추리논리 이론점검

01 어휘추리

1. 유의 관계

두 개 이상의 어휘가 서로 소리는 다르나 의미가 비슷한 경우를 유의 관계라고 하고, 유의 관계에 있는 어휘를 유의어(類義語)라고 한다. 유의 관계의 대부분은 개념적 의미의 동일성을 전제로 한다. 그렇다고 하여 유의 관계를 이루는 단어들을 어느 경우에나 서로 바꾸어 쓸 수 있는 것은 아니다. 따라서 언어 상황에 적합한 말을 찾아 쓰도록 노력하여야 한다.

(1) 원어의 차이

한국어는 크게 고유어, 한자어, 외래어로 구성되어 있다. 따라서 하나의 사물에 대해서 각각 부르는 일이 있을 경우 유의 관계가 발생하게 된다.

(2) 전문성의 차이

같은 사물에 대해서 일반적으로 부르는 이름과 전문적으로 부르는 이름이 다른 경우가 많다. 이런 경우에 전문적으로 부르는 이름과 일반적으로 부르는 이름 사이에 유의 관계가 발생한다.

(3) 내포의 차이

나타내는 의미가 완전히 일치하지는 않으나, 유사한 경우에 유의 관계가 발생한다.

(4) 완곡어법

문화적으로 금기시하는 표현을 둘러서 말하는 것을 완곡어법이라고 하며, 이러한 완곡어법 사용에 따라 유의 관계가 발생한다.

2. 반의 관계

(1) 개요

반의어(反意語)는 둘 이상의 단어에서 의미가 서로 짝을 이루어 대립하는 경우를 말한다.
즉, 반의어는 어휘의 의미가 서로 대립하는 단어를 말하며, 이러한 어휘들의 관계를 반의 관계라고 한다.
한 쌍의 단어가 반의어가 되려면, 두 어휘 사이에 공통적인 의미 요소가 있으면서도 동시에 서로 다른
하나의 의미 요소가 있어야 한다.
반의어는 반드시 한 쌍으로만 존재하는 것이 아니라, 다의어(多義語)이면 그에 따라 반의어가 여러 개로
달라질 수 있다. 즉, 하나의 단어에 대하여 여러 개의 반의어가 있을 수 있다.

(2) 반의어의 종류

반의어에는 상보 반의어와 정도 반의어, 관계 반의어, 방향 반의어가 있다.
① 상보 반의어 : 한쪽 말을 부정하면 다른 쪽 말이 되는 반의어이며, 중간항은 존재하지 않는다. '있다'와
'없다'가 상보적 반의어이며, '있다'와 '없다' 사이의 중간 상태는 존재할 수 없다.
② 정도 반의어 : 한쪽 말을 부정하면 반드시 다른 쪽 말이 되는 것이 아니며, 중간항을 갖는 반의어이다.
'크다'와 '작다'가 정도 반의어이며, 크지도 작지도 않은 중간이라는 중간항을 갖는다.
③ 관계 반의어 : 관계 반의어는 상대가 존재해야만 자신이 존재할 수 있는 반의어이다. '부모'와 '자식'이
관계 반의어의 예이다.
④ 방향 반의어 : 맞선 방향을 전제로 하여 관계나 이동의 측면에서 대립을 이루는 단어 쌍이다. 방향
반의어는 공간적 대립, 인간관계 대립, 이동적 대립 등으로 나누어 볼 수 있다.

3. 상하 관계

상하 관계는 단어의 의미적 계층 구조에서 한쪽이 의미상 다른 쪽을 포함하거나 다른 쪽에 포섭되는 관계를
말한다. 상하 관계를 형성하는 단어들은 상위어(上位語)일수록 일반적이고 포괄적인 의미를 지니며, 하위어
(下位語)일수록 개별적이고 한정적인 의미를 지닌다.
따라서 상위어는 하위어를 함의하게 된다. 즉, 하위어가 가지고 있는 의미 특성을 상위어가 자동적으로 가지
게 된다.

4. 부분 관계

부분 관계는 한 단어가 다른 단어의 부분이 되는 관계를 말하며, 전체 − 부분 관계라고도 한다. 부분 관계에
서 부분을 가리키는 단어를 부분어(部分語), 전체를 가리키는 단어를 전체어(全體語)라고 한다. 예를 들면,
'머리, 팔, 몸통, 다리'는 '몸'의 부분어이며, 이러한 부분어들에 의해 이루어진 '몸'은 전체어이다.

1. 연역 추론

이미 알고 있는 판단(전제)을 근거로 새로운 판단(결론)을 유도하는 추론이다. 연역 추론은 진리일 가능성을 따지는 귀납 추론과는 달리, 명제 간의 관계와 논리적 타당성을 따진다. 즉, 연역 추론은 전제들로부터 절대적인 필연성을 가진 결론을 이끌어내는 추론이다.

(1) 직접 추론

한 개의 전제로부터 중간적 매개 없이 새로운 결론을 이끌어내는 추론이며, 대우 명제가 그 대표적인 예이다.

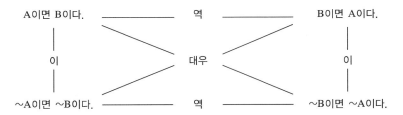

• 한국인은 모두 황인종이다.	(전제)
• 그러므로 황인종이 아닌 사람은 모두 한국인이 아니다.	(결론 1)
• 그러므로 황인종 중에는 한국인이 아닌 사람도 있다.	(결론 2)

(2) 간접 추론

둘 이상의 전제로부터 새로운 결론을 이끌어내는 추론이다. 삼단논법이 가장 대표적인 예이다.

① **정언 삼단논법** : 세 개의 정언명제로 구성된 간접추론 방식이다. 세 개의 명제 가운데 두 개의 명제는 전제이고, 나머지 한 개의 명제는 결론이다. 세 명제의 주어와 술어는 세 개의 서로 다른 개념을 표현한다.

② **가언 삼단논법** : 가언명제로 이루어진 삼단논법을 말한다. 가언명제란 두 개의 정언명제가 '만일 ~ 이라면'이라는 접속사에 의해 결합된 복합명제이다. 여기서 '만일'에 의해 이끌리는 명제를 전건이라고 하고, 그 뒤의 명제를 후건이라고 한다. 가언 삼단논법의 종류로는 혼합가언 삼단논법과 순수가언 삼단논법이 있다.

○ 혼합가언 삼단논법 : 대전제만 가언명제로 구성된 삼단논법이다. 긍정식과 부정식 두 가지가 있으며, 긍정식은 'A면 B이다. A이다. 그러므로 B이다.'이고, 부정식은 'A면 B이다. B가 아니다. 그러므로 A가 아니다.'이다.

- 만약 A라면 B이다.
- B가 아니다.
- 그러므로 A가 아니다.

○ 순수가언 삼단논법 : 대전제와 소전제 및 결론까지 모두 가언명제들로 구성된 삼단논법이다.

- 만약 A라면 B이다.
- 만약 B라면 C이다.
- 그러므로 만약 A라면 C이다.

③ 선언 삼단논법 : '~이거나 ~이다.'의 형식으로 표현되며 전제 속에 선언 명제를 포함하고 있는 삼단논법이다.

- 내일은 비가 오거나 눈이 온다(A 또는 B이다).
- 내일은 비가 오지 않는다(A가 아니다).
- 그러므로 내일은 눈이 온다(그러므로 B이다).

④ 딜레마 논법 : 대전제는 두 개의 가언명제로, 소전제는 하나의 선언명제로 이루어진 삼단논법으로, 양도추론이라고도 한다.

• 만일 네가 거짓말을 하면, 신이 미워할 것이다.	(대전제)
• 만일 네가 거짓말을 하지 않으면, 사람들이 미워할 것이다.	(대전제)
• 너는 거짓말을 하거나, 거짓말을 하지 않을 것이다.	(소전제)
• 그러므로 너는 미움을 받게 될 것이다.	(결론)

2. 귀납 추론

특수한 또는 개별적인 사실로부터 일반적인 결론을 이끌어 내는 추론을 말한다. 귀납 추론은 구체적 사실들을 기반으로 하여 결론을 이끌어 내기 때문에 필연성을 따지기보다는 개연성과 유관성, 표본성 등을 중시하게 된다. 여기서 개연성이란, 관찰된 어떤 사실이 같은 조건하에서 앞으로도 관찰될 수 있는가 하는 가능성을 말하고, 유관성은 추론에 사용된 자료가 관찰하려는 사실과 관련되어야 하는 것을 일컬으며, 표본성은 추론을 위한 자료의 표본 추출이 공정하게 이루어져야 하는 것을 가리킨다. 이러한 귀납 추론은 일상생활 속에서 많이 사용하고, 우리가 알고 있는 과학적 사실도 이와 같은 방법으로 밝혀졌다.

그러나 전제들이 참이어도 결론이 항상 참인 것은 아니다. 단 하나의 예외로 인하여 결론이 거짓이 될 수 있다.

- 성냥불은 뜨겁다.
- 연탄불도 뜨겁다.
- 그러므로 모든 불은 뜨겁다.

위 예문에서 '성냥불이나 연탄불이 뜨거우므로 모든 불은 뜨겁다.'라는 결론이 나왔는데, 반딧불은 뜨겁지 않으므로 '모든 불이 뜨겁다.'라는 결론은 거짓이 된다.

(1) 완전 귀납 추론

관찰하고자 하는 집합의 전체를 다 검증함으로써 대상의 공통 특질을 밝혀내는 방법이다. 이는 예외 없는 진실을 발견할 수 있다는 장점은 있으나, 집합의 규모가 크고 속성의 변화가 다양할 경우에는 적용하기 어려운 단점이 있다.

예 1부터 10까지의 수를 다 더하여 그 합이 55임을 밝혀내는 방법

(2) 통계적 귀납 추론

통계적 귀납 추론은 관찰하고자 하는 집합의 일부에서 발견한 몇 가지 사실을 열거함으로써 그 공통점을 결론으로 이끌어 내려는 방식을 가리킨다. 관찰하려는 집합의 규모가 클 때 그 일부를 표본으로 추출하여 조사하는 방식이 이에 해당하며, 표본 추출의 기준이 얼마나 적합하고 공정한가에 따라 그 결과에 대한 신뢰도가 달라진다는 단점이 있다.

예 여론조사에서 일부의 국민에 대한 설문 내용을 바탕으로, 이를 전체 국민의 여론으로 제시하는 것

(3) 인과적 귀납 추론

관찰하고자 하는 집합의 일부 원소들이 지닌 인과 관계를 인식하여 그 원인이나 결과를 이끌어 내려는 방식을 말한다.

① 일치법 : 공통적인 현상을 지닌 몇 가지 사실 중에서 각기 지닌 요소 중 어느 한 가지만 일치한다면 이 요소가 공통 현상의 원인이라고 판단

② **차이법** : 어떤 현상이 나타나는 경우와 나타나지 않은 경우를 놓고 보았을 때, 각 경우의 여러 조건 중 단 하나만이 차이를 보인다면 그 차이를 보이는 조건이 원인이 된다고 판단

　　예 현수와 승재는 둘 다 지능이나 학습 시간, 학습 환경 등이 비슷한데 공부하는 태도에는 약간의 차이가 있다. 따라서 두 사람이 성적이 차이를 보이는 것은 학습 태도의 차이 때문으로 생각된다.

③ **일치·차이 병용법** : 몇 개의 공통 현상이 나타나는 경우와 몇 개의 그렇지 않은 경우를 놓고 일치법과 차이법을 병용하여 적용함으로써 그 원인을 판단

　　예 학업 능력 정도가 비슷한 두 아동 집단에 대해 처음에는 같은 분량의 과제를 부여하고 나중에는 각기 다른 분량의 과제를 부여한 결과, 많이 부여한 집단의 성적이 훨씬 높게 나타났다. 이로 보아, 과제를 많이 부여하는 것이 적게 부여하는 것보다 학생의 학업 성적 향상에 도움이 된다고 판단할 수 있다.

④ **공변법** : 관찰하는 어떤 사실의 변화에 따라 현상의 변화가 일어날 때 그 변화의 원인이 무엇인지 판단

　　예 담배를 피우는 양이 각기 다른 사람들의 집단을 조사한 결과, 담배를 많이 피울수록 폐암에 걸릴 확률이 높다는 사실이 발견되었다.

⑤ **잉여법** : 앞의 몇 가지 현상이 뒤의 몇 가지 현상의 원인이며, 선행 현상의 일부분이 후행 현상의 일부분이라면, 선행 현상의 나머지 부분이 후행 현상의 나머지 부분의 원인임을 판단

　　예 어젯밤 일어난 사건의 혐의자는 정은이와 규민이 두 사람인데, 정은이는 알리바이가 성립되어 혐의 사실이 없는 것으로 밝혀졌다. 따라서 그 사건의 범인은 규민이일 가능성이 높다.

3. 유비 추론

두 개의 대상 사이에 일련의 속성이 동일하다는 사실에 근거하여 그것들의 나머지 속성도 동일하리라는 결론을 이끌어내는 추론, 즉 이미 알고 있는 것에서 다른 유사한 점을 찾아내는 추론을 말한다. 그렇기 때문에 유비 추론은 잣대(기준)가 되는 사물이나 현상이 있어야 한다. 유비 추론은 가설을 세우는 데 유용하다. 이미 알고 있는 사례로부터 아직 알지 못하는 것을 생각해 봄으로써 쉽게 가설을 세울 수 있다. 이때 유의할 점은 이미 알고 있는 사례와 이제 알고자 하는 사례가 매우 유사하다는 확신과 증거가 있어야 한다. 그렇지 않은 상태에서 유비 추론에 의해 결론을 이끌어 내면, 그것은 개연성이 거의 없고 잘못된 결론이 될 수도 있다.

> • 지구에는 공기, 물, 흙, 햇빛이 있다(A는 a, b, c, d의 속성을 가지고 있다).
> • 화성에는 공기, 물, 흙, 햇빛이 있다(B는 a, b, c, d의 속성을 가지고 있다).
> • 지구에 생물이 살고 있다(A는 e의 속성을 가지고 있다).
> • 그러므로 화성에도 생물이 살고 있을 것이다(그러므로 B도 e의 속성을 가지고 있을 것이다).

03 도형추리

1. 회전 모양

(1) 180° 회전한 도형은 좌우가 상하가 모두 대칭이 된 모양이 된다.

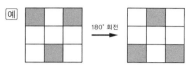

(2) 시계 방향으로 90° 회전한 도형은 시계 반대 방향으로 270° 회전한 도형과 같다.

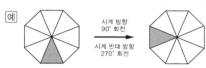

(3) 좌우 반전 → 좌우 반전, 상하 반전 → 상하 반전은 같은 도형이 된다.

(4) 도형을 거울에 비친 모습은 방향에 따라 좌우 또는 상하로 대칭된 모습이 나타난다.

2. 회전 각도

도형의 회전 각도는 도형의 모양으로 유추할 수 있다.

(1) 회전한 모양이 회전하기 전의 모양과 같은 경우

도형	가능한 회전 각도
$60°$	$\cdots,\ -240°,\ -120°,\ +120°,\ +240°,\ \cdots$
$90°$	$\cdots,\ -180°,\ -90°,\ +90°,\ +180°,\ \cdots$
$108°$	$\cdots,\ -144°,\ -72°,\ +72°,\ +144°,\ \cdots$

(2) 회전한 모양이 회전하기 전의 모양과 다른 경우

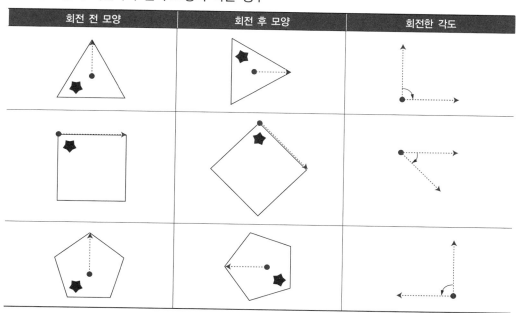

회전 전 모양	회전 후 모양	회전한 각도

02 삼단논법

| 유형분석 |

- '$p \rightarrow q$, $q \rightarrow r$이면 $p \rightarrow r$이다.' 형식의 삼단논법과 명제의 대우를 활용하여 푸는 유형이다.
- 전제를 추리하거나 결론을 추리하는 유형이 출제된다.
- 'A○ → B×' 또는 '$p \rightarrow {\sim}q$'와 같이 명제를 단순화하여 정리하면서 풀어야 한다.

제시된 명제가 모두 참일 때, 다음 중 빈칸에 들어갈 명제로 옳은 것은?

전제1. 공부를 하지 않으면 시험을 못 본다.
전제2. _____
결론. 공부를 하지 않으면 성적이 나쁘게 나온다.

① 공부를 한다면 시험을 잘 본다.
② 시험을 잘 본다면 공부를 한 것이다.
③ 성적이 좋다면 공부를 한 것이다.
④ 시험을 잘 본다면 성적이 좋은 것이다.
⑤ 성적이 좋다면 시험을 잘 본 것이다.

'공부를 함'을 p, '시험을 잘 봄'을 q, '성적이 좋게 나옴'을 'r'이라 하면 첫 번째 명제는 $\sim p \rightarrow \sim q$, 마지막 명제는 $\sim p \rightarrow \sim r$이다. 따라서 $\sim q \rightarrow \sim r$이 빈칸에 들어가야 $\sim p \rightarrow \sim q \rightarrow \sim r$이 되어 $\sim p \rightarrow \sim r$이 성립한다. 참인 명제의 대우도 역시 참이므로 $\sim q \rightarrow \sim r$의 대우인 '성적이 좋다면 시험을 잘 본 것이다.'가 답이 된다.

정답 ⑤

유형 풀이 Tip

전제 추리 방법	결론 추리 방법
전제1이 $p \rightarrow q$일 때, 결론이 $p \rightarrow r$이라면 각 명제의 앞부분이 같으므로 뒷부분을 $q \rightarrow r$로 이어준다. 만일 형태가 이와 맞지 않는다면 대우 명제를 이용한다.	대우 명제를 활용하여 전제1과 전제2가 $p \rightarrow q$, $q \rightarrow r$의 형태로 만들어진다면 결론은 $p \rightarrow r$이다.

| 유형분석 |

- '어떤', '모든' 등 일부 또는 전체를 나타내는 명제 유형이다.
- 전제를 추리하거나 결론을 추리하는 유형이 출제된다.
- 벤다이어그램으로 나타내어 접근한다.

제시된 명제가 모두 참일 때, 다음 중 빈칸에 들어갈 명제로 옳은 것은?

> 전제1. 어떤 키가 작은 사람은 농구를 잘한다.
> 전제2. _____
> 결론. 어떤 순발력이 좋은 사람은 농구를 잘한다.

① 어떤 키가 작은 사람은 순발력이 좋다.
② 농구를 잘하는 어떤 사람은 키가 작다.
③ 순발력이 좋은 사람은 모두 키가 작다.
④ 키가 작은 사람은 모두 순발력이 좋다.
⑤ 어떤 키가 작은 사람은 농구를 잘하지 못한다.

정답 **해설**

'키가 작은 사람'을 A, '농구를 잘하는 사람'을 B, '순발력이 좋은 사람'을 C라고 하면, 전제1과 결론은 다음과 같은 벤다이어그램으로 나타낼 수 있다.

1) 전제1

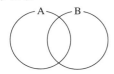

2) 결론

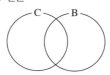

결론이 참이 되기 위해서는 B와 공통되는 부분의 A와 C가 연결되어야 하므로 A를 C에 모두 포함시켜야 한다. 즉, 다음과 같은 벤다이어그램이 성립할 때 마지막 명제가 참이 될 수 있으므로 빈칸에 들어갈 명제는 '키가 작은 사람은 모두 순발력이 좋다.'이다.

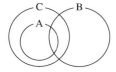

① 다음과 같은 경우 성립하지 않는다.

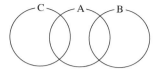

③ 다음과 같은 경우 성립하지 않는다.

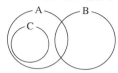

정답 ④

유형 풀이 Tip

다음은 출제 가능성이 높은 명제 유형을 정리한 표이다. 이를 응용한 다양한 유형의 문제가 출제될 수 있으므로 대표적인 유형을 학습해두어야 한다.

명제 유형		전제1	전제2	결론
유형1	명제	어떤 A는 B이다.	모든 A는 C이다.	어떤 C는 B이다. (＝어떤 B는 C이다.)
	벤다이어그램	<img A-B>	<img C-A>	<img C-B-A>
유형2	명제	모든 A는 B이다.	모든 A는 C이다.	어떤 C는 B이다. (＝어떤 B는 C이다.)
	벤다이어그램	<img B-A>	<img C-A>	<img B-C-A>

| 유형분석 |

- 주어진 조건에 따라 한 줄로 세우거나 자리를 배치하는 유형이다.
- 평소 충분한 연습이 되어있지 않으면 풀기 어려운 유형이므로, 최대한 다양한 유형을 접해 보고 패턴을 익히는 것이 좋다.

S전자 마케팅팀에는 부장 A, 과장 B·C, 대리 D·E, 신입사원 F·G 총 7명이 근무하고 있다. A부장은 신입사원 입사 기념으로 팀원을 데리고 영화관에 갔다. 영화를 보기 위해 주어진 〈조건〉에 따라 자리에 앉는다고 할 때, 항상 옳은 것은?

> **조건**
> - 7명은 7자리가 일렬로 붙어 있는 좌석에 앉는다.
> - 양 끝자리 옆에는 비상구가 있다.
> - D와 F는 인접한 자리에 앉는다.
> - A와 B 사이에는 한 명이 앉아 있다.
> - C와 G 사이에는 한 명이 앉아 있다.
> - G는 왼쪽 비상구 옆 자리에 앉아 있다.

① E는 D와 B 사이에 앉는다.
② G와 가장 멀리 떨어진 자리에 앉는 사람은 D이다.
③ C 양 옆에는 A와 B가 앉는다.
④ D는 비상구와 붙어 있는 자리에 앉는다.
⑤ 가운데 자리에는 항상 B가 앉는다.

여섯 번째 조건에 의해 G는 첫 번째 자리에 앉고, 다섯 번째 조건에 의해 C는 세 번째 자리에 앉는다.
A와 B가 네 번째·여섯 번째 또는 다섯 번째·일곱 번째 자리에 앉으면 D와 F가 나란히 앉을 수 없다. 따라서 A와 B는 두 번째·네 번째 자리에 앉는다. 그러면 남은 자리는 다섯·여섯·일곱 번째 자리이므로 D와 F는 다섯·여섯 번째 또는 여섯·일곱 번째 자리에 앉게 되고, 나머지 한 자리에 E가 앉는다.
이를 정리하면 다음과 같다.

구분	1	2	3	4	5	6	7
경우 1	G	A	C	B	D	F	E
경우 2	G	A	C	B	F	D	E
경우 3	G	A	C	B	E	D	F
경우 4	G	A	C	B	E	F	D
경우 5	G	B	C	A	D	F	E
경우 6	G	B	C	A	F	D	E
경우 7	G	B	C	A	E	D	F
경우 8	G	B	C	A	E	F	D

따라서 C의 양 옆에는 항상 A와 B가 앉으므로 ③은 항상 옳다.

오답분석
① 경우 3, 경우 4, 경우 7, 경우 8에서만 가능하며, 나머지 경우에는 성립하지 않는다.
②·④ 경우 4와 경우 8에서만 가능하며, 나머지 경우에는 성립하지 않는다.
⑤ B는 두 번째 자리에 앉을 수도 있다.

정답 ③

유형 풀이 Tip
이 유형에서 가장 먼저 해야 할 일은 고정된 조건을 찾는 것이다. 고정된 조건을 찾아 그 부분을 정해 놓으면 경우의 수가 훨씬 줄어든다.

02 진실게임

| 유형분석 |

- 일반적으로 4 ~ 5명의 진술이 제시되며, 각 진술의 진실 및 거짓 여부를 확인하여 범인을 찾는 유형이다.
- 추리영역 중에서도 체감난이도가 상대적으로 높은 유형으로 알려져 있으나, 문제풀이 패턴을 익히면 시간을 절약할 수 있는 문제이다.
- 각 진술 사이의 모순을 찾아 성립하지 않는 경우의 수를 제거하거나, 경우의 수를 나누어 모든 조건이 들어맞는지를 확인해야 한다.

5명의 취업준비생 갑, 을, 병, 정, 무가 S그룹에 지원하여 그중 1명이 합격하였다. 취업준비생들은 다음과 같이 이야기하였고, 그중 1명이 거짓말을 하였다고 할 때, 합격한 학생은?

> 갑 : 을은 합격하지 않았다.
> 을 : 합격한 사람은 정이다.
> 병 : 내가 합격하였다.
> 정 : 을의 말은 거짓말이다.
> 무 : 나는 합격하지 않았다.

① 갑   ② 을
③ 병   ④ 정
⑤ 무

을과 정은 상반된 이야기를 하고 있으므로 둘 중 한 명은 진실, 다른 한 명은 거짓을 말하고 있다.
 ⅰ) 을이 진실, 정이 거짓을 말한 경우 : 정을 제외한 네 사람의 말은 모두 참이므로 합격자는 병, 정이 되는데, 합격자는 1명이어야
    하므로 모순이다. 그러므로 을은 거짓, 정은 진실을 말한다.
 ⅱ) 을이 거짓, 정이 진실을 말한 경우 : 정을 제외한 네 사람의 말은 모두 참이므로 합격자는 병이다.
따라서 합격자는 병이 된다.

정답 ③

유형 풀이 Tip

진실게임 유형 중 90% 이상은 다음 두 가지 방법으로 풀 수 있다. 주어진 진술을 빠르게 훑으며 제시된 문제가 다음 두
가지 중 어떤 경우에 해당되는지 확인한 후 문제를 풀어나간다.

두 명 이상의 발언 중 한쪽이 진실이면 다른 한쪽이 거짓인 경우
1) A가 진실이고 B가 거짓인 경우, B가 진실이고 A가 거짓인 경우 두 가지로 나눌 수 있다.
2) 두 가지 경우에서 각 발언의 진위 여부를 판단한다.
3) 주어진 조건과 비교한다(범인의 숫자가 맞는지, 진실 또는 거짓을 말한 인원수가 조건과 맞는지 등).

두 명 이상의 발언 중 한쪽이 진실이면 다른 한쪽도 진실인 경우
1) A와 B가 모두 진실인 경우, A와 B가 모두 거짓인 경우 두 가지로 나눌 수 있다.
2) 두 가지 경우에서 각 발언의 진위 여부를 판단한다.
3) 주어진 조건과 비교한다(범인의 숫자가 맞는지, 진실 또는 거짓을 말한 인원수가 조건과 맞는지 등).

CHAPTER 어휘추리 1

02 대응 관계(같은 것 찾기)

| 유형분석 |

- 주어진 단어 사이의 관계를 유추하여 빈칸에 들어갈 적절한 단어를 찾는 문제이다.
- 유의 관계, 반의 관계, 상하 관계 이외에도 원인과 결과, 행위와 도구, 한자성어 등 다양한 관계가 제시된다.
- 최근에는 유의 관계와 반의 관계 위주로 출제되고 있다.

제시된 단어의 대응 관계가 동일할 때, 다음 중 빈칸에 들어갈 가장 적절한 단어는?

> 황공하다 : 황름하다 = (   ) : 아퀴짓다

① 두려워하다   ② 거칠다
③ 마무리하다   ④ 시작하다
⑤ 치장하다

정답 | 해설

최근에 출제되는 어휘유추 유형 문제는 선뜻 답을 고르기 쉽지 않은 경우가 많다. 이 경우 먼저 ①~⑤의 단어를 모두 빈칸에 넣어 보고, 빈칸에 들어갔을 때 옆의 단어 관계와 등가 관계를 이룰 수 없는 보기 순서로 소거하면 좀 더 쉽게 답을 찾을 수 있다. 제시된 단어의 대응 관계는 유의 관계이다. '두려워하다', '거칠다', '치장하다'는 확실히 '아퀴짓다'와의 관계를 찾기 어려우므로 보기에서 먼저 제거할 수 있다. 다음으로 '시작하다'를 빈칸에 넣어보면 제시된 두 단어는 유의 관계인데, '아퀴짓다'와 '시작하다'는 반의 관계이므로 제외한다. 따라서 남은 ③이 정답이다.

- 황공하다 · 황름하다 : 위엄이나 지위 따위에 눌리어 두렵다.
- 아퀴짓다 : 일이나 말을 끝마무리하다.
- 마무리하다 : 일을 끝맺다.

정답 ③

유형 풀이 Tip

동의어 / 반의어 종류

종류		뜻	예시
동의어		형태는 다르나 동일한 의미를 가지는 두 개 이상의 단어	가난 – 빈곤, 가격 – 비용, 가능성 – 잠재력 등
반의어	상보 반의어	의미 영역이 상호 배타적인 두 영역으로 양분하는 두 개 이상의 단어	살다 – 죽다, 진실 – 거짓 등
	정도(등급) 반의어	정도나 등급에 있어 대립되는 두 개 이상의 단어	크다 – 작다, 길다 – 짧다, 넓다 – 좁다, 빠르다 – 느리다 등
	방향(상관) 반의어	맞선 방향을 전제로 하여 관계나 이동의 측면에서 대립하는 두 개 이상의 단어	오른쪽 – 왼쪽, 앞 – 뒤, 가다 – 오다, 스승 – 제자 등

함정 제거

동의어를 찾는 문제라면 무조건 보기에서 반의어부터 지우고 시작한다. 반대로 반의어를 찾는 문제라면 보기에서 동의어를 지우고 시작한다. 단어와 관련이 없는 보기는 헷갈리지 않지만 관련이 있는 보기는 아는 문제여도 함정에 빠져 틀리기 쉽기 때문이다.

| 유형분석 |

- 2 ~ 3개 단어의 묶음이 각각의 보기로 제시되고, 이 중에서 단어 사이의 관계가 다른 하나를 찾는 문제이다.
- 관계유추 유형에서 제시되는 단어 사이의 관계는 도구와 행위자, 재료와 결과물 등 어휘유추 유형보다 더욱 폭이 넓고 다양한 편이지만 이 유형 역시 앞의 유형처럼 유의 관계와 반의 관계가 가장 많이 출제되고 있다.

다음 단어의 대응 관계가 나머지와 다른 하나는?

① 당착(撞着) : 모순(矛盾)

② 용인(庸人) : 범인(凡人)

③ 굴착(掘鑿) : 매립(埋立)

④ 체류(滯留) : 체재(滯在)

⑤ 모범(模範) : 귀감(龜鑑)

정답 해설

- ① · ② · ④ · ⑤는 유의 관계이나, ③은 반의 관계이다.
- 굴착(掘鑿) : 땅이나 암석 따위를 파고 뚫음
- 매립(埋立) : 우묵한 땅이나 하천, 바다 등을 돌이나 흙 따위로 채움

오답분석

① • 당착(撞着) : 말이나 행동 따위의 앞뒤가 맞지 않음
- 모순(矛盾) : 어떤 사실의 앞뒤, 또는 두 사실이 이치상 어긋나서 서로 맞지 않음
② • 용인(庸人) · 범인(凡人) : 평범한 사람
④ • 체류(滯留) · 체재(滯在) : 객지에 가서 머물러 있음
⑤ • 모범(模範) : 본받아 배울 만한 대상
- 귀감(龜鑑) : 거울로 삼아 본받을 만한 모범

정답 ③

유형 풀이 Tip

단어 사이의 관계를 가장 확실히 알 수 있는 보기를 기준으로 하여 다른 보기와 대조해 본다.

적용

위 문제의 경우, ⑤에서 '모범(模範)'과 '귀감(龜鑑)'은 유의 관계임을 알 수 있으며, 나머지 ① · ② · ④도 마찬가지로 유의 관계임을 확인할 수 있다. 그런데 '굴착(掘鑿)'과 '매립(埋立)'은 반의 관계이므로 ③의 대응 관계가 다른 보기와 다름을 알 수 있다.

02 3×3형, 1×4형

01 다음 제시된 도형의 규칙을 보고 물음표에 들어갈 도형으로 알맞은 것을 고르면?

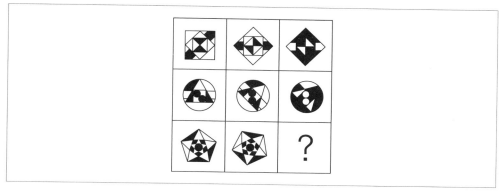

①

②

③

④

⑤

정답 해설

규칙은 가로로 적용된다.
첫 번째 도형을 시계 방향으로 45° 회전한 것이 두 번째 도형이고, 이를 색 반전한 것이 세 번째 도형이다.

정답 ④

02 다음 제시된 도형의 규칙을 보고 물음표에 들어갈 도형으로 알맞은 것을 고르면?

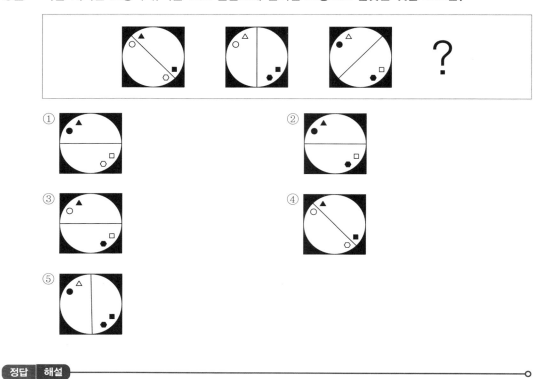

선분은 시계 방향으로 45° 회전하고, 사각형 안의 도형의 색상은 시계 방향으로 회전한다.

정답 ①

1. 규칙 방향 파악(3×3형)

   규칙이 적용되는 방향이 가로인지 세로인지부터 파악한다. 01번 문제처럼 세 도형이 서로 다른 모양일 때에는 쉽게 파악할 수 있지만 아닌 경우도 많다. 모양이 비슷한 경우에는 가로와 세로 모두 확인하여 규칙이 적용된 방향을 유추해야 한다.

2. 규칙 유추

   규칙을 유추하기 쉬운 도형을 기준으로 규칙을 파악한다. 나머지 도형을 통해 유추한 규칙이 맞는지 확인한다.

[주요 규칙]

규칙		예시
회전	45° 회전	 시계 방향
	60° 회전	 시계 반대 방향
	90° 회전	 시계 반대 방향
	120° 회전	 시계 반대 방향
	180° 회전	
색반전		
대칭	x축 대칭	
	y축 대칭	

| 유형분석 |

- 문자를 바꾸는 규칙을 파악한 후, 제시된 규칙이 적용되었을 때 물음표에 들어갈 알맞은 문자를 고르는 유형이다.
- 각 규칙들이 2개 이상 한꺼번에 적용되어 제시되기 때문에 각각의 예시만 봐서는 규칙을 파악하기 어렵다. 공통되는 규칙이 있는 예시를 찾아 서로 비교하여 각 문자열의 위치가 바뀌었는지 / 숫자의 변화가 있었는지 등을 확인하며 규칙을 찾아야 한다.

다음 도식에서 기호들은 일정한 규칙에 따라 문자를 변화시킨다. 물음표에 들어갈 알맞은 문자를 고르면?
(단, 규칙은 가로와 세로 중 한 방향으로만 적용된다)

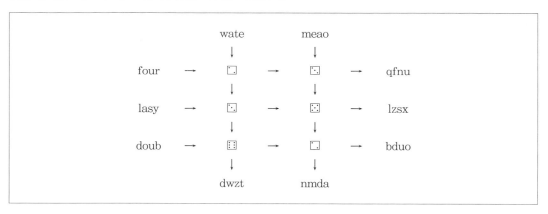

ㄱㅊㄷㅈ → ☐ → ☐ → ?

① ㅈㄱㅊㄷ ② ㄴㅈㅊㄷ
③ ㄴㅈㅊㄱ ④ ㅇㄱㅈㄷ
⑤ ㄱㅊㄴㅈ

정답 해설

1. 규칙 파악할 순서 찾기
   ☐ → ☐ and ☐ → ☐

2. 규칙 파악

1	2	3	4	5	6	7	8	9	10	11	12	13	14	15	16	17	18	19	20	21	22	23	24	25	26
A	B	C	D	E	F	G	H	I	J	K	L	M	N	O	P	Q	R	S	T	U	V	W	X	Y	Z
ㄱ	ㄴ	ㄷ	ㄹ	ㅁ	ㅂ	ㅅ	ㅇ	ㅈ	ㅊ	ㅋ	ㅌ	ㅍ	ㅎ	ㄱ	ㄴ	ㄷ	ㄹ	ㅁ	ㅂ	ㅅ	ㅇ	ㅈ	ㅊ	ㅋ	ㅌ

- ▣ : 가로 두 번째 도식과 세로 두 번째 도식에서 ▣ → ▣ 규칙이 겹치므로 이를 이용하면 ▣의 규칙이 1234 → 4123임을 알 수 있다.
- ▣ and ▣ : ▣의 규칙을 찾았으므로 가로 첫 번째 도식에서 ▣의 규칙이 각 자릿수 −1, 0, −1, 0임을 알 수 있다. 같은 방법으로 가로 세 번째 도식에서 ▣의 규칙이 1234 → 1324임을 알 수 있다.
- ▣ : ▣의 규칙을 찾았으므로 가로 두 번째 도식에서 ▣의 규칙이 각 자릿수 +1, −1, +1, −1임을 알 수 있다.

따라서 정리하면 다음과 같다.

▣ : 1234 → 4123

▣ : 각 자릿수 −1, 0, −1, 0

▣ : 1234 → 1324

▣ : 각 자릿수 +1, −1, +1, −1

ㄱㅊㄷㅈ → ㅈㄱㅊㄷ → ㅇㄱㅈㄷ
　　　　　▣　　　　　　　▣

유형 풀이 Tip

- 문자 순서 표기

문제를 보고 규칙을 찾기 전에 문제에서 사용한 문자를 순서대로 적어놓아야 빠르게 풀이할 수 있다.

- 묶음 규칙 이용

규칙을 한 번에 파악할 수 없을 때 두 가지 이상의 규칙을 한 묶음으로 생각하여 접근한다.

예

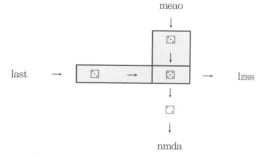

가로 도식에서 ▣ → ▣ 규칙을 한 묶음으로 생각하면 last → ▣ → ▣ → lzss이므로 ▣ → ▣는 각 자릿수 0, −1, 0, −1의 규칙을 갖는다.

세로 도식에서 meao은 ▣ → ▣의 규칙이 적용되면 mdan이 되므로 mdan → ▣ → nmda이다. 따라서 ▣의 규칙은 1234 → 41230이다.

- 규칙 정리

유추한 규칙을 알아볼 수 있도록 정리해둔다.

- 주요 규칙

규칙	예시
순서 교체	1234 → 4321
각 자릿수 + 또는 −	+1, −1, +1, −1

| 유형분석 |

• 주어진 제시문을 바탕으로 추론했을 때 항상 참 또는 거짓인 것을 고르는 유형이다.
• 언어이해 영역의 내용일치와 유사한 면이 있으나 내용일치가 제시문에 제시된 내용인지 아닌지만 확인하는 유형이라면, 내용추론은 제시문에 직접적으로 제시되지 않은 내용까지 추론하여 답을 도출해야 한다는 점에서 차이가 있다.

다음 제시문의 내용이 참일 때, 항상 거짓인 것은?

루머는 구전과 인터넷을 통해 확산되고, 그 과정에서 여러 사람들의 의견이 더해진다. 루머는 특히 사회적 불안감이 형성되었을 때 빠르게 확산되는데, 이는 사람들이 사회적 · 개인적 불안감을 해소하기 위한 수단으로 루머에 의지하기 때문이다.

나아가 루머가 확산되는 데는 사회적 동조가 중요한 영향을 미친다. 사회적 동조란 '다수의 의견이나 사회적 규범에 개인의 의견과 행동을 맞추거나 동화시키는 경향'을 뜻한다. 사회적 동조는 루머가 사실로 인식되고 대중적으로 수용되는 과정에서도 큰 영향력을 행사한다.

사회적 동조는 개인이 어떤 정보에 대해 판단하거나 그에 대한 태도를 결정하는 데 정당성을 제공한다. 다수의 의견을 따름으로써 어떤 정보를 믿는 것에 대한 합리적 이유를 갖게 되는 것이다. 실제로 루머에 대한 지지 댓글을 많이 본 사람들은 루머에 대한 반박 댓글을 많이 본 사람들에 비해 루머를 사실로 믿는 경향이 더욱 강한 것으로 나타났다. 또한 사회적 동조가 있는 상태에서는 개인의 성향과 상관없이 루머를 사실이라고 믿는 경우가 많았다.

사회적 동조의 또 다른 역할은 사람들이 자신의 의견을 제시할 때 사회적 분위기를 고려하게 하는 것이다. 소속된 집단으로부터 소외되지 않기 위해서 다수에 의해 지지되는 의견을 따라가는 현상이 발생하기도 한다. 이와 같은 현상은 개인주의 문화권보다는 집단주의 문화권에 있는 사람들에게서 더 잘 나타난다. 집단주의 문화권 사람들은 루머를 믿는 사람들로부터 루머에 대한 정보를 얻고 그것을 근거로 하여 판단하며, 다른 사람들의 의견에 개인의 생각을 일치시키는 경향이 두드러진다.

① 사람들은 루머를 사회적 불안감을 해소하기 위한 수단으로 삼기도 한다.

② 사회적 동조는 개인이 루머를 사실로 받아들이는 결정을 함에 있어 정당성을 제공한다.

③ 집단주의 문화권에서는 개인주의 문화권보다 사회적 동조가 루머의 확산에 미치는 영향이 더 크게 나타난다.

④ 루머에 대한 반박 댓글을 많이 본 사람들이 지지 댓글을 많이 본 사람들보다 루머를 사실로 믿는 경향이 더 약하다.

⑤ 사회적 동조가 있을 때, 충동적인 사람들은 충동적이지 않은 사람들에 비해 루머를 사실로 믿는 경향이 더 강하다.

사회적 동조가 있는 상태에서는 개인의 성향과 상관없이, 즉 충동적인 것과는 무관하게 루머를 사실이라고 믿는 경우가 많았다고 하였으므로 옳지 않은 내용이다.

오답분석

① 사람들이 사회적·개인적 불안감을 해소하기 위한 수단으로 루머에 의지한다고 하였으므로 옳은 내용이다.
② 사회적 동조는 개인이 어떤 정보에 대해 판단하거나 그에 대한 태도를 결정하는 데 정당성을 제공한다고 하였으므로 옳은 내용이다.
③ 집단주의 문화권 사람들은 루머를 믿는 사람들로부터 루머에 대한 정보를 얻고 그것을 근거로 하여 판단하며, 다른 사람들의 의견에 개인의 생각을 일치시키는 경향이 두드러진다고 하였으므로 옳은 내용이다.
④ 루머에 대한 지지 댓글을 많이 본 사람들은 루머에 대한 반박 댓글을 많이 본 사람들에 비해 루머를 사실로 믿는 경향이 더욱 강한 것으로 나타났다고 하였다. 따라서 이를 역으로 생각하면 반박 댓글을 많이 본 사람들이 루머를 사실로 믿는 경향이 더 약함을 알 수 있다.

정답 ⑤

유형 풀이 Tip

제시문에 대하여 거짓이 되는 답을 고르는 문제의 경우 제시문에 있는 특정 문장이나 키워드가 되는 단어의 의미를 비트는 경우가 많다. 따라서 정반대의 의미를 지녔거나 지나치게 과장된, 혹은 축소된 의미를 지닌 단어가 문항에 새로 추가되지는 않았는지 비교해보도록 한다.

| 유형분석 |

- 제시문을 읽고 비판적 의견이나 반박을 생각할 수 있는지를 평가하는 유형이다.
- 제시문의 '주장'에 대한 반박을 찾는 것이므로, '근거'에 대한 반박이나 논점에서 벗어난 것을 찾지 않도록 주의해야 한다.

다음 제시문에 대한 반론으로 가장 적절한 것은?

> 인공 지능 면접은 더 많이 활용되어야 한다. 인공 지능을 활용한 면접은 인터넷에 접속하여 인공 지능과 문답하는 방식으로 진행되는데, 지원자는 시간과 공간에 구애받지 않고 면접에 참여할 수 있는 편리성이 있어 면접 기회가 확대된다. 또한 회사는 면접에 소요되는 인력을 줄여, 비용 절감 측면에서 경제성이 크다. 실제로 인공 지능을 면접에 활용한 ○○회사는 전년 대비 2억 원 정도의 비용을 절감했다. 그리고 기존 방식의 면접에서는 면접관의 주관이 개입될 가능성이 큰 데 반해, 인공 지능을 활용한 면접에서는 빅데이터를 바탕으로 한 일관된 평가 기준을 적용할 수 있다. 이러한 평가의 객관성 때문에 많은 회사들이 인공 지능 면접을 도입하는 추세이다.

① 빅데이터는 사회에서 형성된 정보가 축적된 결과물이므로 왜곡될 가능성이 적다.
② 인공 지능을 활용한 면접은 기술적으로 완벽하기 때문에 인간적 공감을 떨어뜨린다.
③ 회사 관리자 대상의 설문 조사에서 인공 지능을 활용한 면접을 신뢰한다는 비율이 높게 나온 것으로 보아 기존의 면접 방식보다 지원자의 잠재력을 판단하는 데 더 적합하다.
④ 회사의 특수성을 고려해 적합한 인재를 선발하려면 오히려 해당 분야의 경험이 축적된 면접관의 생각이나 견해가 면접 상황에서 중요한 판단 기준이 되어야 한다.
⑤ 면접관의 주관적인 생각이나 견해로는 지원자의 잠재력을 판단하기 어렵다.

제시문에서는 편리성, 경제성, 객관성 등을 이유로 인공 지능 면접을 지지하고 있다. 따라서 객관성보다 면접관의 생각이나 견해가 회사 상황에 맞는 인재를 선발하는 데 적합하다는 논지로 반박하는 것이 적절하다.

[오답분석]
② 인공 지능 면접에 필요한 기술과 인간적 공감의 관계는 제시문에서 주장한 내용이 아니므로 반박의 근거로도 적절하지 않다.
①·③·⑤ 제시문의 주장에 반박하는 것이 아니라 제시문의 주장을 강화하는 근거에 해당한다.

정답 ④

유형 풀이 Tip

1. 주장, 관점, 의도, 근거 등 문제를 풀기 위한 제시문의 핵심을 파악한다. 이후 제시문의 주장 및 근거의 어색한 부분을 찾아 반박할 주장과 근거를 생각해본다.
2. 제시문이 지나치게 길 경우 선택지를 먼저 파악하여 홀로 선지에 제시문의 내용과 어색한 주장이거나 상반된 의견을 제시하고 있는 답은 없는지 확인한다.
3. 반론 유형을 풀기 어렵다면 제시문과 일치하는 선택지부터 지워나가는 소거법을 활용한다. 함정도 피하고 쉽게 풀 수 있다.
4. 문제를 풀 때 지나치게 시간에 쫓기거나 집중력이 떨어진 상황이라면 제시문의 처음 문장 혹은 마지막 문장을 읽어 제시문이 주장하는 바를 빠르게 파악하는 것도 좋은 방법이다. 단, 처음 문장에서 글쓴이의 주장과 반대되는 사례를 먼저 언급하는 경우도 있으므로 이 경우에는 마지막 문장과 비교하여 어느 의견이 글쓴이의 주장에 가까운지 구분하도록 한다.

| 유형분석 |

- 제시문을 읽은 뒤 이를 토대로 보기의 문장을 바르게 해석할 수 있는지 평가하는 유형이다.
- 제시문을 토대로 보기의 문장을 해석하는 것이므로 반대로 보기의 문장을 통해 제시문을 해석하거나 반박하지 않도록 주의한다.

다음 제시문을 토대로 〈보기〉를 바르게 해석한 것은?

근대 이후 개인의 권리가 중시되자 법철학은 권리의 근본적 성격을 법적으로 존중되는 의사에 의한 선택의 관점에서 볼 것인가 아니면 법적으로 보호되는 이익의 관점에서 볼 것인가를 놓고 지속적으로 논쟁해 왔다. 의사설의 기본적인 입장은 어떤 사람이 무언가에 대하여 권리를 갖는다는 것은 법률관계 속에서 그 무언가와 관련하여 그 사람의 의사에 의한 선택이 다른 사람의 의사보다 우월한 지위에 있음을 법적으로 인정하는 것이다. 의사설을 지지한 하트는 권리란 그것에 대응하는 의무가 존재한다고 보았다. 그는 의무의 이행 여부를 통제할 권능을 가진 권리자의 선택이 권리의 본질적 요소라고 보았기 때문에 법이 타인의 의무 이행 여부에 대한 권능을 부여하지 않은 경우에는 권리를 가졌다고 말할 수 없다고 주장했다.

의사설은 타인의 의무 이행 여부와 관련된 권능, 곧 합리적 이성을 가진 자가 아니면 권리자가 되지 못하는 난점이 있다. 또한 의사설은 면제권을 갖는 어떤 사람이 면제권을 포기함으로써 타인의 권능 아래에 놓일 권리, 즉 스스로를 노예와 같은 상태로 만들 권리를 인정해야 하는 상황에 직면한다. 하지만 현대에서는 이런 상황이 인정되기가 어렵다.

이익설의 기본적인 입장은 권리란 이익이며, 법이 부과하는 타인의 의무로부터 이익을 얻는 자는 누구나 권리를 갖는다는 것이다. 그래서 타인의 의무 이행에 따른 이익이 없다면 권리가 없다고 본다. 이익설을 주장하는 라즈는 권리와 의무가 동전의 양면처럼 논리적으로 서로 대응하는 관계일 뿐만 아니라 권리가 의무를 정당화하는 관계에 있다고 보았다. 즉, 권리가 의무 존재의 근거가 된다고 보는 입장을 지지한다고 볼 수 있다. 그래서 누군가의 어떤 이익이 타인에게 의무를 부과할 만큼 중요성을 가지는 것일 때 비로소 그 이익은 권리로서 인정된다고 보았다.

이익설의 난점으로는 제3자를 위한 계약을 들 수 있다. 가령 갑이 을과 계약하며 병에게 꽃을 배달해 달라고 했다고 하자. 이익 수혜자는 병이지만 권리자는 계약을 체결한 갑이다. 쉽게 말해 을의 의무 이행에 관한 권능을 가진 사람은 병이 아니라 갑이다. 그래서 이익설은 이익의 수혜자가 아닌 권리자가 있는 경우를 설명하기 어렵다는 비판을 받는다. 또한 이익설은 권리가 실현하려는 이익과 그에 상충하는 이익을 비교해야 할 경우 어느 것이 더 우세한지를 측정하기 쉽지 않다.

보기

S씨는 동물 보호 정책 시행 의무의 헌법 조문화, 동물 정책 기본법 제정 등을 통해 동물 보호 의무가 헌법에 명시되어야 한다고 주장하였다.

① 하트의 주장에 따르면 동물 보호 의무가 헌법에 명시되지 않더라도 동물은 기본적으로 보호받을 권리를 가지고 있다.

② 하트의 주장에 따르면 동물 생명의 존엄성이 법적으로 보호됨으로써 동물이 보다 나은 삶을 살 수 있다면 동물은 권리를 가질 수 있다.

③ 하트의 주장에 따르면 사람이 동물 보호 의무를 갖는다고 하더라도 동물은 이성적 존재가 아니므로 동물은 권리를 갖지 못한다.

④ 라즈의 주장에 따르면 사람의 의무 이행에 따른 이익이 있다면 동물이 권리를 가질 수 있지만, 그렇다고 동물의 권리가 사람의 의무를 정당화하는 것은 아니다.

⑤ 라즈의 주장에 따르면 동물의 이익이 사람에게 의무를 부과할 만큼 중요성을 가지지 못하더라도 상충하는 이익보다 우세할 경우 권리로 인정될 수 있다.

정답 해설

의사설을 지지한 하트는 의무 이행 여부를 통제할 권능을 가진 권리자의 선택을 권리의 본질적 요소로 보았기 때문에 타인의 의무 이행 여부와 관련된 권능, 곧 합리적 이성을 가진 자가 아니면 권리자가 될 수 없다고 보았다. 따라서 하트는 동물 보호 의무와 관련하여 사람이 동물 보호 의무를 갖는다고 하더라도 이성적 존재가 아닌 동물은 권리를 갖지 못한다고 주장할 수 있다.

오답분석

① 의사설을 지지한 하트에 따르면 법이 타인의 의무 이행 여부에 대한 권능을 부여하지 않은 경우에는 권리를 가졌다고 말할 수 없다.

② 법이 타인의 의무로부터 이익을 얻는 자는 누구나 권리를 갖는다는 이익설의 입장에 따른 주장이므로 의사설을 지지한 하트의 주장으로는 적절하지 않다.

④ 이익설을 주장한 라즈에 따르면 타인의 의무로부터 이익을 얻는 자는 누구나 권리를 가지므로 권리와 의무는 서로 대응하는 관계이며, 권리는 의무를 정당화한다.

⑤ 이익설을 주장한 라즈에 따르면 누군가의 이익이 타인에게 의무를 부과할 만큼 중요성을 가질 때 그 이익은 권리로서 인정된다. 또한 이익설은 권리가 실현하려는 이익과 상충하는 이익을 비교해야 할 경우 어느 것이 더 우세한지를 측정하기 어렵다는 단점이 있다.

정답 ③

유형 풀이 Tip

보기 해석의 경우 제시문과 보기에 제시된 문장의 의미를 제대로 파악할 필요가 있다는 점에서 난이도가 높은 유형이라고 볼 수 있다. 제시문과 보기, 그리고 문항의 의미를 모두 파악하는 데는 상당한 시간이 소요되므로, 가장 먼저 보기의 내용을 이해하도록 한다. 이후 각 문항에서 공통적으로 나타나는 핵심 주장이나 단어, 특정 사물이나 개인의 명칭 등 키워드를 기준으로 문항을 구분한 뒤, 이를 제시문과 대조하여 그 논지와 같은 문항을 찾아내도록 한다.

정답 및 해설 p.020

01 명제

※ 제시된 명제가 모두 참일 때, 다음 중 빈칸에 들어갈 명제로 가장 적절한 것을 고르시오. **[1~10]**

01

> • 무거운 물건을 들기 위해서는 근력이 좋아야 한다.
> • _____
> 그러므로 근육을 키우지 않으면 무거운 물건을 들 수 없다.

① 무거운 물건을 들기 위해서는 근육을 키워야 한다.
② 근력이 좋으려면 근육을 키워야 한다.
③ 근육을 키우면 무거운 물건을 들 수 없다.
④ 근육을 키우면 무거운 물건을 들 수 있다.
⑤ 근력이 좋기 위해서는 무거운 물건을 들 수 있어야 한다.

02

> • 밤에 잠을 잘 못자면 낮에 피곤하다.
> • _____
> • 업무효율이 떨어지면 성과급을 받지 못한다.
> 그러므로 밤에 잠을 잘 못자면 성과급을 받지 못한다.

① 업무효율이 떨어지면 밤에 잠을 잘 못 잔다.
② 낮에 피곤하면 업무효율이 떨어진다.
③ 성과급을 받으면 밤에 잠을 잘 못 잔다.
④ 밤에 잠을 잘 자면 성과급을 받는다.
⑤ 성과급을 받지 못하면 낮에 피곤하다.

03

> • 오존층이 파괴되지 않으면 프레온 가스가 나오지 않는다.
> • _____
> • 지구 온난화가 진행되지 않았다면 오존층이 파괴되지 않는다.
> 그러므로 지구 온난화가 진행되지 않았다면 에어컨을 과도하게 사용하지 않았다.

① 에어컨을 잘 쓰지 않으면 프레온 가스가 나오지 않는다.
② 프레온 가스가 나온다고 해도 오존층은 파괴되지 않는다.
③ 오존층을 파괴하면 지구 온난화가 진행된다.
④ 에어컨을 과도하게 쓰면 프레온 가스가 나온다.
⑤ 에어컨을 적게 써도 지구 온난화는 진행된다.

04

> • 아는 것이 적으면 인생에 나쁜 영향이 생긴다.
> • _____
> • 지식을 함양하지 않으면 아는 것이 적다.
> 그러므로 공부를 열심히 하지 않으면 인생에 나쁜 영향이 생긴다.

① 공부를 열심히 한다고 해서 지식이 생기지는 않는다.
② 지식을 함양했다는 것은 공부를 열심히 했다는 뜻이다.
③ 아는 것이 많으면 인생에 나쁜 영향이 생긴다.
④ 아는 것이 많으면 지식이 많다는 뜻이다.
⑤ 아는 것이 적으면 지식을 함양하지 않았다는 것이다.

05

> • 저축을 하지 않으면 이자가 생기지 않는다.
> • _____
> • 소비를 줄이지 않으면 저축을 하지 않는다.
> 그러므로 소비를 줄이지 않았다는 것은 용돈을 합리적으로 쓰지 않은 것이다.

① 용돈을 합리적으로 쓰지 않으면 이자가 생기지 않는다.
② 이자가 생기면 저축을 하지 않는다.
③ 저축을 하지 않으면 소비를 줄이지 않는다.
④ 용돈을 합리적으로 쓰면 이자가 생긴다.
⑤ 용돈을 합리적으로 써도 소비를 줄이지 않는다.

06

> • 음악을 좋아하는 사람은 미술을 좋아한다.
> • 사회를 좋아하는 사람은 음악을 좋아한다.
> 그러므로 _____

① 음악을 좋아하는 사람은 사회를 좋아한다.
② 미술을 좋아하지 않는 사람은 사회를 좋아하지 않는다.
③ 미술을 좋아하는 사람은 사회를 좋아하지 않는다.
④ 사회를 좋아하지 않는 사람은 미술을 좋아한다.
⑤ 미술을 좋아하지 않는 사람은 사회를 좋아한다.

07

> • 낡은 것을 버려야 새로운 것을 채울 수 있다.
> • _____
> 그러므로 새로운 것을 채우지 않는다면 더 많은 세계를 경험할 수 없다.

① 새로운 것을 채운다면 낡은 것을 버릴 수 있다.
② 낡은 것을 버리지 않는다면 새로운 것을 채울 수 없다.
③ 새로운 것을 채운다면 더 많은 세계를 경험할 수 있다.
④ 낡은 것을 버리지 않는다면 더 많은 세계를 경험할 수 없다.
⑤ 더 많은 세계를 경험하지 못한다면 새로운 것을 채울 수 없다.

08

> • 음악을 좋아하는 사람은 상상력이 풍부하다.
> • 음악을 좋아하지 않는 사람은 노란색을 좋아하지 않는다.
> 그러므로 _____

① 노란색을 좋아하지 않는 사람은 음악을 좋아한다.
② 음악을 좋아하지 않는 사람은 상상력이 풍부하지 않다.
③ 상상력이 풍부한 사람은 노란색을 좋아하지 않는다.
④ 노란색을 좋아하는 사람은 상상력이 풍부하다.
⑤ 상상력이 풍부하지 않은 사람은 음악을 좋아한다.

09

> • 스테이크를 먹는 사람은 지갑이 없다.
> • _____
> 그러므로 지갑이 있는 사람은 쿠폰을 받는다.

① 스테이크를 먹는 사람은 쿠폰을 받지 않는다.
② 스테이크를 먹지 않는 사람은 쿠폰을 받는다.
③ 쿠폰을 받는 사람은 지갑이 없다.
④ 지갑이 없는 사람은 쿠폰을 받지 않는다.
⑤ 지갑이 없는 사람은 스테이크를 먹지 않는다.

10

> • 광물은 매우 규칙적인 원자 배열을 가지고 있다.
> • 다이아몬드는 광물이다.
> 그러므로 _____

① 다이아몬드는 매우 규칙적인 원자 배열을 가지고 있다.
② 광물이 아니면 규칙적인 원자 배열을 가지고 있지 않다.
③ 다이아몬드가 아니면 광물이 아니다.
④ 광물은 다이아몬드이다.
⑤ 광물이 아니면 다이아몬드이다.

01 다음 명제가 모두 참일 때, 항상 참인 것은?

> • 조선 시대의 대포 중 천자포의 사거리는 1,500보이다.
> • 현자포의 사거리는 천자포의 사거리보다 700보 짧다.
> • 지자포의 사거리는 현자포의 사거리보다 100보 길다.

① 천자포의 사거리가 가장 길다.
② 현자포의 사거리가 가장 길다.
③ 지자포의 사거리가 가장 짧다.
④ 현자포의 사거리는 지자포의 사거리보다 길다.
⑤ 지자포의 사거리는 1,000보이다.

02 다음 중 한 명만 거짓말을 할 때 항상 옳은 것은?(단, 한 층에 한 명만 내린다)

> • A : B는 1층에서 내렸다.
> • B : C는 1층에서 내렸다.
> • C : D는 적어도 3층에서 내리지 않았다.
> • D : A는 4층에서 내렸다.
> • E : A는 4층에서 내리고 나는 5층에 내렸다.

① C는 1층에서 내렸다.
② A는 4층에서 내리지 않았다.
③ D는 3층에서 내렸다.
④ C는 B보다 높은 층에서 내렸다.
⑤ A는 D보다 높은 층에서 내렸다.

03 S사는 최근 새로운 건물로 이사하면서 팀별로 층 배치를 변경하기로 하였다. 다음 중 층 배치 변경 사항에 따라 이사할 때, 항상 참이 아닌 것은?

〈층 배치 변경 사항〉
• 인사팀과 생산팀이 위치한 층 사이에 한 팀을 배치합니다.
• 연구팀과 영업팀은 기존 층보다 아래층으로 배치합니다.
• 총무팀은 6층에 배치합니다.
• 탕비실은 4층에 배치합니다.
• 생산팀은 연구팀보다 높은 층에 배치합니다.
• 전산팀은 2층에 배치합니다.

〈현재 층 배치도〉

층수	부서
7층	전산팀
6층	영업팀
5층	연구팀
4층	탕비실
3층	생산팀
2층	인사팀
1층	총무팀

① 생산팀은 3층에 배치될 수 있다.
② 생산팀은 7층에 배치될 수 있다.
③ 인사팀은 5층에 배치될 수 있다.
④ 영업팀은 3층에 배치될 수 있다.
⑤ 연구팀은 1층에 배치될 수 있다.

04 S사는 2023년 신입사원 채용을 진행하였다. 최종 관문인 면접평가는 다대다 면접으로 A ~ E면접자를 포함하여 모두 8명이 입장하여 의자에 앉았다. 다음 중 〈조건〉에 따라 의자에 앉을 때, D면접자가 2번 의자에 앉았다면 항상 참인 것은?(단, 면접실 의자는 순서대로 1번부터 8번까지 번호가 매겨져 있다)

> **조건**
> • C면접자와 D면접자는 이웃해 앉지 않고, D면접자와 E면접자는 이웃해 앉는다.
> • A면접자와 C면접자 사이에는 2명이 앉는다.
> • A면접자는 양 끝(1번, 8번)에 앉지 않는다.
> • B면접자는 6번 또는 7번 의자에 앉고, E면접자는 3번 의자에 앉는다.

① A면접자는 4번 의자에 앉는다.
② C면접자는 1번 의자에 앉는다.
③ A면접자와 B면접자가 서로 이웃해 앉는다면 C면접자는 4번 또는 8번 의자에 앉는다.
④ B면접자가 7번 의자에 앉으면, A면접자와 B면접자 사이에 2명이 앉는다.
⑤ C면접자가 8번 의자에 앉으면, B면접자는 6번 의자에 앉는다.

05 A ~ G 7명은 다음 주 당직근무 순서를 정하기 위해 모였다. 〈조건〉에 따를 때, D가 근무하는 날의 전날과 다음날에 근무하는 당직근무자는?(단, 한 주의 시작은 월요일이고 하루에 1명씩 근무한다)

> **조건**
> • A가 가장 먼저 근무한다.
> • F는 E보다 먼저 근무한다.
> • G는 A와 연이어 근무한다.
> • F가 근무하고 3일 뒤에 C가 근무한다.
> • C가 B보다 먼저 근무한다.
> • E는 목요일에 근무한다.

① C, G
② C, F
③ B, F
④ A, G
⑤ C, E

06 초등학교 담장에 벽화를 그리기 위해 바탕색을 칠하려고 한다. 5개의 벽에 바탕색을 칠해야 하고, 벽은 일자로 나란히 배열되어 있다고 한다. 〈조건〉에 따라 담장을 칠할 때, 항상 참인 것은?(단, 칠해야 할 색은 빨간색, 주황색, 노란색, 초록색, 파란색이다)

> **조건**
> • 주황색과 초록색은 이웃해서 칠한다.
> • 빨간색과 초록색은 이웃해서 칠할 수 없다.
> • 파란색은 양 끝에 칠할 수 없으며, 빨간색과 이웃해서 칠할 수 없다.
> • 노란색은 왼쪽에서 두 번째에 칠할 수 없다.

① 노란색을 왼쪽에서 첫 번째에 칠할 때, 주황색은 오른쪽에서 세 번째에 칠하게 된다.
② 칠할 수 있는 경우의 수 중에 한 가지는 주황 – 초록 – 파랑 – 노랑 – 빨강이다.
③ 파란색을 오른쪽에서 두 번째에 칠할 때, 주황색은 왼쪽에서 첫 번째에 칠하게 된다.
④ 주황색은 왼쪽에서 첫 번째에 칠할 수 없다.
⑤ 빨간색은 오른쪽에서 첫 번째에 칠할 수 없다.

07 S사에서 10명의 사원(가 ~ 차)을 차례로 한 줄로 세우려고 한다. 다음 〈조건〉을 참고하여 7번째에 오는 사원이 사일 때, 3번째에 올 사원은?

> **조건**
> • 자 사원과 차 사원은 결근하여 줄을 서지 못했다.
> • 가보다 다가 먼저 서 있다.
> • 마는 다와 아보다 먼저 서있다.
> • 아는 가와 바 사이에 서있다.
> • 바는 나보다는 먼저 서있지만, 가보다는 뒤에 있다.
> • 라는 사와 나의 뒤에 서있다.

① 가   ② 나
③ 마   ④ 바
⑤ 아

08 S사의 비품실에는 6개 층으로 된 선반이 있다. 〈조건〉에 따라 항상 선반의 정해진 층에 회사 비품을 정리할 때, 참인 것은?

> **조건**
> • 선반의 홀수층에는 두 개의 물품을 두고, 짝수층에는 하나만 둔다.
> • 간식은 2층 선반에 위치한다.
> • 볼펜은 간식보다 아래층에 있다.
> • 보드마카와 스테이플러보다 위층에 있는 물품은 한 개이다.
> • 믹스커피와 종이컵은 같은 층에 있으며 간식의 바로 위층이다.
> • 화장지와 종이 사이에는 두 개의 물품이 위치하며, 화장지가 종이 위에 있다.
> • 볼펜 옆에는 메모지가 위치한다.

① 종이 아래에 있는 물품은 5가지이며, 그중 하나는 종이컵이다.
② 보드마카 위에는 간식이 위치한다.
③ 간식과 종이컵 사이에는 메모지가 있다.
④ 화장지는 4층에, 종이는 3층에 있다.
⑤ 메모지보다 아래층에 있는 물품은 2가지이다.

09 S사에서 옥상 정원을 조성하기 위해 나무를 4줄로 심으려고 한다. 〈조건〉에 따라 각 줄에 두 종류의 나무를 심을 때, 참인 것은?

> **조건**
> • 은행나무는 가장 앞줄에 있다.
> • 소나무와 감나무는 같은 줄에 있고, 느티나무의 바로 앞줄이다.
> • 밤나무는 가장 뒷줄에 있다.
> • 플라타너스는 감나무와 벚나무의 사이에 있다.
> • 단풍나무는 소나무보다는 앞줄에 있지만, 벚나무보다는 뒤에 있다.

① 은행나무는 느티나무와 같은 줄에 있다.
② 벚나무는 첫 번째 줄에 있다.
③ 단풍나무는 플라타너스 옆에 있으며 세 번째 줄이다.
④ 플라타너스보다 뒤에 심은 나무는 없다.
⑤ 벚나무보다 뒤에 심어진 나무는 4종류이다.

10 철수는 종합병원에 방문했다. 〈조건〉을 참고할 때 철수가 A, B, C과 모두 진료를 받을 수 있는 가장 빠른 경로는?

조건
- 모든 과의 진료와 예약은 오전 9시 시작이다.
- 모든 과의 점심시간은 오후 12시 30분부터 1시 30분이다.
- A과와 C과는 본관에 있고, B과는 별관동에 있으며 본관과 별관동 이동에는 셔틀로 약 30분이 소요되며, 점심시간에는 셔틀이 운행하지 않는다.
- A과는 오전 10시부터 오후 3시까지만 진료를 한다.
- B과는 점심시간 후에 사람이 몰려 약 1시간의 대기시간이 필요하다.
- A과 진료는 단순 진료로 30분 정도 소요될 예정이다.
- B과 진료는 치료가 필요하여 1시간 정도 소요될 예정이다.
- C과 진료는 정밀 검사가 필요하여 2시간 정도 소요될 예정이다.

※ 주어진 조건 외는 고려하지 않음

① A − B − C
② A − C − B
③ B − C − A
④ C − B − A
⑤ C − A − B

11 8명의 학생 A ~ H 중 5명이 여름 캠프에 참가할 예정이다. 〈조건〉에 제시된 명제를 참고할 때, 다음 중 반드시 캠프에 참가하는 사람은?

조건
- B, C, F 중에서 두 명만이 참가한다.
- C, E, G 중에서 두 명만이 참가한다.
- D, E, F 중에서 두 명만이 참가한다.
- H가 참가하지 않으면 A도 참가하지 않는다.

① A
② B
③ D
④ F
⑤ H

12 S사 영업부 직원들은 사무실 자리 배치를 〈조건〉에 따라 바꾸기로 했다. 변경한 사무실 자리 배치에 대한 설명으로 적절하지 않은 것은?

부장	A	B	성대리	C	D
	E	김사원	F	이사원	G

〈사무실 자리 배치표〉

조건
- 같은 직급은 옆자리로 배정하지 않는다.
- 사원 옆자리와 앞자리는 비어있을 수 없다.
- 부장은 동쪽을 바라보며 앉고 부장의 앞자리에는 상무 또는 차장이 앉는다.
- 부장을 제외한 직원들은 마주보고 앉는다.
- S사 영업부 직원은 부장, 사원 2명(김사원, 이사원), 대리 2명(성대리, 한대리), 상무 1명(오상무), 차장 1명(최차장), 과장 2명(김과장, 박과장)이다.

① 차장 앞자리에 빈자리가 있다.
② A와 D는 빈자리다.
③ F와 G에 김과장과 박과장이 앉는다.
④ C에 최차장이 앉으면 E에는 오상무가 앉는다.
⑤ 한대리가 앉을 수 있는 자리는 이사원 옆자리이다.

13 S사에서는 직원들을 해외로 파견하고자 한다. 다음 〈조건〉에 따라 각 직원들의 파견여부와 파견국가가 결정된다고 할 때, 반드시 참인 것을 〈보기〉에서 모두 고르면?

조건
- A대리가 인도네시아로 파견되지 않는다면, E주임은 몽골로 파견되지 않는다.
- D주임이 뉴질랜드로 파견된다면, B대리는 우즈베키스탄으로 파견된다.
- C주임은 아일랜드로 파견된다.
- E주임이 몽골로 파견되거나, C주임이 아일랜드로 파견되지 않는다.
- A대리가 인도네시아로 파견되지 않거나, B대리가 우즈베키스탄으로 파견되지 않는다.

보기
ㄱ. B대리는 우즈베키스탄으로 파견되지 않는다.
ㄴ. D주임은 뉴질랜드로 파견되지 않는다.
ㄷ. A대리는 인도네시아로 파견되고, E주임은 몽골로 파견되지 않는다.
ㄹ. C주임과 E주임은 같은 국가로 파견된다.

① ㄱ, ㄴ   ② ㄱ, ㄷ
③ ㄴ, ㄷ   ④ ㄴ, ㄹ
⑤ ㄷ, ㄹ

14 S사에서는 신입사원이 입사하면 서울 지역 내 5개 지점을 선정하여 순환근무를 하며 업무환경과 분위기를 익히도록 하고 있다. 입사동기인 A ~ E사원의 순환근무 〈조건〉이 다음과 같을 때, 항상 참인 것은?

> **조건**
> • 각 지점에는 한 번에 한 명의 신입사원만 근무할 수 있다.
> • 5개의 지점은 강남, 구로, 마포, 잠실, 종로이며, 모든 지점에 한 번씩 배치된다.
> • 지금은 세 번째 순환근무 기간이고 현재 근무하는 지점은 다음과 같다.
>   [A – 잠실, B – 종로, C – 강남, D – 구로, E – 마포]
> • C와 B는 구로에서 근무한 적이 있다.
> • D의 다음 근무지는 강남이고, 종로에서 가장 마지막에 근무한다.
> • E와 D는 잠실에서 근무한 적이 있다.
> • 마포에서 아직 근무하지 않은 사람은 A와 B이다.
> • B가 현재 근무하는 지점은 E의 첫 순환근무지이고, E가 현재 근무하는 지점은 A의 다음 순환근무지이다.

① E는 아직 구로에서 근무하지 않았다.
② C는 마포에서 아직 근무하지 않았다.
③ 다음 순환근무 기간에 잠실에서 근무하는 사람은 C이다.
④ 지금까지 강남에서 근무한 사람은 A, E, B이다.
⑤ 강남에서 가장 먼저 근무한 사람은 D이다.

15 직원 A ~ J 10명은 교육을 받기 위해 지역본부로 이동해야 한다. 다음의 〈조건〉에 따라 여러 대의 차량으로 나누어 탑승할 때, 차량 배치로 적절한 것은?

> **조건**
> • 이용할 수 있는 차량은 총 3대이다.
> • A와 B는 함께 탑승할 수 없다.
> • C와 H는 함께 탑승해야 한다.
> • B가 탑승하는 차량에는 총 4명이 탑승한다.
> • F와 I가 함께 한 차에 탑승하면, H와 D도 또 다른 한 차에 함께 탑승한다.
> • G나 J는 A와 함께 탑승한다.
> • 3명, 3명, 4명으로 나누어 탑승한다.

① (C, E, H), (A, F, I), (B, D, G, J)
② (A, E, J), (B, C, D, H), (F, G, I)
③ (A, F, H, J), (C, D, I), (B, E, G)
④ (C, D, H), (F, I, J), (A, B, E, G)
⑤ (B, E, F), (A, C, G, H), (D, I, J)

16 S사는 K고속도로 건설 사업을 시행함에 따라 A~F 6개 업체 중 3곳을 시공업체로 선정하고자 한다. 〈조건〉을 근거로 하고, B업체가 선정되지 않는다고 할 때, 다음 중 시공업체로 선정될 수 있는 업체를 모두 고르면?

> **조건**
> - A업체가 선정되면, B업체도 선정된다.
> - A업체가 선정되지 않으면, D업체가 선정된다.
> - B업체가 선정되지 않으면, C업체가 선정된다.
> - E업체가 선정되면, D업체는 선정되지 않는다.
> - D업체나 E업체가 선정되면, F업체도 선정된다.

① A, C, D
② A, C, F
③ C, D, F
④ C, E, F
⑤ D, E, F

17 다음 그림과 같이 각 층에 1인 1실의 방이 4개 있는 3층 호텔에 A~I 총 9명이 투숙해 있다. 다음 중 항상 참인 것은?

> (가) 각 층에는 3명씩만 투숙한다.
> (나) A의 바로 위에는 C가 투숙해 있으며, A의 바로 오른쪽 방에는 아무도 투숙해 있지 않다.
> (다) B의 바로 위의 방에는 아무도 투숙해 있지 않다.
> (라) C의 바로 왼쪽에 있는 방에는 아무도 투숙해 있지 않으며, C는 D와 같은 층 바로 옆에 인접해 있다.
> (마) D는 E의 바로 아래의 방에 투숙해 있다.
> (바) E, F, G는 같은 층에 투숙해 있다.
> (사) G의 옆방에는 아무도 투숙해 있지 않다.
> (아) I는 H보다 위층에 투숙해 있다.

좌	301	302	303	304	우
	201	202	203	204	
	101	102	103	104	

① A는 104, 204, 304호 중 한 곳에 투숙해 있다.
② C는 1층에 투숙해 있다.
③ F는 3층에 투숙해 있을 것이다.
④ H는 1층, 바로 위의 방에는 E, 그 위의 방에는 D가 있다.
⑤ I는 3층에 투숙해 있다.

18 S사의 어떤 기획팀은 A팀장, B과장, C대리, D주임, E사원으로 구성되어 있다. 〈조건〉에 따라 출근한다고 할 때, 출근한 순서대로 나열한 것은?

조건
- E사원은 항상 A팀장보다 먼저 출근한다.
- B과장보다 일찍 출근하는 팀원은 한 명뿐이다.
- D주임보다 늦게 출근하는 직원은 두 명 있다.
- C대리는 팀원 중 가장 일찍 출근한다.

① C대리 – B과장 – D주임 – E사원 – A팀장
② C대리 – B과장 – E사원 – D주임 – A팀장
③ C대리 – E사원 – B과장 – D주임 – A팀장
④ E사원 – A팀장 – B과장 – D주임 – C대리
⑤ E사원 – B과장 – D주임 – C대리 – A팀장

19 S공장에서 G제품을 생산하고 있으며, 최대한 비용과 시간을 절약하려고 한다. G제품은 A ~ F부품 중 3가지 부품으로 구성되고, 다음은 부품별 세부사항에 대한 자료이다. G제품을 완성할 경우 A ~ F부품에서 〈조건〉에 부합하는 부품구성으로 옳은 것은?

〈부품별 세부사항〉

부품	가격	조립 시간	필요 개수	부품	가격	조립 시간	필요 개수
A	20원	1분	4개	D	50원	4분	3개
B	35원	2분	2개	E	90원	2분 30초	2개
C	40원	1분 30초	3개	F	120원	3분 30초	1개

※ 가격과 시간은 부품 1개에 해당하며, 필요 개수는 완제품 1개를 만들 때 필요한 개수임

조건
- C부품과 D부품은 같이 사용할 수 없고, 완제품에는 둘 중 한 부품이 필요하다.
- E부품과 F부품은 같이 사용할 수 없고, 완제품에는 둘 중 한 부품이 필요하다.
- C부품을 사용할 경우 B부품과 함께 사용한다.
- 완제품을 만들 때 부품의 총 개수가 가장 적어야 한다.
- 완제품을 만들 때 총 소요시간이 가장 짧아야 한다.
- 완제품을 만들 때 총 가격이 340원 이하여야 한다.
- 부품구성에서 중요도는 '가격 조건 만족 – 개수 – 소요시간' 순이다.

① B, C, E
② A, D, E
③ B, C, F
④ A, D, F
⑤ B, D, F

20 약국에 희경, 은정, 소미, 정선 4명의 손님이 방문하였다. 약사는 이들로부터 처방전을 받아 A ~D 네 봉지의 약을 조제하였다. 다음 〈조건〉이 참일 때 옳은 것은?

> **조건**
> • 방문한 손님들의 병명은 몸살, 배탈, 치통, 피부병이다.
> • 은정이의 약은 B에 해당하고, 은정이는 몸살이나 배탈 환자가 아니다.
> • A는 배탈 환자에 사용되는 약이 아니다.
> • D는 연고를 포함하고 있는데, 이 연고는 피부병에만 사용된다.
> • 희경이는 임산부이고, A와 D에는 임산부가 먹어서는 안 되는 약품이 사용되었다.
> • 소미는 몸살 환자가 아니다.

① 은정이는 피부병에 걸렸다.

② 정선이는 몸살이 났고, 이에 해당하는 약은 C이다.

③ 소미는 치통 환자이다.

④ 희경이는 배탈이 났다.

⑤ 소미의 약은 A이다.

※ 다음 제시된 단어의 대응 관계로 볼 때 빈칸에 들어갈 단어로 가장 적절한 것을 고르시오. **[1~20]**

01

> (   ) : 혼절 = 감사 : 사례

① 나태   ② 소멸
③ 충격   ④ 곡해
⑤ 오해

02

> 개선 : 수정 = 긴요 : (   )

① 긴밀   ② 중요
③ 경중   ④ 사소
⑤ 친밀

03

> 막상막하 : 난형난제 = 사필귀정 : (   )

① 과유불급   ② 고장난명
③ 다기망양   ④ 인과응보
⑤ 형설지공

04

> 수증기 : (   ) = 꽃 : 만개하다

① 답답하다   ② 자욱하다
③ 승화하다   ④ 을씨년스럽다
⑤ 기립하다

05

지도 : 내비게이션 = 마차 : (　　　)

① 유모차   ② 손수레
③ 리어카   ④ 나룻배
⑤ 자동차

06

(　　　) : 보강 = 비옥 : 척박

① 상쇄   ② 감소
③ 보전   ④ 감쇄
⑤ 손실

07

흉내 : 시늉 = 권장 : (　　　)

① 조장   ② 조성
③ 구성   ④ 형성
⑤ 조직

08

분별 : 변별 = (　　　) : 존망

① 절명   ② 사멸
③ 종신   ④ 사활
⑤ 인식

09

가위 : 자르다 = 풀 : (   )

① 떼다
③ 쓰다
⑤ 오리다

② 입히다
④ 붙이다

10

옷감 : 비단 = 파충류 : (   )

① 쥐
③ 악어
⑤ 거미

② 개구리
④ 물개

11

조소(嘲笑) : 비소(誹笑) = 서거 : (   )

① 타계
③ 점거
⑤ 생일

② 탄생
④ 인생

12

믿음 : 신용 = (   ) : 선의

① 선악
③ 회의
⑤ 호의

② 선방
④ 신뢰

13

모래 : (　　) = 나무 : 숲

① 물　　　　　　　　　　② 사막
③ 바위　　　　　　　　　　④ 새싹
⑤ 갈매기

14

태양계 : 수성 = (　　) : 돼지

① 화강암　　　　　　　　② 장미
③ 고양이　　　　　　　　④ 조류
⑤ 포유류

15

40세 : 불혹 = (　　) : 고희

① 40세　　　　　　　　　② 50세
③ 60세　　　　　　　　　④ 70세
⑤ 80세

16

가끔 : 이따금 = (　　) : 죽다

① 숨지다　　　　　　　　② 살다
③ 맞다　　　　　　　　　④ 날다
⑤ 맛있다

17

우애 : 돈독하다 = 대립 : (   )

① 녹록하다
③ 첨예하다
⑤ 일치하다

② 충충하다
④ 공변되다

18

발산 : 수렴 = 일괄 : (   )

① 결집
③ 집합
⑤ 결핍

② 분별
④ 분할

19

국가 : 대한민국 = (   ) : 음악

① 예술
③ 악보
⑤ 노래

② 피아노
④ 작곡

20

별세 : 하직 = 선생 : (   )

① 태생
③ 학교
⑤ 교실

② 학생
④ 교사

※ 다음 단어의 대응 관계가 나머지와 다른 하나를 고르시오. [21~35]

21
① 서론 – 본론 – 결론
② 초급 – 중급 – 고급
③ 빨강 – 노랑 – 파랑
④ 중학교 – 고등학교 – 대학교
⑤ 사원 – 주임 – 대리

22
① 개방 – 폐쇄
② 환희 – 비애
③ 자립 – 의존
④ 전거 – 이전
⑤ 일반 – 특수

23
① 군 – 읍 – 리
② 직선 – 반직선 – 선분
③ 억 – 만 – 일
④ 테라 – 기가 – 메가
⑤ 점 – 선 – 면

24   ① 아침 – 점심 – 저녁

      ② 5월 – 6월 – 7월

      ③ ㄱ – ㄴ – ㄷ

      ④ 가을 – 겨울 – 봄

      ⑤ 일요일 – 월요일 – 화요일

25   ① 과실 – 고의

      ② 구속 – 속박

      ③ 구획 – 경계

      ④ 귀향 – 귀성

      ⑤ 추적 – 수사

26   ① 참조 – 참고

      ② 숙독 – 탐독

      ③ 임대 – 차용

      ④ 정세 – 상황

      ⑤ 분별 – 인식

27   ① 발신 – 수신

      ② 번잡 – 한산

      ③ 허가 – 금지

      ④ 흉조 – 길조

      ⑤ 구제 – 구휼

28 ① 규칙 – 방칙
② 질서 – 혼돈
③ 최선 – 극선
④ 간극 – 간격
⑤ 채굴 – 채광

29 ① 가새 – 가위
② 지슬 – 감자
③ 쇳대 – 열쇠
④ 채비 – 차비
⑤ 정구지 – 부추

30 ① 가위 – 절단
② 연필 – 필기
③ 물감 – 채색
④ 줄자 – 측정
⑤ 칫솔 – 치약

31 ① 오르간 – 아코디언 – 피아노
② 식당 – 음식점 – 레스토랑
③ 잔치 – 연회 – 파티
④ 집 – 주택 – 하우스
⑤ 가능성 – 전망 – 비전

32
① 인절미 – 시루떡 – 송편
② 사과 – 포도 – 감
③ 태국 – 미국 – 프랑스
④ 시금치 – 배추 – 당근
⑤ 달걀 – 병아리 – 닭

33
① 실험 – 테스트 – 검사
② 강연 – 강의 – 연설
③ 이파리 – 잎 – 잎사귀
④ 태풍 – 엘니뇨 – 허리케인
⑤ 미풍 – 산들바람 – 연풍

34
① 상승 – 하강
② 탑승 – 하차
③ 출국 – 귀국
④ 철새 – 두루미
⑤ 부귀 – 빈천

35
① 신문 – 매체
② 의자 – 가구
③ 사슴 – 동물
④ 뿌리 – 나무
⑤ 튤립 – 식물

※ 다음 제시된 도형의 규칙을 보고 물음표에 들어갈 도형으로 가장 알맞은 것을 고르시오. [1~10]

01

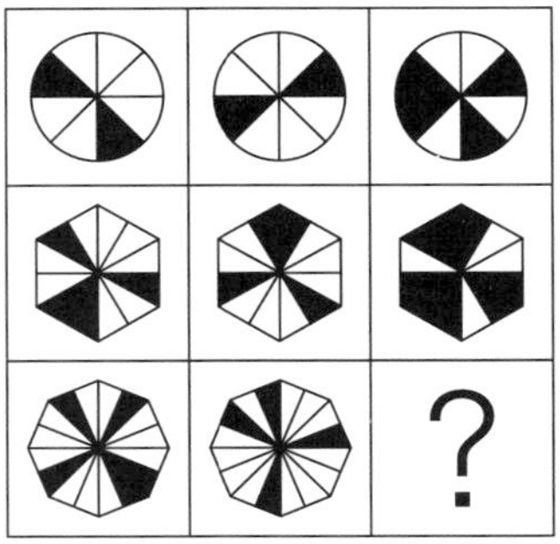

①

②

③

④

⑤

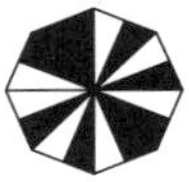

02

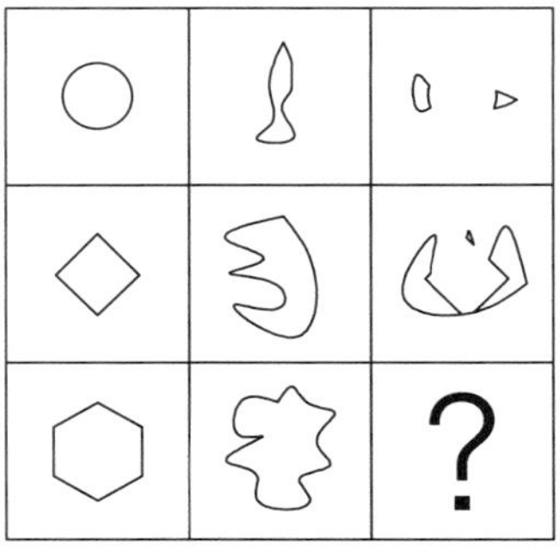

①

②

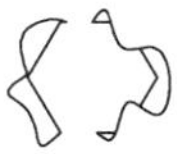

③

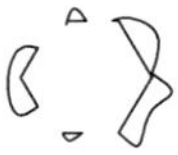

④

⑤

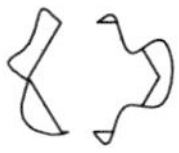

03

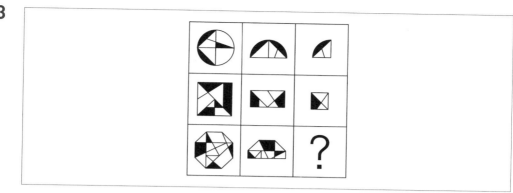

①

③

⑤

②

④

04

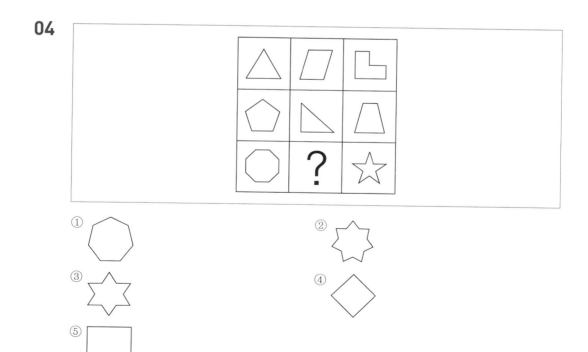

05

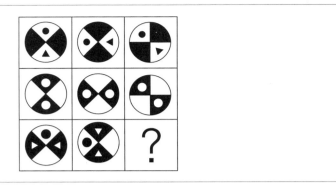

①   ②

③   ④

⑤

06

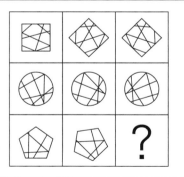

①   ②

③   ④

⑤

07

①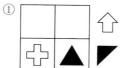

②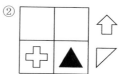

③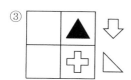

④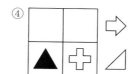

⑤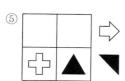

08

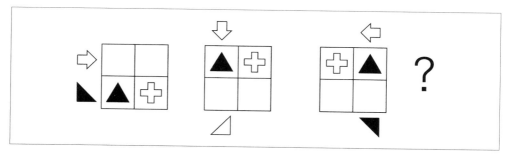

09

①  ②

③  ④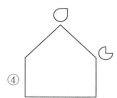

⑤

10

   ?

①   ②

③   ④

⑤

※ 다음 도식에서 기호들은 일정한 규칙에 따라 문자를 변화시킨다. 물음표에 들어갈 알맞은 문자를 고르시오(단, 규칙은 가로와 세로 중 한 방향으로만 적용되며, 모음은 일반모음 10개만 세는 것을 기준으로한다). **[1~3]**

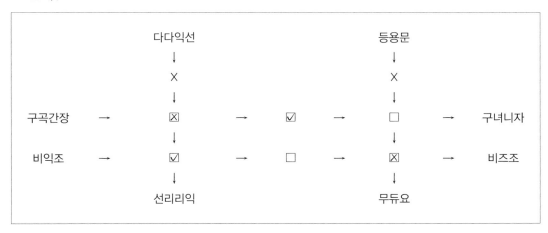

01

| 각곡유목 → □ → ☑ → ? |

① 가고유모   ② 가노쥬모
③ 목각곡유   ④ 가녹쥬모
⑤ 각녹쥬목

02

| 형설지공 → ? → ☑ → X → 지공경얼 |

① □   ② ∨
③ ☑   ④ X
⑤ ☒

03

| 교각살우 → ☑ → X → ? → 우뇨닥알 |

① □   ② ∨
③ ☑   ④ X
⑤ ☒

※ 다음 도식에서 기호들은 일정한 규칙에 따라 문자를 변화시킨다. 물음표에 들어갈 알맞은 문자를 고르시오(단, 규칙은 가로와 세로 중 한 방향으로만 적용되며, 모음은 일반모음 10개만 세는 것을 기준으로 한다). [4~6]

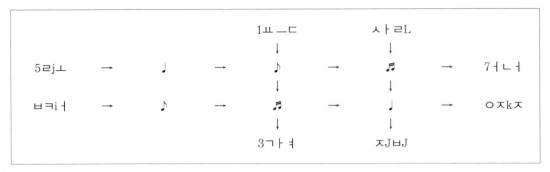

04

ㅓㅕㅗㅛ → ♬ → ♩ → ?

① ㅗㅕㅜㅕ
② ㅕㅗㅕㅜ
③ ㅑㅜㅑㅜ
④ ㅗㅕㅗㅑ
⑤ ㅜㅕㅗㅕ

05

rㄴㅠㅜ → ? → ♬ → tㅗㅣㅎ

① ♪
② ♬
③ ♩
④ ♩ → ♬
⑤ ♪ → ♬

06

ㅣㅡ2ㅋ → ♩ → ♪ → ?

① ㅡㅋ4ㅎ
② ㅣㅎ2ㅎ
③ ㅡ2ㅎㅋ
④ ㅡ2ㅋㅎ
⑤ ㅣㅋ2ㅋ

※ 다음 도식에서 기호들은 일정한 규칙에 따라 문자를 변화시킨다. 물음표에 들어갈 알맞은 문자를 고르시오(단, 규칙은 가로와 세로 중 한 방향으로만 적용된다). [7~10]

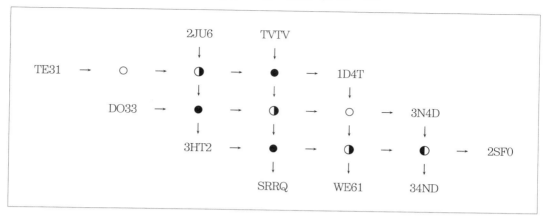

07

$$BE13 \rightarrow ◑ \rightarrow ● \rightarrow ?$$

① 1BF3

② 3F1B

③ 0BF0

④ 0F0B

⑤ 0C0B

08

$$RABI \rightarrow ◐ \rightarrow ○ \rightarrow ?$$

① RBAI

② RBIA

③ RLCC

④ RCCL

⑤ RCLC

09

$$? \rightarrow ○ \rightarrow ◐ \rightarrow BVJH$$

① BTIE

② BITE

③ BJVH

④ BIVE

⑤ BIJE

10

$$? \rightarrow ◐ \rightarrow ● \rightarrow IDHE$$

① DIFE

② LIFE

③ HIHE

④ LFIE

⑤ LEIF

※ 다음 도식에서 기호들은 일정한 규칙에 따라 문자를 변화시킨다. 물음표에 들어갈 알맞은 문자를 고르시오(단, 규칙은 가로와 세로 중 한 방향으로만 적용된다). [11~14]

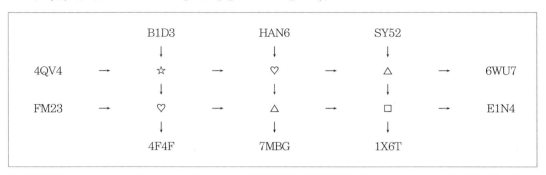

11

US24 → □ → ☆ → ?

① 4S2U
② 2US4
③ 4V8V
④ 8V4V
⑤ 48VV

12

KB52 → ☆ → ♡ → ?

① 37KE
② 37EO
③ E37K
④ EO52
⑤ E37O

13

? → △ → ♡ → △ → 9381

① 1839
② 3819
③ 2748
④ 4827
⑤ 8472

14

? → □ → △ → 96II

① 96HJ
② 9HJ6
③ 87HJ
④ 8H7J
⑤ J7H8

※ 다음 도식에서 기호들은 일정한 규칙에 따라 문자를 변화시킨다. 물음표에 들어갈 알맞은 문자를 고르시오(단, 규칙은 가로와 세로 중 한 방향으로만 적용된다). **[15~18]**

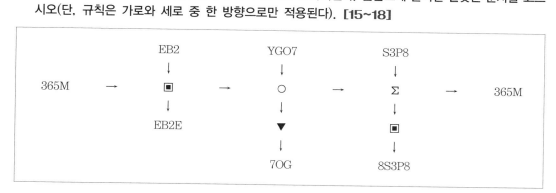

15

$$87CHO \rightarrow \blacktriangledown \rightarrow \bigcirc \rightarrow ?$$

① 8HC78
② HC78H
③ 87CH
④ HC78
⑤ O87

16

$$9LEE3 \rightarrow \Sigma \rightarrow \blacksquare \rightarrow ?$$

① 3LEE93
② 39LEE3
③ 3EEL9
④ 93EEL
⑤ EEL93

17

$$KU01 \rightarrow \bigcirc \rightarrow \blacksquare \rightarrow \Sigma \rightarrow ?$$

① UU01
② KK01
③ K01U
④ UK10U
⑤ K01UK

18

$$LIGHT \rightarrow \Sigma \rightarrow \blacktriangledown \rightarrow \bigcirc \rightarrow ?$$

① ILTG
② GILT
③ LIGH
④ LIGHL
⑤ TLIGHT

※ 다음 도식에서 기호들은 일정한 규칙에 따라 문자를 변화시킨다. 물음표에 들어갈 알맞은 문자를 고르시오(단, 규칙은 가로와 세로 중 한 방향으로만 적용된다). **[19~21]**

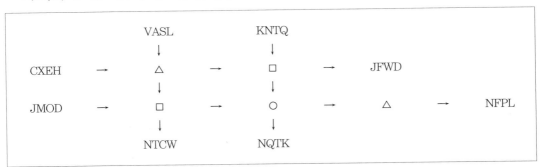

19

$$DTIB \rightarrow \bigcirc \rightarrow \square \rightarrow ?$$

① ATDI
② BTDI
③ BSCJ
④ CSEJ
⑤ CSEI

20

$$HBPE \rightarrow \triangle \rightarrow \bigcirc \rightarrow ?$$

① RSDG
② RSEF
③ QICF
④ QIDG
⑤ PHCF

21

$$CRMS \rightarrow \square \rightarrow \triangle \rightarrow ?$$

① OSET
② TOSE
③ ETOS
④ SETO
⑤ STEO

※ 다음 도식에서 기호들은 일정한 규칙에 따라 문자를 변화시킨다. 물음표에 들어갈 알맞은 문자를 고르시오(단, 규칙은 가로와 세로 중 한 방향으로만 적용된다). [22~24]

```
                    KㄹQㅅ                        XㅋFㅂ
                      ↓                             ↓
   ㄷTㅍJ   →         ☆        →   ▽   →          □        →   ㅎㄹVL
                      ↓                             ↓
   ㅈㅎㄴO   →         ○        →   □   →          ☆        →   IPㄷㅊ
                      ↓                             ↓
                    ORㅁL                           ○
                                                    ↓
                                                  ㅅㅌYG
```

22

ㄱㅌWN → ☆ → ▽ → ☆ → ?

① ㄷㄱYQ
③ ㄴㅎXO
⑤ ㅎㄱOX

② YㄷOㄴ
④ ㄴㅎXP

23

IUㄹㅅ → ○ → ▽ → □ → ?

① ㅅㄹUI
③ ㅁHㅇT
⑤ ㄴIFㅂ

② ㅅUIㄹ
④ UㅅㅁJ

24

315A → ▽ → □ → ?

① 532B
③ B352
⑤ 53B3

② 315B
④ 53B2

※ 다음 제시문의 내용이 참일 때 항상 거짓인 것을 고르시오. [1~3]

01

권리와 의무의 주체가 될 수 있는 자격을 권리 능력이라 한다. 사람은 태어나면서 저절로 권리 능력을 갖게 되고 생존하는 내내 보유한다. 그리하여 사람은 재산에 대한 소유권의 주체가 되며, 다른 사람에 대하여 채권을 누리기도 하고 채무를 지기도 한다. 사람들의 결합체인 단체도 일정한 요건을 갖추면 법으로써 부여되는 권리 능력인 법인격을 취득할 수 있다. 단체 중에는 사람들이 일정한 목적을 갖고 결합한 조직체로서 구성원과 구별되어 독자적 실체로서 존재하며, 운영 기구를 두어, 구성원의 가입과 탈퇴에 관계없이 존속하는 단체가 있다. 이를 사단(社團)이라 하며, 사단이 갖춘 이러한 성질을 사단성이라 한다. 사단의 구성원은 사원이라 한다. 사단은 법인(法人)으로 등기되어야 법인격이 생기는데, 법인격을 가진 사단을 사단 법인이라 부른다. 반면에 사단성을 갖추고도 법인으로 등기하지 않은 사단은 '법인이 아닌 사단'이라 한다. 사람과 법인만이 권리 능력을 가지며, 사람의 권리 능력과 법인격은 엄격히 구별된다. 그리하여 사단 법인이 자기 이름으로 진 빚은 사단이 가진 재산으로 갚아야 하는 것이지 사원 개인에게까지 책임이 미치지 않는다.

회사도 사단의 성격을 갖는 법인이다. 회사의 대표적인 유형이라 할 수 있는 주식회사는 주주들로 구성되며 주주들은 보유한 주식의 비율만큼 회사에 대한 지분을 갖는다. 그런데 2001년에 개정된 상법은 한 사람이 전액을 출자하여 일인 주주로 회사를 설립할 수 있도록 하였다. 사단성을 갖추지 못했다고 할 만한 형태의 법인을 인정한 것이다. 또 여러 주주가 있던 회사가 주식의 상속, 매매, 양도 등으로 말미암아 모든 주식이 한 사람의 소유로 되는 경우가 있다. 이런 '일인 주식회사'에서는 일인 주주가 회사의 대표 이사가 되는 사례가 많다. 이처럼 일인 주주가 회사를 대표하는 기관이 되면 경영의 주체가 개인인지 회사인지 모호해진다. 법인인 회사의 운영이 독립된 주체로서의 경영이 아니라 마치 개인 사업자의 영업처럼 보이는 것이다.

① 권리 능력을 갖고 있는 사람은 소유권을 행사할 수 있다.
② 몇 가지 요건을 갖춘 단체는 법인격을 획득할 수 있다.
③ 사단성을 갖추면 법인격은 자동으로 생기게 된다.
④ 개인은 사단의 빚을 갚아야 할 의무가 없다.
⑤ 주식은 소유한 사람이 한 명인 회사는 주주가 회사의 대표 이사가 되기도 한다.

02

생태학에서 생물량, 또는 생체량으로 번역되어 오던 단어인 바이오매스(Biomass)는, 태양 에너지를 받은 식물과 미생물의 광합성에 의해 생성되는 식물체, 균체, 그리고 이를 자원으로 삼는 동물체 등을 모두 포함한 생물 유기체를 일컫는다. 그리고 이러한 바이오매스를 생화학적, 또는 물리적 변환과정을 통해 액체, 가스, 고체연료, 또는 전기나 열에너지 형태로 이용하는 기술을 화이트 바이오 테크놀로지(White Biotechnology), 줄여서 '화이트 바이오'라고 부른다.

옥수수나 콩, 사탕수수와 같은 식물자원을 이용해 화학제품이나 연료를 생산하는 기술인 화이트 바이오는 재생이 가능한 데다 기존 화석원료를 통한 제조방식에서 벗어나 이산화탄소 배출을 줄일 수 있는 탄소중립적인 기술로 주목받고 있다. 한편 산업계에서는 미생물을 활용한 화이트 바이오를 통해 산업용 폐자재나 가축의 분뇨, 생활폐기물과 같이 죽은 유기물이라 할 수 있는 유기성 폐자원을 바이오매스 자원으로 활용하여 에너지를 생산하고자 연구하고 있어, 온실가스 배출, 악취 발생, 수질오염 등 환경적 문제는 물론 그 처리비용 문제도 해결할 수 있을 것으로 기대를 모으고 있다.

비록 보건 및 의료 분야의 바이오산업인 레드 바이오나, 농업 및 식량 분야의 그린 바이오보다 늦게 발전을 시작했지만, 한국과학기술기획평가원이 발간한 보고서에 따르면 화이트 바이오 관련 산업은 연평균 18%의 빠른 속도로 성장하며 기존의 화학 산업을 대체할 것으로 전망하고 있다.

① 생태학에서 정의하는 바이오매스와 산업계에서 정의하는 바이오매스는 다르다.
② 산업계는 화이트 바이오를 통해 환경오염 문제를 해결할 수 있을 것으로 기대를 모으고 있다.
③ 가정에서 나온 폐기물은 바이오매스 자원으로 고려되지 않는다.
④ 화이트 바이오 산업은 아직 다른 두 바이오산업에 비해 규모가 작을 것이다.
⑤ 기존 화학 산업의 경우 탄소배출이 문제가 되고 있었다.

03

별도로 제작된 디자인 설계 도면을 바탕으로 소재를 얇게 적층하여 3차원의 입체 형상을 만들어내는 3D프린터는 오바마 대통령의 국정 연설에서도 언급되며 화제를 일으키기도 했다. 단순한 형태의 부품부터 가구, 치아, 심지어 크기만 맞으면 자동차까지 인쇄할 수 있는 3D프린터는 의학 분야에서도 역시 활용되고 있다.

인간의 신체 일부를 찍어낼 수 있는 의료용 3D바이오프린팅 시장은 이미 어느 정도 주류로 자리 잡고 있다. 뼈나 장기가 소실된 환자에게 유기물로 3D프린팅 된 신체를 대체시키는 기술은 연구개발과 동시에 상용화에도 박차를 가하고 있는 상황이다. 그리고 이러한 의료용 3D프린팅 기술 중에는 사람의 피부를 3D프린터로 인쇄하는 것도 있다. 화상이나 찰과상, 자상 등에 의해 피부 세포가 죽거나 소실되었을 때 인공 피부를 직접 사람에게 인쇄하는 방식이다.

이 인공 피부를 직접 사람에게 인쇄하기 위해서는 마찬가지로 살아 있는 잉크, 즉 '바이오 잉크'가 필요한데, 피부 세포와 콜라겐, 섬유소 등으로 구성된 바이오 잉크는 거부 반응으로 인한 괴사 등의 위험을 해결하기 위해 자기유래세포를 사용한다. 이처럼 환자의 피부 조직을 배양해 만든 배양 피부를 바이오 잉크로 쓰면 본인의 세포에서 유래된 만큼 거부 반응을 최소화할 수 있다는 장점이 있다. 물론 의료용 3D프린팅 기술에도 해결해야 할 문제는 존재한다. 3D프린팅 기술을 통한 피부이식에 대한 안전성 검증에는 많은 비용과 시간, 인내가 필요함에 따라 결과 도출에 오랜 시간이 걸릴 것으로 예상되며, 이 과정에서 장기 이식 및 전체적 동식물 유전자 조작에 대한 부정적 견해를 유발할 수 있을 것으로 우려되기 때문이다.

① 3D프린터는 재료와 그 크기에 따라 다양한 사물을 인쇄할 수 있다.
② 3D프린터 기술이 발전한다면 장기기증자를 기다리지 않아도 될 것이다.
③ 피부를 직접 환자에게 인쇄하기 위해서는 별도의 잉크가 필요하다.
④ 같은 바이오 잉크라 해도 환자에 따라 거부 반응이 발생할 여지가 있다.
⑤ 자칫 장기 이식 및 선택적 동식물 유전자 조작에 대한 부정적 견해를 유발할 수 있다.

04 다음 제시문의 주장에 대한 비판으로 가장 적절한 것은?

전통적인 경제학에 따른 통화 정책에서는 정책 금리를 활용하여 물가를 안정시키고 경제 안정을 도모하는 것을 목표로 한다. 중앙은행은 경기가 과열되었을 때 정책 금리 인상을 통해 경기를 진정시키고자 한다. 정책 금리 인상으로 시장 금리도 높아지면 가계 및 기업에 대한 대출 감소로 신용 공급이 축소된다. 신용 공급의 축소는 경제 내 수요를 줄여 물가를 안정시키고 경기를 진정시킨다. 반면 경기가 침체되었을 때는 반대의 과정을 통해 경기를 부양시키고자 한다.

금융을 통화 정책의 전달 경로로만 보는 전통적인 경제학에서는 금융감독 정책이 개별 금융 회사의 건전성 확보를 통해 금융 안정을 달성하고자 하는 미시 건전성 정책에 집중해야 한다고 보았다. 이러한 관점은 금융이 직접적인 생산 수단이 아니므로 단기적일 때와는 달리 장기적으로는 경제 성장에 영향을 미치지 못한다는 인식과 자산 시장에서는 가격이 본질적 가치를 초과하여 폭등하는 버블이 존재하지 않는다는 효율적 시장 가설에 기인한다. 미시 건전성 정책은 개별 금융 회사의 건전성에 대한 예방적 규제 성격을 가진 정책 수단을 활용하는데, 그 예로는 향후 손실에 대비하여 금융 회사의 자기자본 하한을 설정하는 최저 자기자본 규제를 들 수 있다.

① 중앙은행의 정책이 자산 가격 버블에 따른 금융 불안을 야기하여 경제 안정이 훼손될 수 있다.
② 시장의 물가가 지나치게 상승할 경우 국가는 적극적으로 개입하여 물가를 안정시켜야 한다.
③ 경기가 침체된 상황에서는 처방적 규제보다 예방적 규제에 힘써야 한다.
④ 금융은 단기적일 때와 달리 장기적으로는 경제 성장에 별다른 영향을 미치지 못한다.
⑤ 금융 회사에 대한 최저 자기자본 규제를 통해 금융 회사의 건전성을 확보할 수 있다.

※ 다음 제시문을 통해 추론할 수 있는 내용으로 가장 적절한 것을 고르시오. [5~6]

05

모필은 붓을 말한다. 이 붓은 종이, 먹과 함께 문인들이 인격화해 불렀던 문방사우(文房四友)에 속하는데, 문인들은 이것을 품성과 진리를 탐구하는 데에 없어서는 안 되는 중요한 벗으로 여기고 이것들로 글씨를 쓰거나 그림을 그렸다. 이렇게 그려진 그림을 동양에서는 문인화(文人畵)라 불렀으며 이 방면에 뛰어난 면모를 보인 이들을 문인화가라고 지칭했다. 그리고 문인들은 화공(畵工)과는 달리 그림을, 심성을 기르고 심의(心意)와 감흥을 표현하는 교양적 매체로 보고, 전문적이고 정교한 기법이나 기교에 바탕을 둔 장식적인 채색풍을 의식적으로 멀리했다. 또한 시나 서예와의 관계를 중시하여 시서화일치(詩書畵一致)의 경지를 지향하고, 대상물의 정신, 그리고 고매한 인품을 지닌 작가의 내면을 구현하는 것이 그림이라고 보았다. 이런 의미에서 모필로 대표되는 지·필·묵(紙·筆·墨, 종이·붓·먹)은 문인들이 자신의 세계를 표현하는 데 알맞은 매체가 되면서 동양의 문화현상으로 자리 잡게 되었던 것이다.

중국 명나라 말기의 대표적 문인인 동기창(董其昌)은 정통적인 화공들의 그림보다 문인사대부들이 그린 그림을 더 높이 평가했다. 동양에서 전문적인 화공의 그림과 문인사대부들의 그림이 대립되는 양상을 형성한 것은 이에서 비롯되는데, 이처럼 두 개의 회화적 전통이 성립된 곳은 오로지 극동 문화권뿐이다. 전문 화가들의 그림보다 아마추어격인 문인사대부들의 그림을 더 높이 사는 이러한 풍조야말로 동양 특유의 문화 현상에서만 나타나는 것이다.

동양에서 지·필·묵은 단순한 그림의 매체라는 좁은 영역에 머무는 것이 아니라 동양의 문화를 대표한다는 보다 포괄적인 의미를 지닌다. 지·필·묵이 단순한 도구나 재료의 의미를 벗어나 그것을 통해 파생되는 모든 문화적 현상 자체를 대표하는 것이다. 나아가 수학(修學)의 도구로 사용되었던 지·필·묵이 점차 자신의 생각과 예술을 담아내는 매체로 발전하면서 이미 그것은 단순한 도구가 아니라 하나의 사유 매체로서 기능을 하게 되었다. 말하자면 종이와 붓과 먹을 통해 사유하게 되었다는 것이다.

① 동기창(董其昌)은 정교한 기법이나 기교에 바탕을 둔 그림을 높이 평가했을 것이다.
② 동양 문화와 같이 서양 문화에도 두 개의 회화적 전통이 성립되어 있었을 것이다.
③ 정통적인 화공(畵工)들은 주로 문인화(文人畵)를 그렸을 것이다.
④ 서양 문화에서는 지배층들보다 전문 화가들의 그림을 더 높게 평가할 것이다.
⑤ 지·필·묵은 동서양의 문화적 차이를 극복하고 사유 매체로서의 기능을 담당하였을 것이다.

06

청과물의 거래 방식으로 밭떼기, 수의계약, 경매가 있고, 농가는 이 중 한 가지를 선택한다. 밭떼기는 재배 초기에 수집 상인이 산지에 와서 계약하고 대금을 지급한 다음, 수확기에 가져가 도매시장의 상인에게 파는 방식이다. 수의계약은 수확기에 농가가 도매시장 내 도매상과의 거래를 성사시킨 후 직접 수확하여 보내는 방식인데, 이때 운송책임은 농가가 진다. 경매는 농가가 수확한 청과물을 도매시장에 보내서 경매를 위임하는 방식인데, 도매시장에 도착해서 경매가 끝날 때까지 최소 하루가 걸린다.

같은 해 동일 품목의 경우, 수의계약의 평균거래가격과 경매의 평균거래가격은 밭떼기의 거래가격과 같다고 가정한다. 단, 생산량과 소비량의 변동으로 가격변동이 발생하는데, 도매시장에서의 가격변동 폭은 경매가 수의계약보다 크다.

① 사랑이네 가족은 농가에서 직접 배송한 귤을 먹었는데, 이러한 거래는 밭떼기이다.
② 농가가 직접 마트와 거래하는 것은 경매이다.
③ 마트 주인이 이번 연도에 팔았던 귤이 맛있어서 내년 계약을 하고 온 것은 수의계약이다.
④ 그 상품을 주기적으로 소비할 경우 경매가 더 유리하다.
⑤ 청과물의 거래방식으로 가격변동이 가장 큰 것은 밭떼기이다.

※ 다음 제시문을 통해 추론할 수 있는 내용으로 적절하지 않은 것을 고르시오. [7~9]

07

> 1977년 개관한 퐁피두센터의 정식명칭은 국립 조르주 퐁피두 예술문화 센터로 공공정보기관(BPI), 공업창작센터(CCI), 음악·음향의 탐구와 조정연구소(IRCAM), 파리 국립 근현대 미술관(MNAM) 등이 있는 종합 문화예술 공간이다. 퐁피두라는 이름은 이 센터의 창설에 힘을 기울인 조르주 퐁피두 대통령의 이름을 딴 것이다.
> 1969년 당시 대통령이었던 퐁피두는 파리의 중심지에 미술관이면서 동시에 조형예술과 음악, 영화, 서적 그리고 모든 창조적 활동의 중심이 될 수 있는 문화 복합센터를 지어 프랑스 미술을 더욱 발전시키고자 했다. 요즘 미술관들은 미술관의 이러한 복합적인 기능과 역할을 인식하고 변화를 시도하는 곳이 많다. 미술관이 더 이상 전시만 보는 곳이 아니라 식사도 하고 영화도 보고 강연도 들을 수 있는 곳으로 대중과의 거리 좁히기를 시도하고 있는 것도 그리 특별한 일은 아니다. 그러나 이미 40년 전에 21세기 미술관의 기능과 역할이 어떠해야 하는지를 미리 내다볼 줄 아는 혜안을 가지고 설립된 퐁피두 미술관은 프랑스가 왜 문화강국이라 불리는지를 우리가 알 수 있게 해준다.

① 퐁피두 미술관의 모습은 기존 미술관의 모습과 다를 것이다.
② 퐁피두 미술관을 찾는 사람들의 목적은 다양할 것이다.
③ 퐁피두 미술관은 전통적인 예술작품들을 선호할 것이다.
④ 퐁피두 미술관은 파격적인 예술작품들을 배척하지 않을 것이다.
⑤ 퐁피두 미술관은 현대 미술관의 선구자라는 자긍심을 가지고 있을 것이다.

08

국어학자로서 주시경은 근대 국어학의 기틀을 세운 선구적인 인물이었다. 과학적 연구 방법이 전무하다시피 했던 국어학 연구에서, 그는 단어의 원형을 밝혀 적는 형태주의적 입장을 가지고 독자적으로 문법 현상을 분석하고 이론으로 체계화하는 데 힘을 쏟았다. 특히 '늣씨'와 '속뜻'의 개념을 도입한 것은 주목할 만하다. 그는 단어를 뜻하는 '씨'를 좀 더 작은 단위로 분석하면서 여기에 '늣씨'라는 이름을 붙였다. 예컨대 '해바라기'를 '해^바라^기', '이더라'를 '이^더라'처럼 늣씨 단위로 분석했다. 이는 그가 오늘날 '형태소'라 부르는 것과 유사한 개념을 인식하고 있었음을 보여 준다. 이것은 1930년대에 언어학자 블룸필드가 이 개념을 처음 사용하기 훨씬 이전이었다. 또한 그는 숨어 있는 구조인 '속뜻'을 통해 겉으로는 구조를 파악하기 어려운 문장을 분석했고, 말로 설명하기 어려운 문장의 계층적 구조는 그림을 그려 풀이하는 방식으로 분석했다. 이러한 방법은 현대 언어학의 분석적인 연구 방법과 유사하다는 점에서 연구사적 의의가 크다.

주시경은 국어학사에서 길이 기억될 연구 업적을 남겼을 뿐 아니라, 국어 교육자로서도 큰 공헌을 하였다. 그는 언어를 민족의 정체성을 나타내는 징표로 보았으며, 국가와 민족의 발전이 말과 글에 달려 있다고 생각하여 국어 교육에 온 힘을 다하였다. 여러 학교에서 우리말을 가르쳤을 뿐만 아니라, 국어 강습소를 만들어 장차 교사가 될 사람들에게 국어문법을 체계적으로 교육하였다.

그는 맞춤법을 확립하는 정책에도 자신의 학문적 성과를 반영하고자 했다. 이를 위해 연구 모임을 만들어 맞춤법의 이론적 근거를 확보하기 위한 논의를 지속해 나갔다. 그리고 1907년에 설치된 '국문 연구소'의 위원으로 국어 정책을 수립하는 일에도 적극 참여하였다. 그의 이러한 노력은 오늘날 우리에게 지대한 영향을 미치고 있다.

① 주시경이 '늣씨'의 개념을 도입한 것은 언어학자 블룸필드의 개념을 연구한 데서 도움을 받았을 것이다.
② 주시경은 국어학 연구에서 독자적인 과학적 방법으로 국어학을 연구하려 노력했을 것이다.
③ 주시경은 맞춤법을 확립하는 정책에도 관심이 많았을 것이다.
④ 주시경이 국어 교육에 온 힘을 다한 이유는 언어를 민족의 정체성을 나타내는 징표로 보았기 때문이다.
⑤ 주시경이 1907년에 설치한 '국문 연구소'는 국어 정책을 수립하는 일을 하였을 것이다.

태양 빛은 흰색으로 보이지만 실제로는 다양한 파장의 가시광선이 혼합되어 나타난 것이다. 프리즘을 통과시키면 흰색의 가시광선은 파장에 따라 붉은빛부터 보랏빛까지의 무지갯빛으로 분해된다. 가시광선의 파장 범위는 390 ~ 780nm* 정도인데 보랏빛이 가장 짧고 붉은빛이 가장 길다. 빛의 진동수는 파장과 반비례하므로 진동수는 보랏빛이 가장 크고 붉은빛이 가장 작다. 태양 빛이 대기층에 입사하여 산소나 질소 분자와 같은 공기 입자(직경 0.1 ~ 1nm 정도), 먼지 미립자, 에어로졸** (직경 1 ~ 100,000nm 정도) 등과 부딪치면 여러 방향으로 흩어지는데 이러한 현상을 산란이라 한다. 산란은 입자의 직경과 빛의 파장에 따라 '레일리(Rayleigh) 산란'과 '미(Mie) 산란'으로 구분된다. 레일리 산란은 입자의 직경이 파장의 1/10보다 작을 경우에 일어나는 산란을 말하는데 그 세기는 파장의 네제곱에 반비례한다. 대기의 공기 입자는 직경이 매우 작아 가시광선 중 파장이 짧은 빛을 주로 산란시키며, 파장이 짧을수록 산란의 세기가 강하다. 따라서 맑은 날에는 주로 공기 입자에 의한 레일리 산란이 일어나서 보랏빛이나 파란빛이 강하게 산란되는 반면 붉은빛이나 노란빛은 약하게 산란된다. 산란되는 세기로는 보랏빛이 가장 강하겠지만, 우리 눈은 보랏빛보다 파란빛을 더 잘 감지하기 때문에 하늘은 파랗게 보이는 것이다. 만약 태양 빛이 공기 입자보다 큰 입자에 의해 레일리 산란이 일어나면 공기 입자만으로는 산란이 잘되지 않던 긴 파장의 빛까지 산란되어 하늘의 파란빛은 상대적으로 엷어진다.

미 산란은 입자의 직경이 파장의 1/10보다 큰 경우에 일어나는 산란을 말하는데 주로 에어로졸이나 구름 입자 등에 의해 일어난다. 이때 산란의 세기는 파장이나 입자 크기에 따른 차이가 거의 없다. 구름이 흰색으로 보이는 것은 미 산란으로 설명된다. 구름 입자(직경 20,000nm 정도)처럼 입자의 직경이 가시광선의 파장보다 매우 큰 경우에는 모든 파장의 빛이 고루 산란된다. 이 산란된 빛이 동시에 우리 눈에 들어오면 모든 무지갯빛이 혼합되어 구름이 하얗게 보인다. 이처럼 대기가 없는 달과 달리 지구는 산란 효과에 의해 파란 하늘과 흰 구름을 볼 수 있다.

*나노미터 : 물리학적 계량 단위(1nm=10m)
**에어로졸 : 대기에 분산된 고체 또는 액체 입자

① 가시광선의 파란빛은 보랏빛보다 진동수가 작다.
② 프리즘으로 분해한 태양 빛을 다시 모으면 흰색이 된다.
③ 파란빛은 가시광선 중에서 레일리 산란의 세기가 가장 크다.
④ 빛의 진동수가 2배가 되면 레일리 산란의 세기는 16배가 된다.
⑤ 달의 하늘에서는 공기 입자에 의한 태양 빛의 산란이 일어나지 않는다.

독립신문은 우리나라 최초의 민간 신문이다. 사장 겸 주필(신문의 최고 책임자)은 서재필 선생이, 국문판 편집과 교정은 최고의 국어학자로 유명한 주시경 선생이, 그리고 영문판 편집은 선교사 호머 헐버트가 맡았다. 창간 당시 독립신문은 이들 세 명에 기자 두 명과 몇몇 인쇄공들이 합쳐 단출하게 시작했다.

신문은 우리가 흔히 사용하는 'A4 용지'보다 약간 큰 '국배판(218×304mm)' 크기로 제작됐고, 총 4면 중 3면은 순 한글판으로, 나머지 1면은 영문판으로 발행했다. 제1호는 '독닙신문'이고 영문판은 'Independent(독립)'로 조판했고, 내용을 살펴보면 제1면에는 대체로 논설과 광고가 실렸고, 제2면에는 관보·외국통신·잡보가, 제3면에는 물가·우체시간표·제물포 기선 출입항 시간표와 광고가 게재됐다.

독립신문은 민중을 개화시키고 교육하기 위해 발간된 것이지만, 그 이름에서부터 알 수 있듯 스스로 우뚝 서는 독립국을 만들고자 자주적 근대화 사상을 강조했다. 창간호 표지에는 '뎨일권 뎨일호, 조선 서울 건양 원년 사월 초칠일 금요일'이라고 표기했는데, '건양(建陽)'은 조선의 연호이고, 한성 대신 서울을 표기한 점과 음력 대신 양력을 쓴 점 모두 중국 사대주의에서 벗어난 자주독립을 꾀한 것으로 볼 수 있다.

독립신문이 발행되자 사람들은 모두 깜짝 놀랄 수밖에 없었다. 순 한글로 만들어진 것은 물론 유려한 편집 솜씨에 조판과 내용까지 완벽했기 때문이다. 무엇보다 제4면을 영어로 발행해 국내 사정을 외국에 알린다는 점은 호시탐탐 한반도를 노리던 일본 당국에 큰 부담을 안겨주었고, 더는 자기네들 마음대로 조선의 사정을 왜곡 보도할 수 없게 된 것이다.

날이 갈수록 독립신문을 구독하려는 사람은 늘어났고, 처음 300부씩 인쇄되던 신문이 곧 500부로, 나중에는 3,000부까지 확대된다. 오늘날에는 한 사람이 신문 한 부를 읽으면 폐지 처리하지만, 과거에는 돌려가며 읽는 경우가 많았고 시장이나 광장에서 글을 아는 사람이 낭독해주는 일도 빈번했기에 한 부의 독자 수는 50명에서 100명에 달했다. 이런 점을 감안해보면 실제 독립신문의 독자 수는 10만 명을 넘어섰다고 가늠해 볼 수 있다.

보기

우리 신문이 한문은 아니 쓰고 다만 국문으로만 쓰는 것은 상하귀천이 다 보게 함이라. 또 국문을 이렇게 구절을 떼어 쓴즉 아무라도 이 신문을 보기가 쉽고 신문 속에 있는 말을 자세히 알아보게 함이라.

① 교통수단도 발달하지 않던 과거에는 활자 매체인 신문이 소식 전달에 있어 절대적인 역할을 차지했다.

② 민중을 개화시키고 교육하기 위해 발간된 것으로 역사적·정치적으로 큰 의의를 가진다.

③ 한글을 사용해야 누구나 읽을 수 있다는 점을 인식해 한문우월주의에 영향을 받지 않고, 소신 있는 행보를 했다.

④ 일본이 한반도를 집어삼키려 하던 혼란기 우리만의 신문을 펴낼 수 있었다는 것에 큰 의의가 있다.

⑤ 중국의 지배에서 벗어나 자주독립을 꾀하고 스스로 우뚝 서는 독립국을 만들고자 자주적 사상을 강조했다.

아이들이 답이 있는 질문을 하기 시작하면 그들이 성장하고 있음을 알 수 있다.

-존 J. 플롬프-

3 일차

PART 2 주관식

01 정렬 대표유형

※ 다음 설명을 읽고, 이어지는 문제의 입력값이 몇 번 정렬되어야 다음의 결괏값이 나오는지 추론하시오.
   [1~5]

[오름차순 정렬]

6	5	7	2	8	9

① 인접한 1, 2번 배열의 크기를 비교해 작은 값이 앞으로 위치하도록 자리를 교환하고 이는 정렬을 1번 한 것이다.

6	5	7	2	8	9

→

5	6	7	2	8	9

② 인접한 2, 3번 배열의 크기를 비교해 작은 값이 앞으로 위치하도록 자리를 교환한다. 이 경우엔 자리가 교환되지 않았으므로 정렬 횟수에 포함하지 않는다.

5	6	7	2	8	9

→

5	6	7	2	8	9

③ 인접한 3, 4번 배열의 크기를 비교해 작은 값이 앞으로 위치하도록 자리를 교환한다.

5	6	7	2	8	9

→

5	6	2	7	8	9

④ 마지막 데이터까지 ①～③의 방식을 반복하여 끝맺으면 1회전이고, 1회전 완료 시 다시 인접한 1, 2번 배열부터 정렬을 시작한다.

예제

입력값							결괏값					
7	4	1	6	5	2	→	1	4	6	5	2	7

풀이 1)

정렬의 정의에 따라 첫 번째 배열부터 인접한 1, 2번 크기를 비교하여 차례대로 적용하여 마지막 배열을 구하면 다음과 같다.

| 7 | 4 | 1 | 6 | 5 | 2 | → | 4 | 7 | 1 | 6 | 5 | 2 | → | 4 | 1 | 7 | 6 | 5 | 2 |

| → | 4 | 1 | 6 | 7 | 5 | 2 | → | 4 | 1 | 6 | 5 | 7 | 2 | → | 4 | 1 | 6 | 5 | 2 | 7 |

| → | 1 | 4 | 6 | 5 | 2 | 7 |

따라서 6번의 정렬을 시행하면 원하는 배열이 나온다.

풀이 2)

한 회전의 규칙은 다음과 같다.

ⅰ) 왼쪽에 정렬되어 있는 수부터 대소비교를 하여 오른쪽으로 이동 가능한 숫자를 찾는다.

ⅱ) ⅰ)에서 찾은 숫자가 이동할 수 있는 최대 위치(자기 자신보다 큰 숫자를 만나면 정지)까지 이동하고 정지한 뒤, 정지한 자리의 오른쪽에 위치한 숫자를 가지고 ⅰ) 규칙을 재시행한다.

ⅲ) 맨 오른쪽 자리까지 시행하였을 때 이동한 숫자의 이동 횟수를 합한 값이 한 회전에서 시행된 정렬 횟수이다.

ⅳ) 다음 회전에서는 바로 전 회전의 이동한 숫자가 움직인 칸만큼을 이동하여 입력값으로 정하고 ⅰ), ⅱ), ⅲ) 규칙을 시행한다.

ⅴ) 결괏값이 나오는 회전에서는 마지막 입력값과 결괏값을 놓고 이동한 숫자의 이동 횟수만 구한다.

① 1회전

| 7 | 4 | 1 | 6 | 5 | 2 | → | 4 | 1 | 6 | 5 | 2 | 7 |

| 7 | : 5칸 이동

② 2회전

| 4 | 1 | 6 | 5 | 2 | 7 | → | 1 | 4 | 6 | 5 | 2 | 7 |

| 4 | : 1칸 이동

∴ 5+1=6번

01

입력값							결괏값					
15	2	4	3	7	12	→	2	3	4	7	12	15

정답 6번

풀이 1)

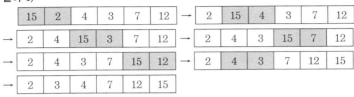

| | 2 | 3 | 4 | 7 | 12 | 15 |

풀이 2)

① 1회전

| 15 | 2 | 4 | 3 | 7 | 12 | → | 2 | 4 | 3 | 7 | 12 | 15 |

| 15 | : 5칸 이동

② 2회전

| 2 | 4 | 3 | 7 | 12 | 15 | → | 2 | 3 | 4 | 7 | 12 | 15 |

| 4 | : 1칸 이동

∴ 5+1=6번

02

입력값							결괏값					
3	10	7	2	1	8	→	3	2	7	1	8	10

정답 5번

풀이 1)

3	10	7	2	1	8	→	3	7	10	2	1	8

→	3	7	2	10	1	8	→	3	7	2	1	10	8

→	3	7	2	1	8	10	→	3	2	7	1	8	10

풀이 2)

① 1회전

3	10	7	2	1	8	→	3	7	2	1	8	10

| 10 | : 4칸 이동

② 2회전

3	7	2	1	8	10	→	3	2	7	1	8	10

| 7 | : 1칸 이동

∴ 4+1=5번

CHAPTER 01 정렬 • 143

03

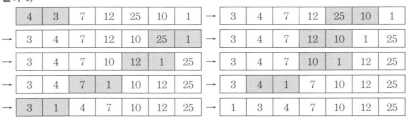

입력값							→	결괏값						
4	3	7	12	25	10	1		1	3	4	7	10	12	25

정답 9번

풀이 1)

4	3	7	12	25	10	1	→	3	4	7	12	25	10	1
→ 3	4	7	12	10	25	1	→	3	4	7	12	10	1	25
→ 3	4	7	10	12	1	25	→	3	4	7	10	1	12	25
→ 3	4	7	1	10	12	25	→	3	4	1	7	10	12	25
→ 3	1	4	7	10	12	25	→	1	3	4	7	10	12	25

풀이 2)

① 1회전

4	3	7	12	25	10	1	→	3	4	7	12	10	1	25

4 : 1칸 이동

25 : 2칸 이동

② 2회전

3	4	7	12	10	1	25	→	3	4	7	10	1	12	25

12 : 2칸 이동

③ 3회전

3	4	7	10	1	12	25	→	3	4	7	1	10	12	25

10 : 1칸 이동

④ 4회전

3	4	7	1	10	12	25	→	3	4	1	7	10	12	25

7 : 1칸 이동

⑤ 5회전

3	4	1	7	10	12	25	→	3	1	4	7	10	12	25

4 : 1칸 이동

⑥ 6회전

3	1	4	7	10	12	25	→	1	3	4	7	10	12	25

3 : 1칸 이동

∴ 1+2+2+1+1+1+1=9번

04

입력값								→	결괏값							
17	22	19	8	35	4	21	20		8	17	4	19	20	21	22	35

정답 12번

풀이 1)

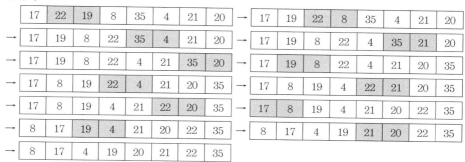

17	22	19	8	35	4	21	20	→	17	19	22	8	35	4	21	20
→	17	19	8	22	35	4	21	20		17	19	8	22	4	35	21	20
→	17	19	8	22	4	21	35	20		17	19	8	22	4	21	20	35
→	17	8	19	22	4	21	20	35		17	8	19	4	22	21	20	35
→	17	8	19	4	21	22	20	35		17	8	19	4	21	20	22	35
→	8	17	19	4	21	20	22	35		8	17	4	19	21	20	22	35
→	8	17	4	19	20	21	22	35									

풀이 2)

① 1회전

17	22	19	8	35	4	21	20	→	17	19	8	22	4	21	20	35

22 : 2칸 이동

35 : 3칸 이동

② 2회전

17	19	8	22	4	21	20	35	→	17	8	19	4	21	20	22	35

19 : 1칸 이동

22 : 3칸 이동

③ 3회전

17	8	19	4	21	20	22	35	→	8	17	4	19	20	21	22	35

17 : 1칸 이동

19 : 1칸 이동

21 : 1칸 이동

∴ 2+3+1+3+1+1+1=12번

05

입력값										결괏값								
35	21	15	17	28	5	55	72	51	→	15	17	21	5	28	35	51	55	72

정답 10번

풀이 1)

35	21	15	17	28	5	55	72	51
→
| 21 | 35 | 15 | 17 | 28 | 5 | 55 | 72 | 51 |
→
| 21 | 15 | 35 | 17 | 28 | 5 | 55 | 72 | 51 |
→
| 21 | 15 | 17 | 35 | 28 | 5 | 55 | 72 | 51 |
→
| 21 | 15 | 17 | 28 | 35 | 5 | 55 | 72 | 51 |
→
| 21 | 15 | 17 | 28 | 5 | 35 | 55 | 72 | 51 |
→
| 21 | 15 | 17 | 28 | 5 | 35 | 55 | 51 | 72 |
→
| 15 | 21 | 17 | 28 | 5 | 35 | 55 | 51 | 72 |
→
| 15 | 17 | 21 | 28 | 5 | 35 | 55 | 51 | 72 |
→
| 15 | 17 | 21 | 5 | 28 | 35 | 55 | 51 | 72 |
→
| 15 | 17 | 21 | 5 | 28 | 35 | 51 | 55 | 72 |

풀이 2)

① 1회전

35	21	15	17	28	5	55	72	51
→
| 21 | 15 | 17 | 28 | 5 | 35 | 55 | 51 | 72 |

35 : 5칸 이동

72 : 1칸 이동

② 2회전

21	15	17	28	5	35	55	51	72
→
| 15 | 17 | 21 | 5 | 28 | 35 | 51 | 55 | 72 |

21 : 2칸 이동

28 : 1칸 이동

55 : 1칸 이동

∴ 5+1+2+1+1=10번

정답 및 해설 p.034

※ 현지는 동생인 예지가 모은 씰 스티커를 정리하려고 한다. 각 씰 스티커 좌측에는 수가 무작위로 적혀있다. 다음 설명을 읽고 스티커가 몇 회 정렬되어야 오름차순으로 정렬되는지 추론하시오. **[1~5]**

[오름차순 정렬]

32	7	11	4	22

① 두 번째 원소의 값을 임시값에 저장하고, 임시값과 왼쪽에 있는 원소들과 비교한다.

② 두 번째 원소와 첫 번째 원소를 비교하여 첫 번째 원소가 클 경우 왼쪽으로 꺼낸다.

7	32	11	4	22

더 이상 꺼낼 수 없을 경우 1회 정렬 완료로 생각한다.

(n−1번째 원소와 n번째 원소를 비교하여 이동이 없으면 정렬 횟수를 셈하지 않는다)

③ 세 번째 원소와 두 번째 원소를 비교하여 두 번째 원소가 클 경우 왼쪽으로 꺼낸다. 같은 방법으로 왼쪽으로 꺼내는 경우가 없을 때까지 작업을 반복한다.

7	11	32	4	22

④ 모든 수가 오름차순으로 정렬될 때까지 ①~ ③ 작업을 반복한다.

예제

32	7	11	4	22

정답 4회

01

9	14	27	25	49

02

35	23	6	4	31

03

12	27	18	5	46

04

38	3	11	20	9

05

33	42	8	11	24

※ 민철이는 숫자 카드 네 장을 뽑아 오름차순으로 정리하는 게임을 하려고 한다. 다음 설명을 읽고 카드의 이동 횟수가 모두 몇 회인지 추론하시오. [6~10]

5	0	4	1

① 첫 번째 원소와 두 번째 원소를 비교하여 첫 번째 원소가 더 크면 두 번째 원소를 왼쪽으로 이동하고 이동 횟수를 1회 셈한다.

0	5	4	1

② 두 번째 원소와 세 번째 원소를 비교하여 두 번째 원소가 더 크면 세 번째 원소를 왼쪽으로 이동하고 이동 횟수를 1회 셈한다.

0	4	5	1

③ 이동한 두 번째 원소와 첫 번째 원소를 비교하여 두 번째 원소가 더 크면 세 번째 원소를 왼쪽으로 이동하고 이동 횟수를 1회 셈한다.

④ 모든 수가 오름차순으로 정렬될 때까지 ① ~ ③ 작업을 반복한다.

예제

5	0	4	1

정답 4회

06

2	5	4	3

07

7	2	5	3

08

6	1	4	7

09

3	2	1	4

10

9	8	4	6

정답 및 해설 p.039

※ 어느 과일 가게에서 특정 과일들을 정해진 번호의 순서대로 정렬하여 납품하려고 한다. 과일들은 총 n개만큼 있으며, 각 과일은 1 ~ n번까지 고유한 일련번호를 배정 받았다. 납품을 위해 박스는 과일이 들어오는 입력 과정과 과일이 납품되는 출력 과정이 있으며, 납품 박스는 마지막으로 들어오는 과일을 먼저 출력하는 특징을 가지고 있다. 다음 설명을 참고하여 과일 박스들이 임의의 일련번호 수열로 주어졌을 때, 두 번째 출력 전에 입력은 총 몇 번 진행되는지 추론하시오(단, 불가능한 경우 0번 진행된 것으로 간주한다). **[1~5]**

| 4 5 6 1 2 3 |

'4 5 6 1 2 3' 납품 박스는 다음과 같은 과정을 거쳐 과일들을 출력한다. 이 과정을 표로 표현하면 다음과 같다.

구분	입	입	입	입	출	입	출	입	출	출	출	출	입	출	입	출
Last	1	2	3	4	4	5	5	6	6	3	2	1	2	2	3	3

예제

| 4 5 6 1 2 3 |

정답 5번

01

4 3 1 2 6 5

02

3 4 2 1 5 6

03

6 5 4 3 2 1

04

$$1 \quad 4 \quad 2 \quad 3 \quad 5 \quad 6$$

05

$$6 \quad 3 \quad 4 \quad 5 \quad 1 \quad 2$$

※ 1부터 N까지의 수가 적혀있는 카드가 있다. 수가 작은 카드는 수가 큰 카드의 오른쪽에 올 수 없도록 카드를 제거할 때, 제거해야 하는 카드의 수를 추론하시오. [6~10]

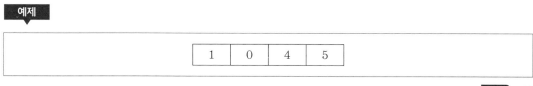

예제

	1	0	4	5	

정답 1장

06

	6	5	13	15	

07

	32	15	4	7	

08

40	1	20	6	25

09

5	4	8	13	15

10

7	9	12	11	17

※ 민지가 방문한 체험관에는 N개의 활동을 운영한다. 각 활동의 시작 시각 및 종료 시각이 다음과 같을 때, 최대한 많은 활동을 할 수 있는 활동 순서를 구하시오(단, 한 가지 활동을 진행하는 동안 다른 활동을 동시에 진행할 수 없으며, 활동 수가 같으면 종료 시각이 더 빠른 것을 고른다). **[1~5]**

구분	A활동	B활동	C활동
시작 시각	18:00	16:00	13:00
종료 시각	19:00	17:00	14:00

정답 해설

종료 시각이 가장 빠른 C를 먼저 선택해야 한다. 활동끼리 시간이 겹치지 않기 때문에 남은 활동도 종료 시각 순서대로 배열하면 다음과 같다.

구분	C활동	B활동	A활동
시작 시각	13:00	16:00	18:00
종료 시각	14:00	17:00	19:00

따라서 C − B − A 순서로 활동하게 된다.

풀이 꿀팁

활동 시간이 겹치는 경우가 있기 때문에 종료 시각을 기준으로 정렬하는 것이 핵심이다. 종료 시각이 가장 빠른 활동을 배치한 뒤, 다음 선택할 수 있는 활동을 찾는 과정을 반복하면 최대한 많은 활동을 할 수 있다.

정답 C − B − A

01

구분	A활동	B활동	C활동	D활동
시작 시각	15:00	13:00	17:00	15:00
종료 시각	16:00	14:00	19:00	18:00

정답 B − A − C

종료 시각이 가장 빠른 B를 먼저 배치한다. 다음으로 종료 시각이 빠른 A를 배치하면 활동 시간이 겹치는 D를 제외하고 B − A − C 순으로 활동할 수 있다.

구분	B활동	A활동	C활동	D활동
시작 시각	13:00	15:00	17:00	15:00
종료 시각	14:00	16:00	19:00	18:00

02

구분	A활동	B활동	C활동	D활동
시작 시각	17:00	15:00	14:00	13:00
종료 시각	19:00	16:00	15:00	16:00

정답 C − B − A

종료 시각이 가장 빠른 C를 먼저 배치한다. 활동 시간이 겹치는 D를 제외하고 종료 시각 순으로 배치하면 C − B − A 순으로 활동할 수 있다.

구분	C활동	B활동	A활동	D활동
시작 시각	14:00	15:00	17:00	13:00
종료 시각	15:00	16:00	19:00	16:00

03

구분	A활동	B활동	C활동	D활동
시작 시각	16:00	14:00	13:00	18:00
종료 시각	17:00	15:00	17:00	19:00

정답　B - A - D

종료 시각이 가장 빠른 B를 먼저 배치한다. 활동 시간이 겹치는 C를 제외하고 종료 시각 순으로 배치하면 B - A - D 순으로 활동할 수 있다.

구분	B활동	A활동	D활동	C활동
시작 시각	14:00	16:00	18:00	13:00
종료 시각	15:00	17:00	19:00	17:00

04

구분	A활동	B활동	C활동	D활동	E활동
시작 시각	14:00	17:00	19:00	13:00	12:00
종료 시각	16:00	19:00	20:00	14:00	13:00

정답　E - D - A - B - C

활동 시간이 서로 겹치지 않으므로 시작 시각 또는 종료 시각 순으로 나열하면 E - D - A - B - C이다.

구분	E활동	D활동	A활동	B활동	C활동
시작 시각	12:00	13:00	14:00	17:00	19:00
종료 시각	13:00	14:00	16:00	19:00	20:00

05

구분	A활동	B활동	C활동	D활동	E활동
시작 시각	18:00	14:00	15:00	16:00	11:00
종료 시각	21:00	16:00	18:00	17:00	14:00

정답 E − B − D − A

종료 시각이 빠른 E와 B 순으로 먼저 배치한다. 활동 시간이 겹치는 C를 제외하고 종료 시각 순으로 D와 A를 배치하면 E − B − D − A 순으로 활동할 수 있다.

구분	E활동	B활동	D활동	A활동	C활동
시작 시각	11:00	14:00	16:00	18:00	15:00
종료 시각	14:00	16:00	17:00	21:00	18:00

정답 및 해설 p.041

※ 주문 제작 향수 공방에서 일하는 조향사 S씨는 $(n+1)$일에 휴가를 갈 예정이다. 이에 따라 남은 n일 동안 최대한 많은 향수를 주문받을 수 있도록 공방 주인에게 부탁했고, 공방 주인은 매일 다른 향수를 주문받는다. 향수를 제조하는 데 걸리는 기간과 판매액이 다음과 같을 때 〈보기〉에 따라 향수를 제조한다면, S씨가 얻을 수 있는 수익의 최대 금액을 구하시오. **[1~5]**

보기
- 이미 제작 중인 향수는 중단할 수 없다.
- 향수 제작은 주문을 수락한 날의 다음날부터 시작한다.
- 반드시 1일부터 주문을 수락할 필요는 없다.
- 제작 중인 향수 제작이 완료된 날부터 주문을 수락할 수 있다.
- 휴가일 전까지 수락한 모든 주문의 제작이 완료되어야 한다.

　예 3일에 향수 제작이 완료되면 그날 새로운 주문을 수락할 수 있으며, 4일에 주문을 받았다면 5일부터 제작한다.

예제

$n=5$인 경우에 다음과 같은 주문 일정을 받았다. S씨의 수익이 가장 클 때 금액은?

날짜	1일	2일	3일	4일	5일
제작 기간(일)	2	3	1	3	2
판매액(만 원)	15	20	30	20	25

정답 45만 원

01 $n=4$인 경우에 다음과 같은 주문 일정을 받았다. S씨의 수익이 가장 클 때 금액은?

날짜	1일	2일	3일	4일
제작 기간(일)	2	1	2	1
판매액(만 원)	20	30	15	20

02 $n=5$인 경우에 다음과 같은 주문 일정을 받았다. S씨의 수익이 가장 클 때 금액은?

날짜	1일	2일	3일	4일	5일
제작 기간(일)	2	3	1	3	2
판매액(만 원)	30	10	20	25	30

03 $n=5$인 경우에 다음과 같은 주문 일정을 받았다. S씨의 수익이 가장 클 때 금액은?

날짜	1일	2일	3일	4일	5일
제작 기간(일)	2	1	3	2	2
판매액(만 원)	25	40	30	15	10

04 $n=6$인 경우에 다음과 같은 주문 일정을 받았다. S씨의 수익이 가장 클 때 금액은?

날짜	1일	2일	3일	4일	5일	6일
제작 기간(일)	1	2	4	3	1	3
판매액(만 원)	15	30	20	15	25	15

05 $n=7$인 경우에 다음과 같은 주문 일정을 받았다. S씨의 수익이 가장 클 때 금액은?

날짜	1일	2일	3일	4일	5일	6일	7일
제작 기간(일)	1	3	2	2	4	2	2
판매액(만 원)	15	40	10	25	20	15	10

※ 나무에 가지가 너무 많이 자라서 가지치기를 하려 한다. 다음 배열과 같이 가지가 있을 때, 가지들의 평균의 자연수에 최대한 가깝게 자르면서 최소한으로 가지치기를 하려 한다. 가지를 치고 나서의 전체 평균이 처음 전체 평균의 자연수에 최대한 가까워지려면 최소 몇 개의 가지를 쳐야 하는지 구하시오(단, 배열의 요소 하나를 한 개의 가지로 하며, 최소한 하나의 가지는 반드시 가지치기를 해야 하고 가지치기가 0이 되어서는 안 되고 모든 계산은 소수점 둘째 자리에서 반올림한다). **[6~10]**

예제

3 5 4

정답 1개

06

4 5 6 7

07

1 3 4 9 7 7 5

08

6 7 2 8 2 9 3 4

09

6 6 6 6 6 7 7 8 8 8 8 1 1 1 14

10

1 8 2 4 2 9 3 7 5 6 2 8 1 6 2 7

정답 및 해설 p.044

※ 어느 회사에서는 하루에 N시간을 채워야 1일 근무한 것으로 인정하고 있다. 다음과 같이 할당 시간과 총 근무 시간이 주어졌을 때, 총 근무일수를 구하시오(단, 6일 근무하면 1일은 추가로 근무한 것으로 인정하며 단리로 계산한다). **[1~5]**

예제

5, 30

정답 **7**

01

6, 100

02

7, 256

03

8, 6,847

04

9. 1,687,999

05

4. 3,548,379,431

※ 어느 시골마을은 구청의 지원을 받아 관수시설을 건설할 계획이다. 시설설계자는 논에 임의로 이름을 지정하여 연결된 두 개의 논을 나열하는 방식으로 설계 현황을 표시했다. 〈보기〉를 참고하여 이어지는 물음에 답하시오. [1~5]

> **보기**
> • 물을 주는 논과 직·간접적으로 연결된 논에는 물이 공급된다.
> • 물을 공급받는 논의 개수는 물이 처음 공급되는 논을 제외한다.

예제

'마' 논에 물을 처음 댈 경우 몇 개의 논에 물이 공급되는가?

> 관수시설 설계도 : 가 − 마, 나 − 바, 다 − 마, 가 − 라

정답 해설

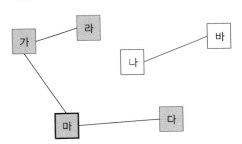

'마' 논과 직접 연결된 논은 '가, 다'이고, '가' 논을 거쳐 '라' 논에도 물이 공급된다.
그림으로 나타내지 않고 직접 연결과 간접 연결로 나누어 생각할 수 있다.

직접 연결	간접 연결
	가 − 라
마 − 가	
마 − 다	

따라서 '마' 논에 물을 댈 경우 '가, 다, 라' 총 3개의 논에 물이 공급된다.

정답 3개

01 'B' 논에 물을 처음 댈 경우 몇 개의 논에 물이 공급되는가?

> 관수시설 설계도 : A − C, B − D, E − A, F − D

정답 2개

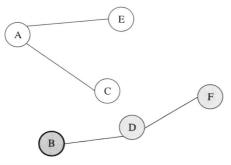

직접 연결	간접 연결
B − D	D − F

따라서 'B' 논에 물을 댈 경우 'D, F' 총 2개의 논에 물이 공급된다.

02 'd' 논에 물을 처음 댈 경우 몇 개의 논에 물이 공급되는가?

> 관수시설 설계도 : b − f, a − c, e − f, d − b, g − a

정답 3개

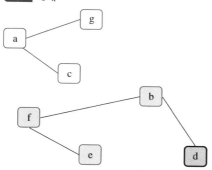

직접 연결	간접 연결	
d − b	b − f	f − e

따라서 'd' 논에 물을 댈 경우 'b, e, f' 총 3개의 논에 물이 공급된다.

03 '카' 논에 물을 처음 댈 경우 몇 개의 논에 물이 공급되는가?

> 관수시설 설계도 : 사 － 타, 아 － 파, 하 － 카, 차 － 자, 파 － 하, 카 － 파

정답 3개

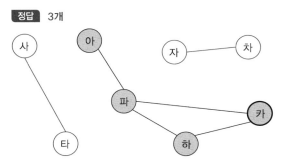

직접 연결	간접 연결
카 － 하	
카 － 파	파 － 아

따라서 '카' 논에 물을 댈 경우 '아, 파, 하' 총 3개의 논에 물이 공급된다.

04 'I' 논에 물을 처음 댈 경우 몇 개의 논에 물이 공급되는가?

> 관수시설 설계도 : J － M, I － K, N － I, L － O, H － J, P － L, I － H

정답 5개

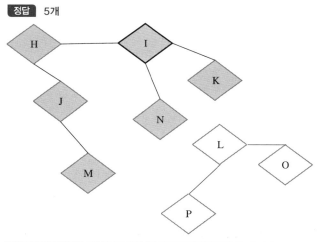

직접 연결	간접 연결	
I － K		
I － N		
I － H	H － J	J － M

따라서 'I' 논에 물을 댈 경우 'H, J, K, M, N' 총 5개의 논에 물이 공급된다.

05 '`Ⅵ`' 논에 물을 처음 댈 경우 몇 개의 논에 물이 공급되는가?

관수시설 설계도 : Ⅰ－Ⅴ, Ⅲ－Ⅵ, Ⅴ－Ⅸ, Ⅳ－Ⅱ, Ⅲ－Ⅸ, Ⅹ－Ⅴ, Ⅱ－Ⅶ, Ⅹ－Ⅷ

정답 6개

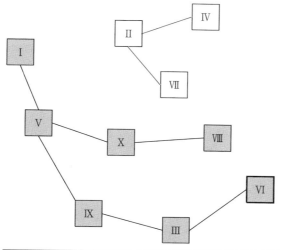

직접 연결	간접 연결			
Ⅵ－Ⅲ	Ⅲ－Ⅸ	Ⅸ－Ⅴ	Ⅴ－Ⅰ	
			Ⅴ－Ⅹ	Ⅹ－Ⅷ

따라서 '`Ⅵ`' 논에 물을 댈 경우 'Ⅰ, Ⅲ, Ⅴ, Ⅷ, Ⅸ, Ⅹ' 총 6개의 논에 물이 공급된다.

※ 5개의 도시와 각 도시에서 도시로 이동하는 시간이 주어졌을 때, A마을이 4 미만의 시간 내에 배달할
수 있는 마을의 수를 구하라(단, 출발 지점과 도착 지점이 같을 때에는 이동시간이 0인 이동으로 셈한
다). [1~5]

예제

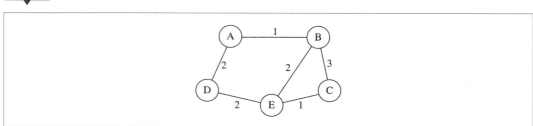

정답 **4개**

01 다음과 같은 5개의 도시에서 B마을이 5 미만의 시간 내에 배달할 수 있는 마을의 수를 구하라.

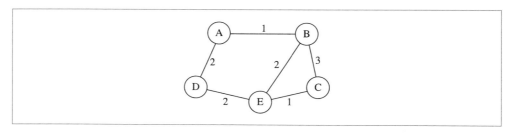

02 다음과 같은 5개의 도시에서 C마을이 3 미만의 시간 내에 배달할 수 있는 마을의 수를 구하라.

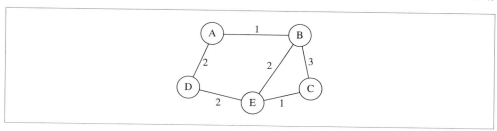

03 다음과 같은 5개의 도시에서 D마을이 3 미만의 시간 내에 배달할 수 있는 마을의 수를 구하라.

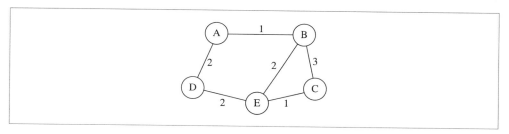

04 다음과 같은 5개의 도시에서 D마을이 4 미만의 시간 내에 배달할 수 있는 마을의 수를 구하라.

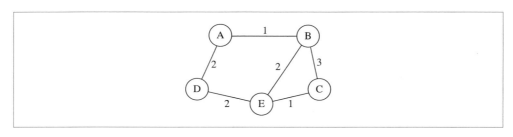

05 다음과 같은 5개의 도시에서 E마을이 4 미만의 시간 내에 배달할 수 있는 마을의 수를 구하라.

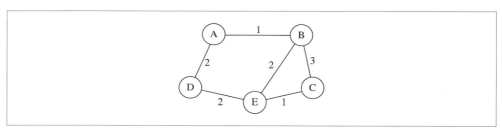

※ 형석이는 산을 등산하려고 한다. 등산하려는 산에는 다음과 같은 코스가 있다고 하자. 주어진 출발 지점에서 목표 지점까지 가장 빠르게 올라갈 수 있는 경로의 길이를 구하시오. **[6~10]**

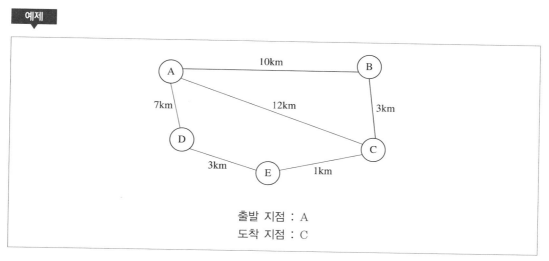

예제

출발 지점 : A
도착 지점 : C

정답 11km

06

출발 지점 : B
도착 지점 : D

07

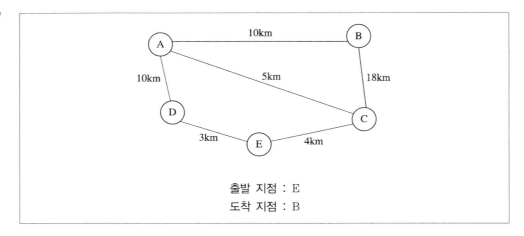

출발 지점 : E
도착 지점 : B

08

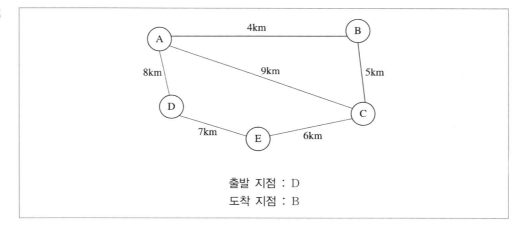

출발 지점 : D
도착 지점 : B

09

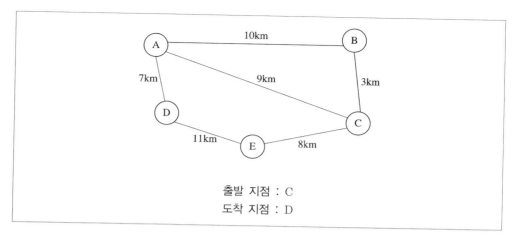

출발 지점 : C
도착 지점 : D

10

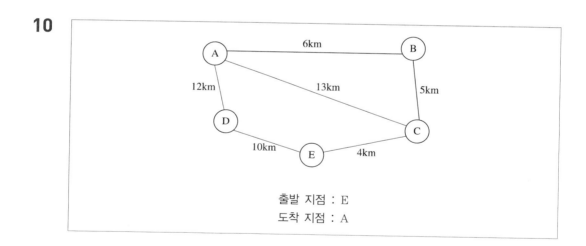

출발 지점 : E
도착 지점 : A

※ 넓은 땅에 특수한 잔디를 심었다. 해당 잔디는 처음에는 N의 수치부터 초당 1씩 차감되며 주위 동서남북 4방향으로 퍼진다. 잔디가 0이 되면 더 이상 퍼지지 못한다. 잔디가 최대한 퍼졌을 때의 크기를 출력하라. [11~15]

예제

3

정답 25

11

5

12

6

13

7

14

8

15

12

※ 일정한 자원을 갖고 있는 특수한 컴퓨터로 글을 보내려고 한다. 순서대로 A부터 Z까지 65부터 90의 비용이 소모되고 공백은 32의 비용이 소모된다. 컴퓨터의 자원과 보내려는 글이 다음과 같을 때 보낼 수 있는 글을 출력하시오(단, 왼쪽글자부터 순차적으로 전송한다). **[16~20]**

컴퓨터 자원 100, 보내려는 글 ABCD

정답 A

16

컴퓨터 자원 - 300
보내려는 글 - SSAFY

17

컴퓨터 자원 - 500
보내려는 글 - THANK U

18

컴퓨터 자원 – 450
보내려는 글 – K O R E A

19

컴퓨터 자원 – 1,000
보내려는 글 – HELLO WORLD

20

컴퓨터 자원 – 710
보내려는 글 – YOU CAN DO IT

정답 및 해설 p.051

※ 마을 축제에서 열리는 대회에서, 각 지점에 다음과 같이 이동시간이 주어졌다고 한다. 시작지점을 A라고 가정했을 때, 정해진 시간 내로 이동할 수 있는 지점의 수를 구하라(단, 시작지점과 도착지점이 같으면 이동시간이 0인 하나의 경로이다). **[1~5]**

예제

다음과 같은 5개의 지점에서 A지점이 3 이하의 시간 내로 이동할 수 있는 지점의 수를 구하라.

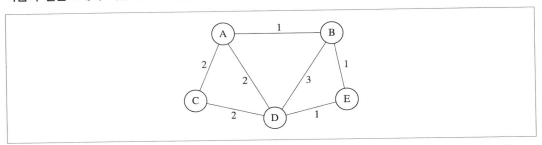

정답 5개

01 다음과 같은 5개의 지점에서 B지점이 4 이하의 시간 내로 이동할 수 있는 지점의 수를 구하라.

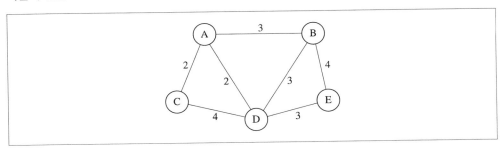

02 다음과 같은 5개의 지점에서 A지점이 2 이하의 시간 내로 이동할 수 있는 지점의 수를 구하라.

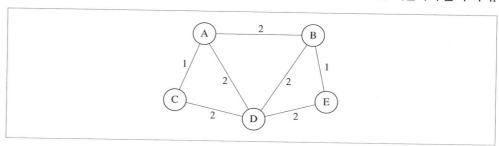

03 다음과 같은 5개의 지점에서 D지점이 3 이하의 시간 내로 이동할 수 있는 지점의 수를 구하라.

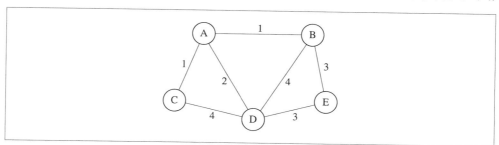

04 다음과 같은 5개의 지점에서 C지점이 2 이하의 시간 내로 이동할 수 있는 지점의 수를 구하라.

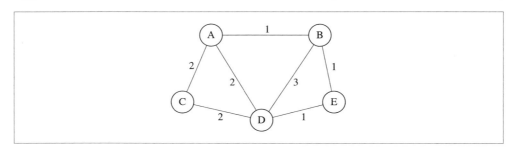

05 다음과 같은 5개의 지점에서 E지점이 3 이하의 시간 내로 이동할 수 있는 지점의 수를 구하라.

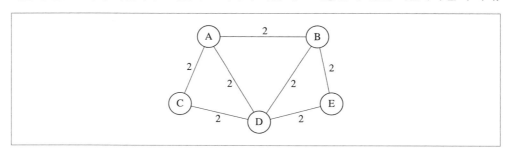

※ 승재는 지역 축제에서 스탬프를 모으는 이벤트에 참여하려고 한다. 스탬프는 각 장소에 머무르거나 이동할 때마다 추가되거나 소모된다. 현재 머무르고 있는 장소에서 다른 장소로 이동을 하려고 할 때, 승재가 목표 장소에 도달하기까지 최소한으로 소모하는 스탬프 개수를 구하시오(단, 한 번 머무른 곳은 재방문을 할 수 없으며 양수의 경우 소모하는 스탬프의 개수이고 음수의 경우 획득하는 스탬프의 개수이다). **[6~10]**

예제

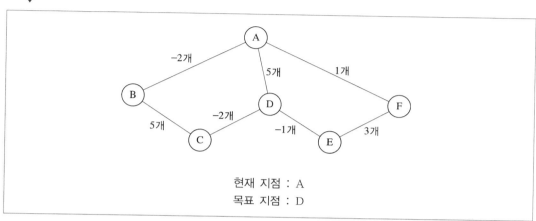

현재 지점 : A
목표 지점 : D

정답 1개

06

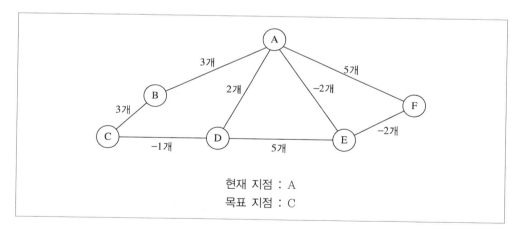

현재 지점 : A
목표 지점 : C

07

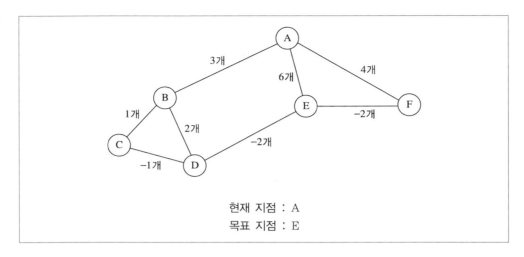

현재 지점 : A
목표 지점 : E

08

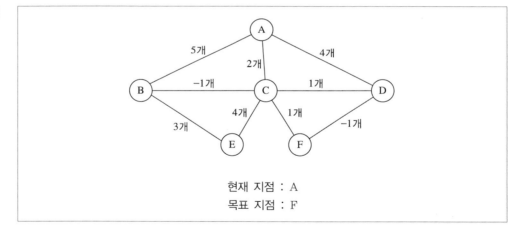

현재 지점 : A
목표 지점 : F

09

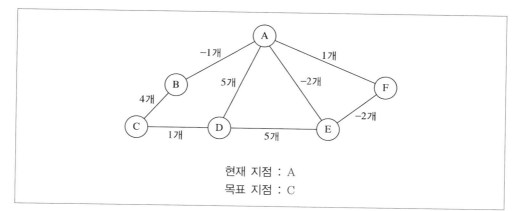

현재 지점 : A
목표 지점 : C

10

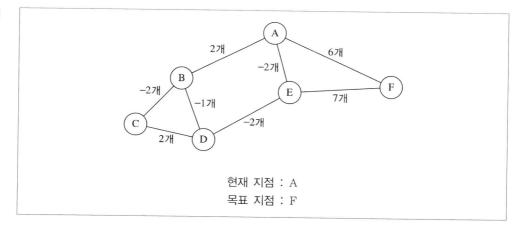

현재 지점 : A
목표 지점 : F

※ 보라는 각각의 문자로 이루어진 네 장의 카드를 두 번 뽑아, 공통되는 문자 중 가장 긴 것을 유추하는 게임을 하려고 한다. 네 장의 카드를 두 번 뽑는 것을 한 쌍으로 할 때, 한 쌍의 카드들에서 최장 공통 부분 수열의 길이를 구하시오. [11~15]

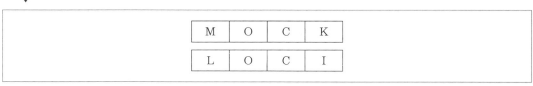

예제

M	O	C	K
L	O	C	I

정답 2

11

I	C	K	P
C	P	I	C

12

A	Z	Y	D
O	P	A	B

13

F	C	D	D
F	D	C	F

14

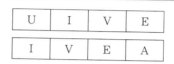

U	I	V	E
I	V	E	A

15

X	A	S	D
A	S	X	D

CHAPTER 04 다이나믹 프로그래밍 대표유형

※ 다음과 같은 정사각형의 배양판에 두 가지 세포가 있다. A세포는 1초에 한 번씩 자신의 8방향 주위로 한 칸씩 복제하고 B세포는 2초에 한 번씩 자신의 8방향 주위로 한 칸씩 복제한다. 단, A세포가 B세포와 겹치게 되면 B세포로 변환된다. 문제에서 제시된 배양판에서 A세포가 가장 많을 때는 몇 초인지 구하시오. [1~5]

예제

4×4 크기의 배양판

정답 해설

A세포가 가장 끝에 있는 배열에 도달했을 때 B세포로 변환도 덜 되고 가장 많다. 해당 조건만 대입하면 배양판 크기(한쪽 변의 크기)의 −1만큼 초단위의 시간이 걸리는 것을 알 수 있다.

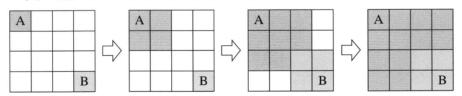

위의 그림처럼 3초가 됐을 때 A세포가 가장 많을 때이므로 총 3초가 걸린다.

정답 3초

01

2×2 크기의 배양판

정답 1초

2−1=1

02

11×11 크기의 배양판

> **정답** 10초

$11-1=10$

03

100×100 크기의 배양판

> **정답** 99초

$100-1=99$

04

1,024×1,024 크기의 배양판

정답 1,023초

$1{,}024-1=1{,}023$

05

4,800×4,800 크기의 배양판

정답 4,799초

$4{,}800-1=4{,}799$

정답 및 해설 p.057

※ 동혁이는 새로 시작한 게임에서 던전에 들어가기 전 인벤토리를 정리하기로 했다. 인벤토리에 들고 갈 수 있는 아이템은 체력을 회복할 수 있는 포션으로, 각 무게와 회복할 수 있는 양이 다르다. 가능한 많은 회복량을 고려할 때 무게 제한에 따라 들고 갈 수 있는 포션의 개수를 구하시오(단, 중복으로 들고 갈 수 있다). [1~5]

예제

다음과 같은 포션들을 소지하고 있을 경우, 무게가 20을 넘지 않는 선에서 포션 회복량을 최대로 가져갈 수 있는 포션의 개수를 구하시오.

무게	포션 회복량
2	10
4	50
6	100
7	200

정답 3개

01 다음과 같은 포션들을 소지하고 있을 경우, 무게가 50을 넘지 않는 선에서 포션 회복량을 최대로 가져갈 수 있는 포션의 개수를 구하시오.

ㅋ무게	포션 회복량
2	10
4	50
6	100
7	200

02 다음과 같은 포션들을 소지하고 있을 경우, 무게가 10을 넘지 않는 선에서 포션 회복량을 최대로 가져갈 수 있는 포션의 개수를 구하시오.

무게	포션 회복량
1	10
2	50
3	100
4	200

03 다음과 같은 포션들을 소지하고 있을 경우, 무게가 33을 넘지 않는 선에서 포션 회복량을 최대로 가져갈 수 있는 포션의 개수를 구하시오.

무게	포션 회복량
1	10
2	50
3	100
4	200

04 다음과 같은 포션들을 소지하고 있을 경우, 무게가 20을 넘지 않는 선에서 포션 회복량을 최대로 가져갈 수 있는 포션의 개수를 구하시오.

무게	포션 회복량
1	10
2	50
3	100
4	200

05 다음과 같은 포션들을 소지하고 있을 경우, 무게가 20을 넘지 않는 선에서 포션 회복량을 최대로 가져갈 수 있는 포션의 개수를 구하시오.

무게	포션 회복량
1	10
3	50
5	100
7	200

※ 서로 다른 수가 적힌 블록이 N개가 놓여있으며 이 블록들은 서로 연결될 수 있다. 〈조건〉에 따라 이 중 한 개 이상의 연속된 블록을 선택하여 더한 값을 x라 할 때, 가장 큰 값을 구하시오. **[6~10]**

조건

• 첫번째 원소부터 별도의 배열에 수열의 값과 그전까지 합한 값 중 최댓값을 저장한다. 가장 큰 값이 최댓값이 된다.

• $i-1$의 합과 i번째의 수를 더하면 i번째까지의 합을 구할 수 있다. 단 $i-1$까지의 합이 음수라면 i값부터 다시 선택해나가면 된다. 또한 $i-1$까지의 합과 i의 값이 음수라면 해당 블록은 선택하지 않아도 된다.

예제

블록의 번호(인덱스)	적힌 숫자
0	1
1	8
2	−1
3	10

정답 18

06

블록의 번호(인덱스)	적힌 숫자
0	−3
1	33
2	13
3	1

07

블록의 번호(인덱스)	적힌 숫자
0	15
1	5
2	−2
3	1

08

블록의 번호(인덱스)	적힌 숫자
0	5
1	0
2	8
3	13

09

블록의 번호(인덱스)	적힌 숫자
0	2
1	−10
2	1
3	8

10

블록의 번호(인덱스)	적힌 숫자
0	12
1	30
2	−50
3	44

04 다이나믹 프로그래밍 고난도점검

정답 및 해설 p.060

※ 민현은 여행에 들고 갈 짐을 싸고 있다. N개의 종류의 물건들이 있고 각 물건은 무게와 가치를 가진다. 무게 총합이 5가 넘지 않도록, 중복되지 않는 물건을 선택해 짐을 싸려고 한다. 물건들의 총 가치의 합이 가지는 최솟값과 최댓값을 더한 값을 구하시오(단, 물건은 최소 1개는 반드시 챙긴다). **[1~5]**

예제

물건 번호	무게	가치
0	4	12
1	3	8
2	2	6

정답 20

01

물건 번호	무게	가치
0	2	3
1	3	4
2	1	5

02

물건 번호	무게	가치
0	2	7
1	3	5
2	4	4

03

물건 번호	무게	가치
0	4	8
1	3	5
2	2	3

04

물건 번호	무게	가치
0	3	12
1	2	6
2	1	4

05

물건 번호	무게	가치
0	4	7
1	2	6
2	1	3

※ 물건을 구매할 때, 지폐를 사용하여 금액에 맞게 지불하려고 한다. 지폐는 〈조건〉에 따라 장수 제한 없이 지불할 수 있으며, 가지고 있는 지폐의 종류를 사용하여 제시된 금액을 지불할 경우 총 지폐 개수의 최솟값을 구하시오. **[1~5]**

조건

• 지폐 종류는 2,000원, 5,000원, 10,000원, 30,000원권이 있다.
• 물건 금액에 딱 맞게 지불한다.

예제

금액 : 56,000원

정답 | 해설 ────────────────────────○

지폐의 단위가 모두 천 단위 이상이므로 1,000원 미만의 단위는 제외하고 계산한다. 네 종류의 지폐로 금액 56,000원을 구성할 때, 최소 지폐 개수를 구해야 하므로 먼저 지폐 단위와 지불해야 할 금액의 단위에서 1,000원 미만을 제외하고 간단한 숫자로 만든다. 따라서 2, 5, 10, 30을 이용하여 56을 구성할 때 최소 개수를 구하는 것과 같다.

56을 가장 큰 수인 30으로 나누면 몫은 1이고, 나머지는 26이다. 나머지 26을 30 다음으로 큰 수인 10으로 나누면 몫은 2, 나머지는 6이다. 나머지 6은 5보다 크지만 5로 나누게 되면 나머지가 1이므로 나머지를 지불할 수 있는 지폐가 없다. 따라서 나머지 6을 2로 나누면 몫이 3이 나오고 나머지는 없다. 총 사용된 지폐의 최소 개수는 1+2+3=6장이다.

풀이 방법을 정리하면 다음과 같다.

① 물건 금액을 나눌 수 있는 지폐의 최대 액수로 나눴을 때 나머지 금액을 구한다.

② 나머지 금액으로 ①을 반복하여 시행하고 나머지 금액이 없으면 멈춘다. 나머지가 있는데 더 이상 나눌 수 있는 지폐의 종류가 없다면 ③을 시행한다.

③ 바로 전 단계를 시행하기 전으로 돌아가 마지막으로 나눈 지폐의 종류보다 더 적은 액수의 지폐로 나누는 시행을 반복한다.

정답 **6장**

01

금액 : 74,000원

정답 5장

$74 \div 30 = 2 \cdots 14$

$14 \div 10 = 1 \cdots 4$

$4 \div 2 = 2$

$\therefore \ 2 + 1 + 2 = 5$장

02

금액 : 107,000원

정답 6장

$107 \div 30 = 3 \cdots 17$

$17 \div 10 = 1 \cdots 7$

$7 \div 5 = 1 \cdots 2$

$2 \div 2 = 1$

$\therefore \ 3 + 1 + 1 + 1 = 6$장

03

금액 : 547,000원

정답 20장

$547 \div 30 = 18 \cdots 7$

$7 \div 5 = 1 \cdots 2$

$2 \div 2 = 1$

$\therefore \ 18 + 1 + 1 = 20$장

04

금액 : 21,818,000원

정답 **731장**

$21,818 \div 30 = 727 \cdots 8$

$8 \div 2 = 4$

$\therefore 727 + 4 = 731$장

05

금액 : 1,219,000원

정답 **44장**

$1,219 \div 30 = 40 \cdots 19$

$19 \div 10 = 1 \cdots 9$

$9 \div 5 = 1 \cdots 4$

$4 \div 2 = 2$

$\therefore 40 + 1 + 1 + 2 = 44$장

정답 및 해설 p.062

※ 영희는 여러 도시를 여행하는 중이다. 영희는 현재 머무르고 있는 도시에서 목표로 하는 도시까지 최단 경로로 이동하려고 한다. 현재 머무르고 있는 도시와 목표로 하는 도시가 주어졌을 때, 영희가 이동할 경로의 길이를 구하시오. [1~5]

예제

시작 위치 : A, 목표 도시 : E

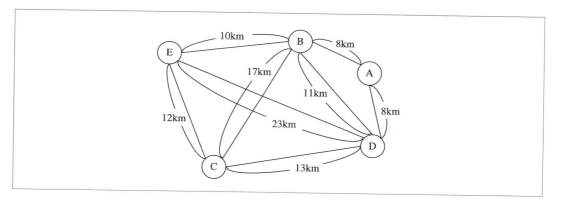

정답 18km

01 시작 위치 : A, 목표 도시 : E

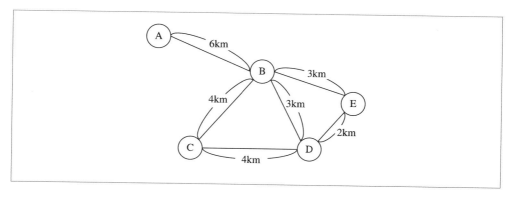

02 시작 위치 : A, 목표 도시 : E

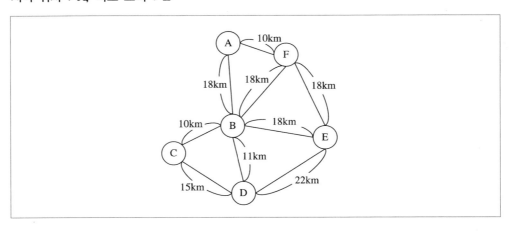

03 시작 위치 : E, 목표 도시 : G

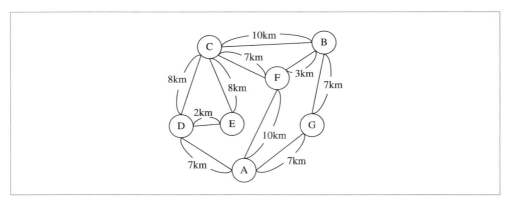

04 시작 위치 : A, 목표 도시 : E

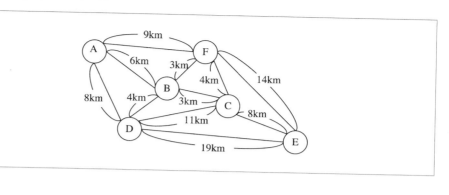

05 시작 위치 : B, 목표 도시 : D

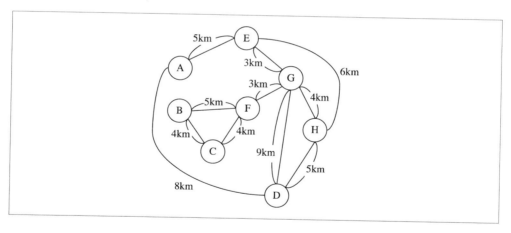

※ 재혁이가 골드를 모으는 게임을 하고 있다. 마을과 마을을 이동할 때 소모되는 비용이 다음과 같을 때, 시작 지점에서 도착 지점에 가기까지 필요한 골드의 최솟값을 구하시오(단, 한 번 지나간 길은 다시 지나갈 수 없고, 음의 구간은 골드를 얻는 구간이며, 출력값이 음인 경우는 소모되는 골드 없이 오히려 얻는 경우이다). [6~10]

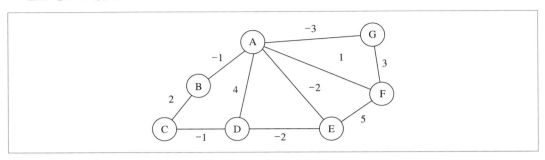

예제

출발 지점 : A
도착 지점 : C

정답 −5

06

출발 지점 : A
도착 지점 : F

07

출발 지점 : E
도착 지점 : A

08

출발 지점 : D
도착 지점 : F

09

출발 지점 : C
도착 지점 : G

10

출발 지점 : B
도착 지점 : F

※ 혜윤이는 한 편의점의 이벤트로 무게가 5가 넘지 않도록 서로 다른 종류의 과자를 담으면 할인을 받는 이벤트에 참여하려고 한다. 과자의 종류는 N개가 있고 각 과자들은 무게와 가격이 다르다. 다음과 같이 바구니에 담을 수 있는 과자 목록에서 과자를 중복되지 않게 선택할 때, 고른 과자의 최대 가격을 구하시오. [11~15]

예제

과자 번호	무게	가격(원)
1	4	600
2	3	800
3	2	1,400

정답 2,200원

11

과자 번호	무게	가격(원)
1	1	600
2	2	1,600
3	3	800

12

과자 번호	무게	가격(원)
1	2	900
2	1	1,200
3	3	1,100

13

과자 번호	무게	가격(원)
1	3	2,000
2	2	1,600
3	3	1,300

14

과자 번호	무게	가격(원)
1	3	2,400
2	2	1,800
3	1	900

15

과자 번호	무게	가격(원)
1	3	900
2	4	1,400
3	1	2,200

※ 채은이는 햄스터가 해바라기씨를 수집하는 게임을 하려고 한다. 단, 햄스터는 오른쪽과 아래로만 움직일 수 있다. 다음과 같은 맵이 있을 때, 최대한 많이 수집할 수 있는 해바라기씨의 개수를 구하시오. [16~20]

예제

출발				★	
	★		★		
			★		★
		★			★
★				★	도착

정답 5개

16

출발		★			
	★				
					★
		★			★
					도착

17

출발				★	
				★	
	★				
	★			★	도착

18

출발				★	
	★				
	★				
			★		★
					도착

19

출발					
		★			
★					
		★		★	
				★	도착

20

출발			★		
		★			
		★			
				★	★
			★		도착

05 그리디 고난도점검

정답 및 해설 p.068

※ 회의실 관리를 맡고 있는 민지는 8월 회의실 예약 신청을 받았다. 여러 회의가 동시에 예약되는 경우는 없으며, 회의가 종료되면 곧 바로 다음 회의가 진행될 수 있다. 예약 테이블이 다음과 같을 때, 최대한 많은 회의 예약을 확정할 수 있는 수를 구하시오(단, 한 번 회의가 시작되면 중간에 중단될 수는 없다). [1~5]

예제

구분	A	B	C	D	E
시작 시각	09:00	14:00	14:00	18:00	10:00
종료 시각	10:00	16:00	19:00	19:00	11:00

정답 4개

01

구분	A	B	C	D	E
시작 시각	18:00	12:00	09:00	14:00	17:00
종료 시각	19:00	14:00	11:00	16:00	18:00

02

구분	A	B	C	D	E
시작 시각	12:00	09:00	10:00	11:00	16:00
종료 시각	15:30	10:00	12:30	12:00	18:00

03

구분	A	B	C	D	E
시작 시각	14:00	09:00	10:00	11:00	16:00
종료 시각	15:00	12:00	11:00	13:00	18:00

04

구분	A	B	C	D	E
시작 시각	16:00	16:00	11:00	15:00	09:00
종료 시각	18:00	17:00	13:00	17:00	10:00

05

구분	A	B	C	D	E
시작 시각	11:00	14:00	12:00	16:00	11:00
종료 시각	12:00	18:00	15:00	17:00	15:00

※ 진화가 영어 알파벳 a ~ z 단추와 대/소문자 변환이 가능한 ○단추로 이루어진 입력기를 이용하여 문자를 입력하고자 한다. 입력기의 설정이 〈보기〉와 같을 때, 제시된 문자열을 입력하기 위해 눌러야 하는 단추의 횟수를 구하시오. [6~10]

보기
- 입력기의 초기 설정은 소문자이며, 입력을 시작할 때에는 초기 설정에서 시작한다.
- ○단추를 누르면 대문자로 변환되고 다시 ○단추를 누르면 소문자로 변환된다.
- ○단추를 다시 누를 때까지 입력하면 변환된 대/소문자 상태가 유지된다.
  [예] 'abc○defg○hijk'를 누르면 'abcDEFGhijk'가 입력된다.

예제

helloWorld

정답 12회

06

strikes

07

Asunnyday

08

cheerUP

09

MerryChristmas

10

CarpeDiem

※ 다음 문자열에서 중복을 제거하여 문자를 나열하고자 한다. 예를 들어 문자열이 'aaabb'일 때, 앞의 'aa', 뒤의 'b'를 제거할 수 있다. 제시된 문자열에서 제거해야 하는 문자 수를 구하시오. [11~15]

예제

ababab

정답 4개

11

attach

12

engagement

13

malbnyxcdwz

14

baccaccaba

15

ssqppqrspsqsprsqppsq

※ 진아가 어느 지역을 여행하려고 한다. 구간에 따른 버스 요금이 다음과 같을 때, 출발 지점에서 도착 지점까지 필요한 최소 비용을 구하시오. [16~20]

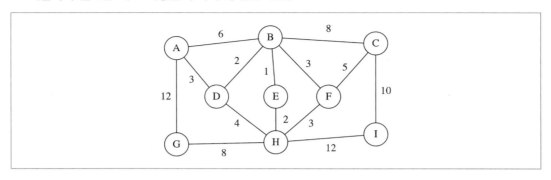

예제

출발 지점 : A
도착 지점 : B

정답 5

16

출발 지점 : A
도착 지점 : E

17

출발 지점 : A
도착 지점 : C

18

출발 지점 : H
도착 지점 : A

19

출발 지점 : I
도착 지점 : A

20

출발 지점 : G
도착 지점 : C

교육은 우리 자신의 무지를 점차 발견해 가는 과정이다.

– 윌 듀란트 –

4 일차

PART 3
최종점검 모의고사

제1회 최종점검 모의고사

제2회 최종점검 모의고사

영역	문항 수	제한시간
객관식	15문항	30분
주관식	5세트 / 25문항	40분

01 객관식

01 원영이의 회사 앞 카페에서 12시부터 1시까지 점심시간에 이용하는 손님을 대상으로 오픈 기념 이벤트를 시행한다. 0, 1, 2, 3, 4, 5, 6의 일곱 장의 카드 중 두 개의 카드를 뽑아 두 자릿수를 만들었을 때, 20 미만 혹은 60 이상의 두 자릿수가 되면 무료커피 교환권 쿠폰을 제공한다. 이때 원영이가 무료커피 교환권을 받을 확률은?

① $\dfrac{1}{6}$ ② $\dfrac{5}{6}$

③ $\dfrac{7}{12}$ ④ $\dfrac{17}{36}$

⑤ $\dfrac{1}{3}$

02 다음은 2020 ~ 2023년 소비자물가지수 지역별 동향을 나타낸 자료이다. 이에 대한 설명으로 옳지 않은 것은?

<소비자물가지수 지역별 동향>

(단위 : %p)

지역명	등락률				지역명	등락률			
	2020년	2021년	2022년	2023년		2020년	2021년	2022년	2023년
전국	2.2	1.3	1.3	0.7	충북	2.0	1.2	1.2	-0.1
서울	2.5	1.4	1.6	1.3	충남	2.4	1.2	0.5	0.2
부산	2.4	1.5	1.3	0.8	전북	2.2	1.2	1.1	0
대구	2.4	1.6	1.4	1.0	전남	2.0	1.4	1.0	0
인천	2.0	1.0	0.9	0.2	경북	2.0	1.2	1.0	0
경기	2.2	1.2	1.2	0.7	경남	1.9	1.3	1.4	0.6
강원	2.0	1.1	0.7	0	제주	1.2	1.4	1.1	0.6

① 2020년부터 부산의 등락률은 하락하고 있다.

② 2020 ~ 2023년 동안 모든 지역의 등락률이 하락했다.

③ 2020년에 등락률이 두 번째로 낮은 곳은 경남이다.

④ 2022년에 등락률이 가장 높은 곳은 서울이다.

⑤ 2023년에 등락률이 가장 낮은 곳은 충북이다.

※ 다음은 S사 직원 250명을 대상으로 조사한 자료이다. 이어지는 질문에 답하시오. **[3~4]**

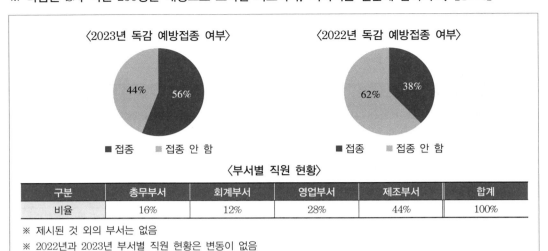

〈2023년 독감 예방접종 여부〉   〈2022년 독감 예방접종 여부〉

44% 56%   62% 38%

■ 접종 ■ 접종 안 함   ■ 접종 ■ 접종 안 함

〈부서별 직원 현황〉

구분	총무부서	회계부서	영업부서	제조부서	합계
비율	16%	12%	28%	44%	100%

※ 제시된 것 외의 부서는 없음
※ 2022년과 2023년 부서별 직원 현황은 변동이 없음

03 다음 중 자료에 대한 설명으로 옳은 것은?(단, 소수점 첫째 자리에서 버림한다)

① 2022년의 독감 예방접종자가 2023년에도 예방접종을 했다면, 2022년에는 예방접종을 하지 않았지만 2023년에 예방접종을 한 직원은 총 54명이다.

② 2022년 대비 2023년에 예방접종을 한 직원의 수는 49% 이상 증가했다.

③ 2022년의 예방접종을 하지 않은 직원들을 대상으로 2023년의 독감 예방접종 여부를 조사한 자료라고 한다면, 2022년과 2023년 모두 예방접종을 하지 않은 직원은 총 65명이다.

④ 2022년과 2023년의 독감 예방접종 여부가 총무부서에 대한 자료라고 할 때, 총무부서 직원 중 예방접종을 한 직원은 2022년 대비 2023년에 약 7명 증가했다.

⑤ 제조부서를 제외한 모든 부서 직원들이 2023년에 예방접종을 했다고 할 때, 제조부서 중 예방접종을 한 직원의 비율은 2%이다.

04 제조부서를 제외한 모든 부서 직원의 절반이 2022년 예방접종을 했다고 할 때, 다음 중 제조부서 직원 중 2022년 예방접종을 한 직원의 비율은?(단, 소수점 첫째 자리에서 버림한다)

① 18%

② 20%

③ 22%

④ 24%

⑤ 26%

05 S놀이공원의 월별 방문 고객 추이가 다음과 같다면 언제 방문 고객이 처음으로 110만 명 미만이 되는가?

〈S놀이공원 월별 방문 고객 추이〉

(단위 : 만 명)

연도 / 월	2022년 8월	2022년 9월	2022년 10월	2022년 11월	2022년 12월
방문 고객 수	900	500	300	200	150

① 2023년 2월

② 2023년 3월

③ 2023년 4월

④ 2023년 5월

⑤ 2023년 6월

※ 제시된 명제가 모두 참일 때, 다음 중 빈칸에 들어갈 명제로 가장 적절한 것을 고르시오. [6~7]

06

> • 세미나에 참여한 사람은 모두 봉사활동에 지원하였다.
> • 신입사원은 세미나에 참여하지 않았다.
> 그러므로 _____

① 신입사원은 모두 봉사활동에 지원하지 않았다.
② 신입사원은 모두 봉사활동에 지원하였다.
③ 신입사원은 봉사활동에 지원하였을 수도, 하지 않았을 수도 있다.
④ 봉사활동에 지원한 사람은 모두 세미나에 참여한 사람이다.
⑤ 세미나에 참여하지 않으면 모두 신입사원이다.

07

> • 티라노사우르스는 공룡이다.
> • 곤충을 먹으면 공룡이 아니다.
> • 곤충을 먹지 않으면 직립보행을 한다.
> 그러므로 _____

① 직립보행을 하지 않으면 공룡이다.
② 직립보행을 하면 티라노사우르스이다.
③ 곤충을 먹지 않으면 티라노사우르스이다.
④ 티라노사우르스는 직립보행을 하지 않는다.
⑤ 티라노사우르스는 직립보행을 한다.

08 운동선수인 A ~ D는 각자 하는 운동이 모두 다르다. 농구를 하는 선수는 늘 진실을 말하고, 축구를 하는 선수는 늘 거짓을 말하며, 야구와 배구를 하는 선수는 진실과 거짓을 한 개씩 말한다. 이들이 다음과 같이 진술했을 때, 선수와 운동이 일치하는 것은?

> • A : C는 농구를 하고, B는 야구를 한다.
> • B : C는 야구, D는 배구를 한다.
> • C : A는 농구, D는 배구를 한다.
> • D : B는 야구, A는 축구를 한다.

① A – 야구
③ B – 축구
⑤ D – 배구

② A – 배구
④ C – 농구

09 남학생 A ~ D와 여학생 W ~ Z 총 8명이 있다. 기말고사를 본 뒤 이 8명의 득점을 알아보았더니, 남녀 모두 1명씩 짝을 이루어 동점을 받았다. 다음 〈조건〉을 모두 만족할 때, 항상 참인 것은?

> **조건**
> • 여학생 X는 남학생 B 또는 C와 동점이다.
> • 여학생 Y는 남학생 A 또는 B와 동점이다.
> • 여학생 Z는 남학생 A 또는 C와 동점이다.
> • 남학생 B는 여학생 W 또는 Y와 동점이다.

① 남학생 D와 여학생 W는 동점이다.
② 여학생 X와 남학생 B가 동점이다.
③ 여학생 Z와 남학생 C는 동점이다.
④ 여학생 Y는 남학생 A와 동점이다.
⑤ 남학생 A와 여학생 W는 동점이다.

10 제시된 단어의 대응 관계로 볼 때, 다음 중 빈칸에 들어갈 단어로 가장 적절한 것은?

> 손발 : 하수인 = 바지저고리 : (   )

① 비협조자
③ 의류업자
⑤ 박수무당

② 무능력자
④ 불평분자

11

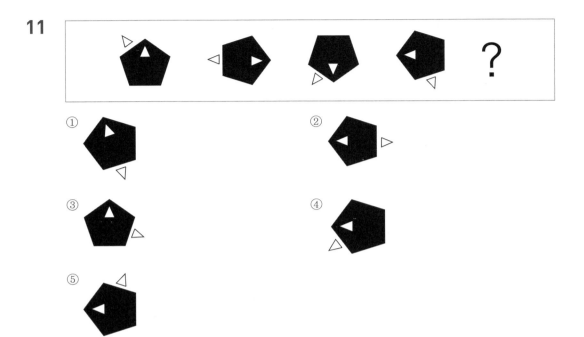

① ② ③ ④ ⑤

12

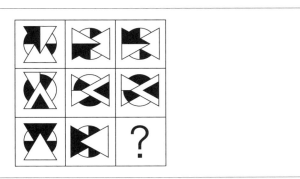

① 　　　　②

③ 　　　　④

⑤

13 다음 도식에서 기호들은 일정한 규칙에 따라 문자를 변화시킨다. 물음표에 들어갈 문자로 적절한 것은?(단, 규칙은 가로와 세로 중 한 방향으로만 적용된다)

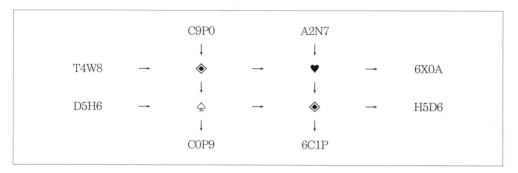

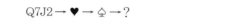

Q7J2 → ♥ → ♠ → ?

① 1L6S   ② 1M4K

③ 2T6S   ④ 2T4D

⑤ 3L5N

14   다음 제시문의 내용은 어떤 주장을 비판하는 논거로 가장 적절한가?

> '모래언덕'이나 '바람' 같은 개념은 매우 모호해 보인다. 작은 모래 무더기가 모래언덕이라고 불리려
> 면 얼마나 높이 쌓여야 하는가? 바람이 되려면 공기는 얼마나 빨리 움직여야 하는가?
> 그러나 지질학자들이 관심이 있는 대부분의 문제 상황에서 이런 개념들은 아무 문제 없이 작동한다.
> 더 높은 수준의 세분화가 요구될 만한 맥락에서는 그때마다 '30m에서 40m 사이의 높이를 가진 모
> 래언덕'이나 '시속 20km와 시속 40km 사이의 바람'처럼 수식어구가 달린 표현이 과학적 용어의
> 객관적인 사용을 뒷받침한다.
> 물리학 같은 정밀과학에서도 사정은 비슷하다. 물리학의 한 연구 분야인 저온물리학은 저온현상,
> 즉 초전도 현상을 비롯하여 절대온도 0도인 −273.16℃ 부근의 저온에서 나타나는 흥미로운 현상
> 들을 연구한다. 그렇다면 정확히 몇 도부터 저온인가? 물리학자들은 이 문제를 놓고 다투지 않는다.
> 때로는 이 말이 헬륨의 끓는점(−268.6℃) 같은 극저온 근방을 가리키는가 하면, 질소의 끓는점(−
> 195.8℃)이 기준이 되기도 한다.
> 과학자들은 모호한 것을 싫어한다. 모호성은 과학의 정밀성을 훼손할 뿐만 아니라 궁극적으로 과학
> 의 객관성을 약화하기 때문이다. 그러나 모호성에 대응하는 길은 모든 측정의 오차를 0으로 만드는
> 데 있는 것이 아니라 대화를 통해 그 상황에 적절한 합의를 하는 데 있다.

① 과학의 정확성은 측정기술의 정확성에 달려 있다.
② 물리학 같은 정밀과학에서도 오차는 발생하기 마련이다.
③ 과학의 발달은 과학적 용어체계의 변화를 유발할 수 있다.
④ 과학적 언어의 객관성은 용어의 엄밀하고 보편적인 정의에 의해서만 보장된다.
⑤ 과학적 언어의 객관성은 그 언어가 사용되는 맥락 속에서 확보된다.

15 다음 제시문을 읽고 추론한 내용으로 적절하지 않은 것은?

언어는 배우는 아이들이 있어야 지속된다. 그러므로 성인들만 사용하는 언어가 있다면 그 언어의 운명은 어느 정도 정해진 셈이다. 언어학자들은 이런 방식으로 추리하여 인류 역사에 드리워진 비극에 대해 경고한다. 한 언어학자는 현존하는 북미 인디언 언어의 약 80%인 150개 정도가 빈사 상태에 있다고 추정한다. 알래스카와 시베리아 북부에서는 기존 언어의 90%인 40개 언어, 중앙아메리카와 남아메리카에서는 23%인 160개 언어, 오스트레일리아에서는 90%인 225개 언어, 그리고 전 세계적으로는 기존 언어의 50%인 3,000개의 언어들이 소멸해 가고 있다고 한다. 이 중 사용자 수가 10만 명을 넘는 약 600개의 언어들은 비교적 안전한 상태에 있지만, 그 밖의 언어는 21세기가 끝나기 전에 소멸할지도 모른다.

언어가 이처럼 대규모로 소멸하는 원인은 중첩적이다. 토착 언어 사용자들의 거주지가 파괴되고, 종족 말살과 동화(同化)교육이 이루어지며, 사용 인구가 급격히 감소하는 것 외에 '문화적 신경가스'라고 불리는 전자 매체가 확산되는 것도 그 원인이 된다. 물론 우리는 소멸을 강요하는 사회적, 정치적 움직임들을 중단시키는 한편, 토착어로 된 교육 자료나 문학작품, 텔레비전 프로그램 등을 개발함으로써 언어 소멸을 어느 정도 막을 수 있다. 나아가 소멸 위기에 처한 언어라도 20세기의 히브리어처럼 지속적으로 공식어로 사용할 의지만 있다면 그 언어를 부활시킬 수도 있다.

합리적으로 보자면, 우리가 지구상의 모든 동물이나 식물종들을 보존할 수 없는 것처럼 모든 언어를 보존할 수는 없으며, 어쩌면 그래서는 안 되는지도 모른다. 가령, 어떤 언어 공동체가 경제적 발전을 보장해 주는 주류 언어로 돌아설 것을 선택할 때, 그 어떤 외부 집단이 이들에게 토착 언어를 유지하도록 강요할 수 있겠는가? 또한, 한 공동체 내에서 이질적인 언어가 사용되면 사람들 사이에 심각한 분열을 초래할 수도 있다. 그러나 이러한 문제가 있더라도 전 세계 언어의 50% 이상이 빈사 상태에 있다면 이를 보고만 있을 수는 없다.

① 현재 소멸해 가고 있는 전 세계 언어 중 약 2,400여 개의 언어들은 사용자 수가 10만 명 이하이다.
② 소멸 위기에 있는 언어라도 사용자들의 의지에 따라 유지될 수 있다.
③ 소멸 위기 언어 사용자가 처한 현실적인 문제는 언어의 다양성을 보존하기 어렵게 만들 수 있다.
④ 언어 소멸은 지구상의 동물이나 식물종 수의 감소와 같이 자연스럽고 필연적인 현상이다.
⑤ 타의적·물리적 압력에 의해서만 언어 소멸이 이루어지는 것은 아니다.

※ 한 게임에서 서로 다른 수집품을 담는 가방의 무게가 제한 무게를 넘지 않도록 저장하고 있다. 수집품의 종류는 N개가 있고 각 수집품들은 무게와 가격이 다르다. 가방에 담은 수집품의 무게의 총합이 5kg가 넘지 않도록 중복되지 않게 서로 다른 수집품들을 저장하려할 때, 가방에 담을 수 있는 수집품들의 가격의 최댓값을 구하시오. [1~5]

예제

수집품 번호	무게(kg)	가격(원)
1	2	100
2	1	500
3	4	200

정답 700원

01

수집품 번호	무게(kg)	가격(원)
1	1	200
2	2	400
3	3	600

02

수집품 번호	무게(kg)	가격(원)
1	2	100
2	1	400
3	3	600

03

수집품 번호	무게(kg)	가격(원)
1	3	800
2	2	1,000
3	3	200

04

수집품 번호	무게(kg)	가격(원)
1	3	100
2	2	700
3	1	500

05

수집품 번호	무게(kg)	가격(원)
1	3	500
2	4	700
3	1	1,000

※ 미나는 다음과 같은 여행지에서 코스를 짜려고 한다. 코스별로 걸리는 시간이 적혀 있다. 주어진 출발 지점에서 도착 지점까지 걸리는 시간이 최소일 때 그 시간을 구하시오. [6~10]

예제

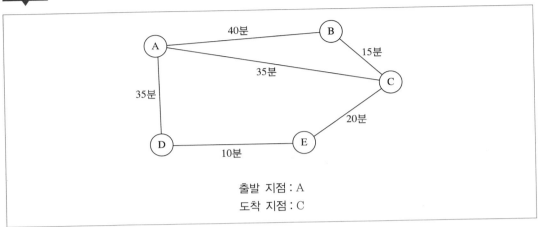

출발 지점 : A
도착 지점 : C

정답 35분

06

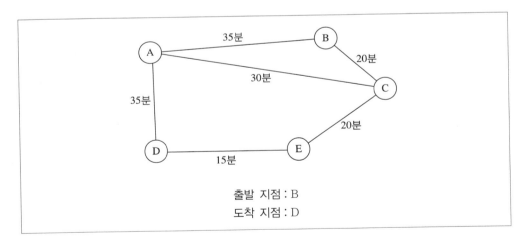

출발 지점 : B
도착 지점 : D

07

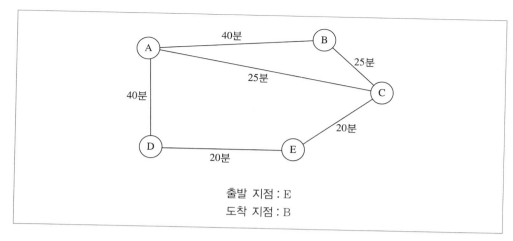

출발 지점 : E
도착 지점 : B

08

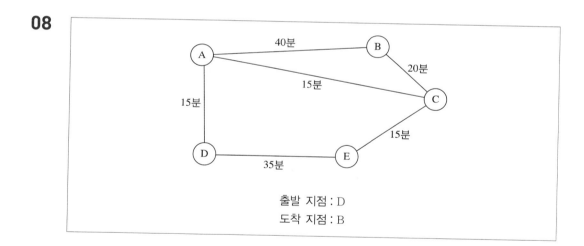

출발 지점 : D
도착 지점 : B

09

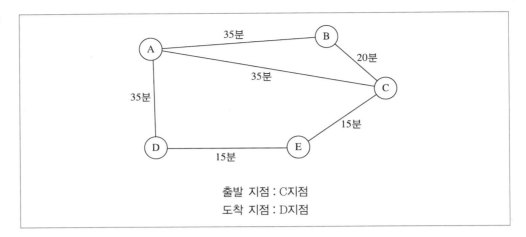

출발 지점 : C지점
도착 지점 : D지점

10

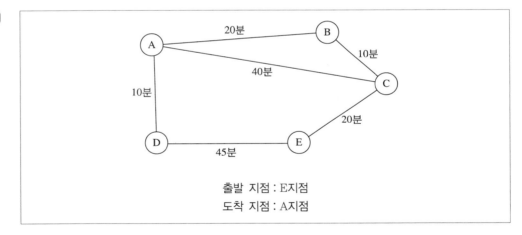

출발 지점 : E지점
도착 지점 : A지점

※ 주말 하루 동안 진행되는 강좌들의 수강표를 보고, 하루 안에 최대한 많은 강좌를 수강하려고 한다. 4개의 강좌가 있을 때, 각 강좌에는 시작 시각 및 종료 시각이 있다. 한 강좌를 듣고 있는 동안에 다른 활동을 동시 진행할 수 없다(단, 시작 시각과 종료 시각이 겹칠 수는 있다). 최대한 많이 강좌를 신청할 때 신청할 수 있는 강좌의 수를 구하시오. [11~15]

예제

강좌 이름	A	B	C	D
시작 시각	PM 03 : 00	PM 05 : 00	PM 02 : 00	PM 01 : 00
종료 시각	PM 04 : 00	PM 06 : 00	PM 03 : 00	PM 06 : 00

정답 3개

11

강좌 이름	A	B	C	D
시작 시각	PM 01 : 00	PM 04 : 00	PM 02 : 00	PM 05 : 00
종료 시각	PM 03 : 00	PM 05 : 00	PM 03 : 00	PM 06 : 00

12

강좌 이름	A	B	C	D
시작 시각	PM 02 : 00	PM 01 : 00	PM 03 : 00	PM 03 : 00
종료 시각	PM 04 : 00	PM 02 : 00	PM 04 : 00	PM 05 : 00

13

강좌 이름	A	B	C	D
시작 시각	PM 01 : 00	PM 03 : 00	PM 02 : 00	PM 05 : 00
종료 시각	PM 06 : 00	PM 05 : 00	PM 04 : 00	PM 06 : 00

14

강좌 이름	A	B	C	D
시작 시각	PM 01 : 00	PM 02 : 00	PM 03 : 00	PM 05 : 00
종료 시각	PM 04 : 00	PM 04 : 00	PM 05 : 00	PM 06 : 00

15

강좌 이름	A	B	C	D
시작 시각	PM 01 : 00	PM 03 : 00	PM 04 : 00	PM 01 : 00
종료 시각	PM 07 : 00	PM 04 : 00	PM 06 : 00	PM 02 : 00

※ 영단어가 불규칙적으로 나열되어 있다. 오름차순으로 정렬 후 오른쪽 / 왼쪽에서 N번째에 해당하는 영단어를 찾으시오. [16~20]

예제

	왼쪽에서 3번째에 있는 단어			
bus	apple	car	dad	puzzle

정답 car

16

	왼쪽에서 3번째에 있는 단어					
zero	dog	mood	seal	candy	crow	seed

17

오른쪽에서 2번째에 있는 단어						
hobby	love	real	test	good	cacao	haste

18

오른쪽에서 4번째에 있는 단어						
bear	sad	kid	cat	picture	fog	kite	desk

19

왼쪽에서 4번째에 있는 단어							
eat	top	cute	process	deal	decade	cup	fast

20

왼쪽에서 2번째에 해당하는 단어								
you	tool	pure	verb	korea	new	net	purple	yacht

※ 준석이는 바구니에 과일을 담고 있다. N개의 과일이 있고 각 과일은 무게와 가치를 가진다. 무게 총합이 5를 넘지 않도록, 중복되지 않는 과일을 골라 바구니에 담고자 한다. 바구니에 담은 과일의 가치의 합이 최대가 되는 값을 구하시오(단, 과일은 적어도 1개는 담는다). **[21~25]**

예제

과일 번호	무게	가치
1	2	10
2	1	20
3	3	30

정답 50

21

과일 번호	무게	가치
1	3	20
2	2	15
3	3	10

22

과일 번호	무게	가치
1	2	15
2	2	40
3	3	20

23

과일 번호	무게	가치
1	3	20
2	1	30
3	3	40

24

과일 번호	무게	가치
1	2	5
2	2	15
3	1	30

25

과일 번호	무게	가치
1	2	50
2	4	70
3	1	120

정답 및 해설 p.083

제2회 최종점검 모의고사

01 객관식

01 S사 구내식당에는 국류 5가지, 나물류 4가지, 볶음류 3가지의 메뉴가 있다. 국류, 나물류, 볶음류 중에서 서로 다른 메뉴를 두 개 선택하여 각각 하나씩 고르는 경우의 수는?

① 39가지   ② 41가지

③ 43가지   ④ 45가지

⑤ 47가지

02 S씨는 4명의 친구에게 택배를 보내려고 한다. 택배비는 소포 무게 3kg까지 4,000원이며, 초과분부터는 1kg당 300원이고, 소포 3개 이상을 보내면 택배비 10%를 할인해준다고 한다. S씨가 친구들에게 5kg인 소포를 하나씩 보낸다고 할 때, 택배비는 모두 얼마인가?

① 16,000원   ② 16,560원

③ 18,450원   ④ 19,000원

⑤ 19,860원

03 다음은 2021 ~ 2023년 주요 지역별 기온을 나타낸 자료이다. 이에 대한 설명으로 옳지 않은 것은?

〈2021 ~ 2023년 주요 지역별 기온〉

(단위 : ℃)

구분	2021년			2022년			2023년		
	최고기온	최저기온	평균기온	최고기온	최저기온	평균기온	최고기온	최저기온	평균기온
서울	28.5	−2.8	13.8	30.1	−0.5	14.2	31.4	0.9	14.8
경기	29.2	−5.2	13.5	31.4	−1.2	13.9	31.9	−0.3	14.1
인천	28.9	−3.4	14.1	30.5	−0.9	14.2	31.5	0.5	15.2
부산	33.5	3.3	16.6	34.1	3.5	17.1	34.8	4.2	17.5
대구	31.8	2.1	16.2	33.2	2.4	16.8	35.2	2.9	17.9
광주	30.2	2.2	16.5	30.6	2.1	16.9	30.8	2.7	17.2
대전	27.9	−1.1	14.4	28.2	0.2	15.1	28.8	0.9	15.4
울산	29.3	1.2	15.5	29.5	1.4	15.9	30.4	2.1	16.1
제주	28.8	5.8	18.2	29.9	6.2	18.8	31.1	6.9	19.2

※ 수도권 : 서울, 경기, 인천

① 2021년부터 2023년까지 수도권의 최고기온은 '경기-인천-서울' 순으로 높고, 최저기온은 역순으로 높다.

② 2021 ~ 2023년에 영하기온이 있는 지역의 수는 매년 감소하고 있다.

③ 2021 ~ 2023년에 대구의 최고기온이 부산의 최고기온보다 높아진 해는 2023년이다.

④ 2022년과 2023년의 모든 지역에서 최고기온과 최저기온은 전년 대비 증가했다.

⑤ 2022년 대비 2023년 평균기온이 1℃ 이상 증가한 지역은 두 곳이다.

04 다음은 지역별 초·중·고등학교 현황에 대한 자료이다. 이에 대한 그래프로 옳지 않은 것은?(단, 모든 그래프의 단위는 '개'이다)

〈지역별 초·중·고등학교 현황〉

(단위 : 개)

구분	초등학교	중학교	고등학교
서울	680	660	590
인천	880	820	850
경기	580	520	490
강원	220	180	190
대전	180	150	140
충청	320	290	250
경상	380	250	280
전라	420	390	350
광주	190	130	120
대구	210	160	140
울산	150	120	110
부산	260	220	230
제주	110	100	100
합계	4,580	3,990	3,840

※ 수도권은 서울, 인천, 경기 지역임

① 수도권 지역 초·중·고등학교 수

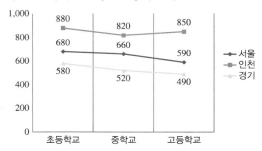

② 광주, 울산, 제주 지역별 초·중·고등학교 수

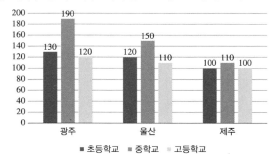

③ 수도권 외 지역 초·중·고등학교 수

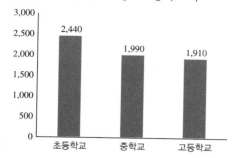

④ 국내 초·중·고등학교 수

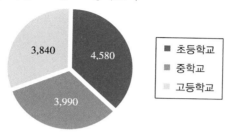

⑤ 인천 지역의 초·중·고등학교 수

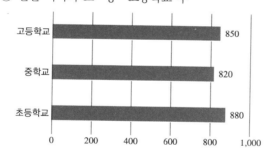

05 S수목원의 꽃의 수가 다음과 같은 규칙을 보일 때, 2023년 10월에 예측되는 꽃의 수는?

〈S수목원 꽃의 수 변화〉

(단위 : 송이)

연/월	2022년 12월	2023년 1월	2023년 2월	2023년 3월	2023년 4월	2023년 5월
꽃의 수	20	30	50	80	130	210

① 1,980송이
② 2,160송이
③ 2,330송이
④ 3,020송이
⑤ 3,770송이

06 제시된 명제가 모두 참일 때, 다음 중 빈칸에 들어갈 명제로 가장 적절한 것은?

• 문제를 빠르게 푸는 사람은 집중력이 좋다.
• 침착하지 않은 사람은 집중력이 좋지 않다.
• _____

① 집중력이 좋으면 문제를 빠르게 푸는 사람이다.
② 집중력이 좋으면 침착한 사람이다.
③ 집중력이 좋지 않으면 문제를 빠르게 푸는 사람이 아니다.
④ 문제를 빠르게 푸는 사람은 침착한 사람이다.
⑤ 침착한 사람은 집중력이 좋은 사람이다.

07 제시된 명제가 모두 참일 때, 다음 중 항상 참인 것은?

• 인디 음악을 좋아하는 사람은 독립영화를 좋아한다.
• 클래식을 좋아하는 사람은 재즈 밴드를 좋아한다.
• 독립영화를 좋아하지 않는 사람은 재즈 밴드를 좋아하지 않는다.

① 인디음악을 좋아하지 않는 사람은 재즈 밴드를 좋아한다.
② 독립영화를 좋아하는 사람은 재즈 밴드를 좋아하지 않는다.
③ 재즈 밴드를 좋아하는 사람은 인디 음악을 좋아하지 않는다.
④ 클래식을 좋아하는 사람은 독립영화를 좋아한다.
⑤ 클래식을 좋아하는 사람은 인디 음악을 좋아하지 않는다.

08 한 회사에서 건물의 엘리베이터 여섯 대(1 ~ 6호기)를 6시간에 걸쳐 점검하고자 한다. 〈조건〉에 근거하여 한 시간에 한 대씩만 검사한다고 할 때, 다음 중 항상 참인 것은?

> **조건**
> • 제일 먼저 검사하는 것은 5호기이다.
> • 가장 마지막에 검사하는 것은 6호기가 아니다.
> • 2호기는 6호기보다 먼저 검사한다.
> • 3호기는 두 번째로 먼저 검사하며, 그 다음으로 검사하는 것은 1호기이다.

① 6호기는 4호기보다 늦게 검사한다.
② 마지막으로 검사하는 엘리베이터는 4호기는 아니다.
③ 4호기 다음으로 검사할 것은 2호기이다.
④ 2호기는 세 번째로 먼저 검사한다.
⑤ 6호기는 1호기 다음다음에 검사하며, 5번째로 검사하게 된다.

09 고등학생 S는 총 7과목(ㄱ ~ ㅅ)을 〈조건〉에 따라 한 과목씩 순서대로 중간고사 시험공부를 하려고 한다. S가 세 번째로 공부하려는 과목이 ㄱ일 때, 네 번째로 공부하는 과목은?

> **조건**
> • 7개의 과목 중에서 ㄷ은 공부하지 않아도 된다.
> • ㅅ은 ㄴ보다 나중에 공부한다.
> • ㄴ은 ㅂ보다 먼저 공부한다.
> • ㄹ은 ㅁ보다 나중에 공부한다.
> • ㄴ은 ㄱ과 ㄹ보다 나중에 공부한다.

① ㄴ   ② ㄹ
③ ㅁ   ④ ㅂ
⑤ ㅅ

10 다음 제시된 두 단어의 관계와 다른 것은?

> 할아버지 : 할머니

① 장끼 : 까투리   ② 총각 : 처녀
③ 아버지 : 아들   ④ 남편 : 아내
⑤ 수탉 : 암탉

※ 다음 제시된 도형의 규칙을 보고 물음표에 들어갈 도형으로 알맞은 것을 고르시오. [11~12]

11

①

②

③

④

⑤

12

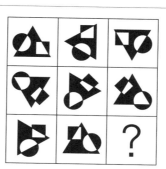

①

②

③

④

⑤

13 다음 도식에서 기호들은 일정한 규칙에 따라 문자를 변화시킨다. 물음표에 들어갈 문자로 알맞은 것은?(단, 규칙은 가로와 세로 중 한 방향으로만 적용된다)

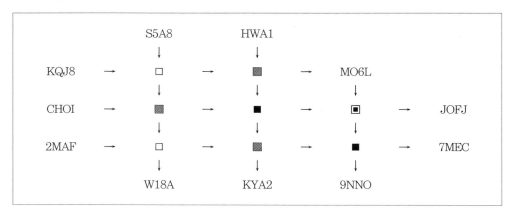

OK15 → ■ → □ → ?

① 52RM
② RM52
③ 43TK
④ TK43
⑤ 42RK

14 다음 제시문을 통해 추론할 수 있는 내용으로 가장 적절한 것은?

인간은 미래에 대해, 특히 자신과 관련된 미래에 대해서는 긍정적인 방향으로 생각하는 경향이 있는데, 이를 'Optimism Bias', 혹은 긍정편향, 낙관주의 편견이라고 한다. 이러한 사실은 신경과학과 사회과학 분야의 학자들이 인간의 뇌와 행동패턴 연구를 통해 증명한 과학적 사실이다. 평균적으로, 사람들은 실제의 결말보다 더 낫게 미래를 그리는 경우가 많다고 한다. 사람들은 자신이 이혼을 하거나 실직을 하고, 암에 걸리는 등의 확률은 매우 낮게 예측하는 반면, 자신의 수명이나 동료에 비해 성공할 확률은 매우 높게 예측하는 경향이 있다. 심지어 인간은 국가 전체의 방향이나 대통령의 자질 등 전체적인 미래에 대해서는 비관적인 시각을 가질 수 있지만, 개인의 미래에 대해서는 낙관적 태도를 유지한다.

① 긍정편향은 자신을 포함한 인간 전체의 미래에 긍정적으로 생각한다.
② 긍정편향은 육체적으로는 부정적인 결말을 예상하는 편이다.
③ 긍정편향은 자신의 미래를 타인의 미래보다 긍정적으로 바라본다.
④ 부정적인 일을 겪게 되면 긍정편향은 사라질 것이다.
⑤ 긍정편향에 따른 결말은 항상 실제 결말보다 부정적일 것이다.

15 다음 제시문과 〈보기〉를 읽은 독자의 반응으로 적절하지 않은 것은?

조선 전기에 물가 조절 정책을 시행하는 기관으로 상평창이 있었다. 상평창은 곡식의 가격이 하락하면 시가보다 비싸게 쌀을 구입하였다가 곡식의 가격이 상승하면 시가보다 싸게 방출하여 백성의 생활을 안정시키려고 설치한 물가 조절 기관이다. 이 기관에서 실시한 정책은 크게 채매(採買) 정책과 창저(倉儲) 정책으로 나눌 수 있다.

채매란 국가가 물가 조절에 필요한 상품을 시장으로부터 사들이는 것을 말한다. 이때에는 주로 당시에 실질적인 화폐의 역할을 하던 면포로 상품을 구입하였다. 연산군 8년, 지주제의 발전과 상품 경제의 발달에 따라 토지를 잃은 농민들이 일자리를 찾아 서울로 몰려들어 상공업 종사자의 수가 급격히 늘어나게 되어 서울의 쌀값이 지방에 비해 2배가 올랐다. 이에 따라 조정에서는 쌀값이 비교적 싼 전라도로부터 면포를 주고 쌀을 구입하여, 서울에 쌀을 풀어 쌀값을 낮추는 채매 정책을 실시하였다. 이는 면포를 기준으로 하여 쌀값이 싼 지방에서 쌀을 긴급하게 구입하여 들이는 조치로, 공간적 가격차를 이용한 것이다.

창저란 쌀을 상평창에 저장하는 것을 말한다. 세종 27년에는 풍년이 들어 면포 1필의 값이 쌀 15두였으나, 성종 1년에는 흉년이 들어 면포 1필의 값이 쌀 4~5두가 되어 쌀값이 비싸졌다. 이에 조정에서는 세종 27년에 싼 값에 쌀을 구매하여 창고에 보관하였다가 성종 1년에 시장의 가격보다 싸게 팔아 높아진 쌀의 값을 낮추는 창저 정책을 실시하였다. 또한 수해 등 자연 재해를 대비하여 평소에 지역 내의 쌀을 수매·저장해두는 것도 여기에 해당되며 시간적 가격차를 이용한 것이다.

채매와 창저는 농사의 풍·흉년에 따라 당시 화폐의 역할을 하였던 면포를 거두어들이거나 유통하여 쌀값을 안정시키고자 하는 상평창의 기능을 잘 보여주고 있다.

보기

정부는 국내 물가의 상승과 이로 인한 자국의 화폐가치 급락을 우려하고 있다. 이에 정부는 외국의 값싼 생필품을 수입하고, 저장해 놓았던 곡물을 싼 값에 유통시켜 물가 상승을 억제하는 정책을 펴고 있다. 또한 중앙은행을 통해 기준 금리를 높여 시중에 풀린 자본을 흡수하여 궁극적으로 물가 안정을 도모하고 있다.

① 상평창은 〈보기〉의 '중앙은행'과 유사한 역할을 하는군.
② 풍년으로 인한 쌀값 하락은 〈보기〉의 화폐가치의 급락으로 볼 수 있군.
③ 채매(採買) 정책은 〈보기〉에서 정부가 생필품을 수입하는 것에 해당하는군.
④ 창저(倉儲) 정책은 〈보기〉에서 기준 금리를 높이는 것과 그 목적이 비슷하군.
⑤ 〈보기〉에서 저장해 둔 곡물을 유통시키는 것은 시간적 가격차를 이용한 것이군.

※ 어떤 호수에서 낚시대회를 열었다. 다음 삽입 정렬에 대한 설명을 읽고 참가자들이 제출한 물고기의 길이를 삽입 정렬에 따라 정렬할 때, 내림차순으로 정렬하는 데 필요한 데이터의 이동 횟수를 구하시오. [1~5]

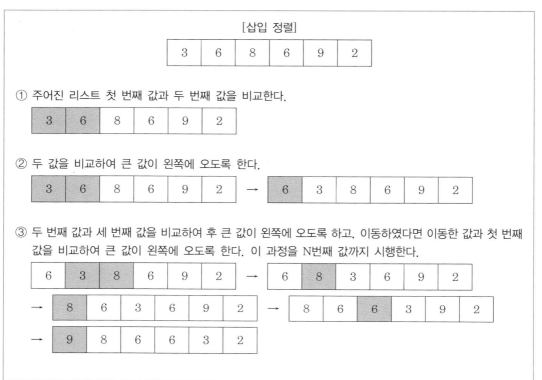

[삽입 정렬]

| 3 | 6 | 8 | 6 | 9 | 2 |

① 주어진 리스트 첫 번째 값과 두 번째 값을 비교한다.

② 두 값을 비교하여 큰 값이 왼쪽에 오도록 한다.

③ 두 번째 값과 세 번째 값을 비교하여 후 큰 값이 왼쪽에 오도록 하고, 이동하였다면 이동한 값과 첫 번째 값을 비교하여 큰 값이 왼쪽에 오도록 한다. 이 과정을 N번째 값까지 시행한다.

예제

| 22 | 25 | 32 | 35 | 27 | 29 |

정답 5회

01

| 18 | 16 | 22 | 19 | 10 | 17 |

02

7	10	15	11	5	18

03

33	27	26	28	22	25

04

35	42	38	40	31	39	37

05

11	14	18	15	10	13	16	19

※ 한 어부가 수조에 물고기를 담고 있다. N마리의 물고기가 있고 각 물고기는 무게와 가치를 가진다. 무게 총합이 7을 넘지 않도록, 중복되지 않는 물고기를 골라 수조에 담고자 한다. 수조에 담은 물고기의 가치의 합이 최대가 되는 값을 구하시오. [6~10]

예제

물고기 번호	무게	가치
1	2	5
2	3	25
3	5	40

정답 45

06

물고기 번호	무게	가치
1	1	10
2	2	15
3	3	20

07

물고기 번호	무게	가치
1	2	10
2	1	25
3	3	15

08

물고기 번호	무게	가치
1	3	20
2	4	30
3	2	40

09

물고기 번호	무게	가치
1	4	12
2	3	15
3	5	30

10

물고기 번호	무게	가치
1	1	35
2	3	20
3	7	16

※ 다음과 같은 숫자 달팽이가 있다. N만큼의 크기를 갖는데 시계 반대 방향으로 1씩 커진다. 다음과 같은 N값이 주어졌을 때, 마지막으로 수가 끝나는 칸이 상, 하, 좌, 우 중에서 어디인지 출력하시오(단, 직사각형 모양이 나온다면 0을 출력하고, 달팽이는 1에서부터 위쪽 방향으로 움직인다). **[11~15]**

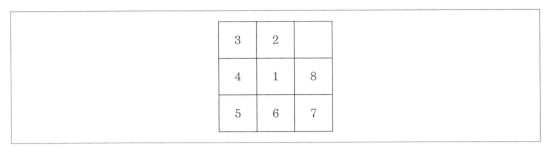

예제

	10	

정답 상

11

	19	

12

36

13

49

14

76

15

92

※ 어느 기차가 Xm의 터널을 통과하고 있다. 1량 당 Ym만큼의 길이를 가지며, N량의 규모를 가지고 있다. 기차가 일정한 속도로 가고 있을 때, 터널을 완전히 빠져나오기까지 몇 초가 걸리는지 구하시오 (단, 기차의 각 량을 연결하는 부위의 길이는 무시하며, 소수점 첫째 자리에서 반올림한다). **[16~20]**

예제

터널 1,000m, 총 1량, 1량 당 길이 10m, 10m/s

정답 101초

16

터널 1,200m, 총 2량, 1량 당 길이 15m, 10m/s

17

터널 800m, 총 3량, 1량 당 길이 20m, 12m/s

18

터널 7,700m, 총 5량, 1량 당 길이 16m, 17m/s

19

터널 15,500m, 총 8량, 1량 당 길이 23m, 44m/s

20

터널 42,300m, 총 17량, 1량 당 길이 27m, 74m/s

※ 크기가 A인 새 1마리와 크기가 다양한 지렁이 여러 마리가 있다. 새는 자신의 크기보다 큰 지렁이는 먹을 수 없으며, 하루에 자신이 먹을 수 있는 가장 큰 지렁이를 한 마리씩 먹는다고 한다. 지렁이를 먹으면 먹은 지렁이의 크기만큼 새의 크기가 증가한다. 한편, 지렁이는 하루가 지나면 크기가 N만큼 증가한다고 한다. 지렁이를 먹은 다음날에 크기가 증가한 새는 크기가 증가한 새로운 지렁이를 먹는다. 0일부터 새가 지렁이를 더 이상 먹을 수 없을 때까지 최대한 많은 지렁이를 먹었을 때, 새의 크기를 구하시오. **[21~25]**

예제

A : 10
지렁이 : 40 12 30 6 25
N : 2

정답 143

21

A : 5
지렁이 : 2 4 2 6 2 8
N : 3

22

```
                    A : 7
    지렁이 : 2  4  6  8  10  80
                    N : 5
```

23

```
                    A : 6
    지렁이 : 5  10  20  40  20  10  5  1
                    N : 1
```

24

> A : 2
> 지렁이 : 1 2 2 3 3 3
> N : 10

25

> A : 15
> 지렁이 : 66 80 27 8 12 40
> N : 9

우리가 해야할 일은 끊임없이 호기심을 갖고
새로운 생각을 시험해 보고 새로운 인상을 받는 것이다.

– 월터 페이터 –

5 일차

PART 4 에세이

CHAPTER

01 작성 방법

01 에세이란 무엇인가?

1. 기업의 채용에 있어 지원자에게 작성하라는 에세이란?

10년 전만 해도 외국계 컨설팅 회사에서만 사용하는 독특한 채용방식이었던 에세이가 한국의 채용시장에 신입사원 채용전형 요소로 들어오기 시작하면서, 대기업을 중심으로 '경험과 경력을 기술할 수 있는 에세이'로 자기소개서를 제출하는 방식이 탈스펙 채용과 함께 확산되고 있다. SSAFY에서도 에세이는 지원자가 SW를 알고 있는지를 확인하는 것이 아니라 SW에 얼마나 관심이 있는지 확인하는 일련의 과정이다.

지원할 때 제출 또는 입력하는 서류전형 요소는 이력사항과 자기소개서가 있다. 이력사항의 경우, 정부의 개인정보보호 법률에 따라 과거에 기록했던 주민등록번호, 신체사항 그리고 재산여부를 묻는 항목들은 사라지고 있으며, 경력사항이나 자격, 교육수료사항을 더 자세하게 적는 방향으로 바뀌고 있다. 자기소개서도 성장과정, 성격의 장단점, 사회경험, 지원동기 등의 정형화된 항목에서 벗어나, 에세이 형식의 '학업 이외에 관심과 열정을 가지고 했던 다양한 경험 중 가장 기억에 남는 것을 구체적으로 기술해 주세요.'와 같이 지원자의 변화되어 온 과정과 함께 지금 가지고 있는 생각을 글로써 알아보기 위한 구체적인 항목으로 대체되고 있다.

스토리텔링과 에세이 작성은 자신의 생각이나 의도를 상대방에게 알린다는 공통점이 있지만, 스토리텔링으로만 자기소개서를 구성하다 보면 다른 사람의 스토리에 나의 소재만 이식하여 스토리형식을 베끼는 형태로 글을 작성하는 경우가 많다. 이와 달리, 에세이는 자신의 논리력과 설득력을 잘 드러내기 위해서 상대적으로 자신이 스펙 중에 열위에 있다고 판단되는 부분에서부터 우위에 있다고 판단되는 것까지 모두 생각해서 적어야 한다. 즉, 글을 읽는 사람이 어느 정도의 개요를 한눈에 볼 수 있을 정도로 구성력이 있으면서 완성된 글의 형태로 작성해야 하기 때문에 단순한 스토리텔링의 글과는 다른 부분이 존재한다. 에세이의 경우, 면접관으로 들어오는 회사의 관계자들이 모두 읽어보거나 지참해서 가지고 오기 때문에 면접을 편안하게 보기 위해서는 반드시 시간과 노력을 투자하여 작성하는 것이 좋다.

2. 그렇다면 왜 기업들은 에세이 작성을 요구하게 된 것일까?

기업의 인사담당자를 만나면 가장 많이 하는 이야기 중 하나가 바로 신입사원들의 조기퇴사이다. 실제로 한 대기업의 신입 채용을 담당하는 과장은 신입사원 연수 수료에 대한 임원보고에서, 많은 비용을 들여서 선발을 하고 교육을 함에도 불구하고 왜 퇴사자가 있는지 다시 보고하라며 문책을 당했던 이야기를 털어 놓았다. 기업에서 채용기준이 변화하고 있는 이유는 바로 어렵게 선발한 직원들의 조기퇴사에서 비롯되었다고 할 수 있다. 직무내용과 인간관계 문제가 대졸 신입사원의 조기퇴사의 주된 원인으로 지목되며 과거 범용적 인재를 선발하던 기준을 바꾸었다. 즉, 학창 시절의 경험 기술을 통하여 대학 시절부터 직무에 관심을 가지고 쌓아온 노력과 원만한 대인관계, 조직 내에서 수행할 수 있는 역할 등을 알아보고자 하며 전문적인 지식과 인성에 바탕을 둔 통섭형 인재를 선발하는 방향으로 점차 변화하게 된 것이다. 삼성경제연구소에서도 신세대의 특성과 조직관리방안이라는 연구보고서를 통해 국내에서도 신세대 직장인을 올바르게 이해하고 이들의 강점을 기업의 경쟁력으로 연결시키기 위한 조직관리 방안을 심도 있게 연구해야 한다고 밝히고 있다. 한국직업능력개발원을 비롯한 국책연구기관들 그리고 언론사들의 특집기사에서 신입사원들이 1년도 되지 않아 퇴사하는 이유와 원인에 대해 집중적으로 보도하는 사례 등을 통하여 이제는 기업과 사회에서 신입사원과 저경력 사원들에 대해 관심을 가지고 연구를 하고 있다는 것을 알 수가 있다.

이러한 내용들을 종합해 보면 바늘구멍을 뚫고 입사한 신입사원들이 떠나는 주된 이유를 '직무적응 실패'와 '대기업에 맞춰져 있는 신입사원의 눈높이'를 꼽고 있다. 그렇기 때문에, 기업에서는 입사하고자 하는 구직자가 어떠한 생각을 가지고 있으며 직무에 어느 정도 관심을 가지고 있는지에 대한 판단을 보다 심도 있게 하기 위하여, 에세이 제출과 구조화된 면접전형 등의 다각적인 평가를 진행하여 신입사원을 선발하는 인사정책으로 변화시키고 있다고 볼 수 있다.

SSAFY 모집에서도 같은 이유로 에세이 작성을 요구한다. 1년이라는 긴 시간 동안 한 번도 배우지 않은 SW를 포기하지 않고 학습해낼 수 있는 인재를 찾기 위해서인 것이다.

02 에세이 작성요령 및 유의사항

에세이 작성은 '과정분석 에세이(The process Analysis Essay) 방식'이나 '원인결과분석 에세이(The cause and effective Analysis Essay) 방식'을 통해 글을 작성하여 이 직무에 대한 관심을 논리적으로 서술하는 방법을 선택해야 한다.

- 과정분석 에세이 작성법 : 어떠한 사건이나 일이 완성되기까지 이어지는 단계를 서술하는 기술법
- 원인결과분석 에세이 작성법 : 두괄식으로 사건이나 결과를 놓고 그 원인과 결과를 분석하는 기술법

전통적 방식인 '서론 – 본론 – 결론' 구조를 가지거나 프레젠테이션에서 많이 사용하는 '결 – 승 – 전(결론 – 소주제 1 – 소주제 2)' 구조 방식으로 작성한다면 전체적인 짜임새와 함께 에세이를 읽는 인사담당자로부터 관심을 지속시키며 판단을 내리는 데 도움을 줄 수가 있을 것이다.

하나의 항목을 작성하기 위해서는 일단 비슷한 경험들을 끌어다가 억지로 스토리텔링으로 만들어 내기보다는 틀(Frame)을 가지고 에세이를 완성하려고 노력하는 것이 가장 좋은 방법이라고 할 수 있다.

※ 에세이 작성 시 유의해야 할 사항
- 취업만이 목표인 사람으로 글을 쓰지 말 것
- 수상경력이나 짧은 기간 동안 한 일에 대해서 부풀리지 말 것
- 다양한 아르바이트, 다양한 경험 식의 표현은 쓰지 말 것
- 과정부터 천천히 써야 할지 결론부터 써야 할지 고민하고 시작할 것
- 누구나 겪는 경험을 자신만의 경험으로 확대하지 말 것
- 문어체로 쓸 것

01 1 · 2 · 3기 자소서 항목

기출 에세이 01 본 과정의 지원동기와 향후 진로에 대해 SW관련 경험을 중심으로 상세히 작성하시오.

기출 에세이 02 공모전, 대외활동, 프로젝트 등 장기간에 걸쳐 과제를 완수했던 경험 또는 실패했던 사례에 대해서 상세히 작성하시오.

02 4 · 5기 자소서 항목

기출 에세이 01 SW에 관심을 갖게 된 계기와 향후 어떤 SW개발자로 성장하고 싶은지, 그 이유는 무엇인지 SW관련 경험(학습, 취미 등)을 토대로 작성하시오.

기출 에세이 02 취업을 목표로 한 활동(인턴, 프로젝트, 경진대회 등)을 구체적으로 기재하고, 이와 같은 노력과 결과를 통해 배우고 느낀 점을 작성하시오.

03 6기 자소서 항목

기출 에세이 01 SW에 관심을 갖게 된 계기와 향후 어떤 SW개발자로 성장하고 싶은지, 이유는 무엇인지 SW관련 경험(학습, 취미, 사용경험 등)을 토대로 작성하시오.

기출 에세이 02 취업을 목표로 했던 활동(회사 입사지원 및 면접참석, 인턴 및 직무체험, 취업을 위한 학습 및 자격증 취득 등) 중에 가장 기억에 남는 경험을 기술하고, 이를 통해 배우고 느낀 점 등을 작성하시오.

04 7 · 8기 자소서 항목

기출 에세이 01   SSAFY에 지원한 동기와 향후 어떤 개발자로 성장하고 싶은지 SW경험을 토대로 작성하시오.

05 9기 자소서 항목

기출 에세이 01   학업 및 취업준비를 하며 가장 어려웠던 경험과 이를 해결하기 위해 했던 노력과 SSAFY 지원 동기를 작성하시오.

06 10기 자소서 항목

기출 에세이 01 향후 어떤 개발자로 성장하고 싶은지 SW개발, 프로젝트, 대회 등의 경험을 바탕으로 기술하시오.

07 11기 자소서 항목

기출 에세이 01   향후 어떤 SW개발자로 성장하고 싶은지 SW관련 경험을 토대로 기술하고, SSAFY에 지원하신 동기에 대해서도 작성하시오(SW관련 경험 : SW개발, SW프로젝트 및 SW경진대회 경험, IT 관련 자격증 취득 등).

기출 에세이 02   학업 및 취업준비를 하며 가장 어려웠던 경험과 이를 해결하기 위해 했던 노력을 기술하고, SSAFY에 지원하신 동기에 대해서도 작성하시오.

5 일차

PART 5 면접

CHAPTER 01 면접 소개

01 면접 주요사항

면접의 사전적 정의는 면접관이 지원자를 직접 만나보고 인품(人品)이나 언행(言行) 따위를 시험하는 일로, 흔히 필기시험 후에 최종적으로 심사하는 방법이다.

최근 주요 기업의 인사담당자들을 대상으로 채용 시 면접이 차지하는 비중을 설문조사했을 때, 50~80% 이상이라고 답한 사람이 전체 응답자의 80%를 넘었다. 이와 대조적으로 지원자들을 대상으로 취업 시험에서 면접을 준비하는 기간을 물었을 때, 대부분의 응답자가 2~3일 정도라고 대답했다.

지원자가 일정 수준의 스펙을 갖추기 위해 자격증 시험과 토익을 치르고 이력서와 자기소개서까지 쓰다 보면 면접까지 챙길 여유가 없는 것이 사실이다. 그리고 서류전형과 인적성검사를 통과해야만 면접을 볼 수 있기 때문에 자연스럽게 면접은 취업시험 과정에서 그 비중이 작아질 수밖에 없다. 하지만 아이러니하게도 실제 채용 과정에서 면접이 차지하는 비중은 절대적이라고 해도 과언이 아니다.

기업들은 채용 과정에서 토론 면접, 인성 면접, 프레젠테이션 면접, 역량 면접 등의 다양한 면접을 실시한다. 1차 커트라인이라고 할 수 있는 서류전형을 통과한 지원자들의 스펙이나 능력은 서로 엇비슷하다고 판단되기 때문에 서류상 보이는 자격증이나 토익 성적보다는 지원자의 인성을 파악하기 위해 면접을 더욱 강화하는 것이다. 일부 기업은 의도적으로 압박 면접을 실시하기도 한다. 지원자가 당황할 수 있는 질문을 던져서 그것에 대한 지원자의 반응을 살펴보는 것이다.

면접은 다르게 생각한다면 '나는 누구인가'에 대한 물음에 해답을 줄 수 있는 가장 현실적이고 미래적인 경험이 될 수 있다. 취업난 속에서 자격증을 취득하고 토익 성적을 올리기 위해 앞만 보고 달려온 지원자들은 자신에 대해서 고민하고 탐구할 수 있는 시간을 평소 쉽게 가질 수 없었을 것이다. 자신을 잘 알고 있어야 자신에 대해서 자신감 있게 말할 수 있다. 대체로 사람들은 자신에게 관대한 편이기 때문에 스스로에 대해서 어떤 기대와 환상을 가지고 있는 경우가 많다. 하지만 면접은 제삼자에 의해 개인의 능력을 객관적으로 평가받는 시험이다. 어떤 지원자들은 다른 사람에게 자신을 표현하는 것을 어려워한다. 평소에 잘 사용하지 않는 용어를 내뱉으면서 거창하게 자신을 포장하는 지원자도 많다. 면접에서 가장 기본은 자기 자신을 면접관에게 알기 쉽게 표현하는 것이다.

이러한 표현을 바탕으로 자신이 앞으로 하고자 하는 것과 그에 대한 이유를 설명해야 한다. 최근에는 자신감을 향상시키거나 말하는 능력을 높이는 학원도 많기 때문에 얼마든지 자신의 단점을 극복할 수 있다.

1. 자기소개의 기술

자기소개를 시키는 이유는 면접자가 지원자의 자기소개서를 압축해서 듣고, 지원자의 첫인상을 평가할 시간을 가질 수 있기 때문이다. 면접을 위한 워밍업이라고 할 수 있으며, 첫인상을 결정하는 과정이므로 매우 중요한 순간이다.

(1) 정해진 시간에 자기소개를 마쳐야 한다.

쉬워 보이지만 의외로 지원자들이 정해진 시간을 넘기거나 혹은 빨리 끝내서 면접관에게 지적을 받는 경우가 많다. 본인이 면접을 받는 마지막 지원자가 아닌 이상, 정해진 시간을 지키지 않는 것은 수많은 지원자를 상대하기에 바쁜 면접관과 대기 시간에 지친 다른 지원자들에게 불쾌감을 줄 수 있다.
또한 회사에서 시간관념은 절대적인 것이므로 반드시 자기소개 시간을 지켜야 한다. 말하기는 1분에 200자 원고지 2장 분량의 글을 읽는 만큼의 속도가 가장 적당하다. 이를 A4 용지에 10point 글자 크기로 작성하면 반 장 분량이 된다.

(2) 간단하지만 신선한 문구로 자기소개를 시작하자.

요즈음 많은 지원자가 이 방법을 사용하고 있기 때문에 웬만한 소재의 문구가 아니면 면접관의 관심을 받을 수 없다. 이러한 문구는 시대적으로 유행하는 광고 카피를 패러디하는 경우와 격언 등을 인용하는 경우, 그리고 지원한 회사의 IC나 경영이념, 인재상 등을 사용하는 경우 등이 있다. 지원자는 이러한 여러 문구 중에 자신의 첫인상을 북돋아 줄 수 있는 것을 선택해서 말해야 한다. 자신의 이름을 문구 속에 적절하게 넣어서 말한다면 좀 더 효과적인 자기소개가 될 것이다.

(3) 무엇을 먼저 말할 것인지 고민하자.

면접관이 많이 던지는 질문 중 하나가 지원동기이다. 그래서 성장기를 바로 건너뛰고, 지원한 회사에 들어오기 위해 대학에서 어떻게 준비했는지를 설명하는 자기소개가 대세이다.

(4) 면접관의 호기심을 자극해 관심을 불러일으킬 수 있게 말하라.

면접관에게 질문을 많이 받는 지원자의 합격률이 반드시 높은 것은 아니지만, 질문을 전혀 안 받는 것보다는 좋은 평가를 기대할 수 있다. 지원한 분야와 관련된 수상 경력이나 프로젝트 등을 말하는 것도 좋다. 이는 지원자의 업무 능력과 직접 연결되는 것이므로 효과적인 자기 홍보가 될 수 있다. 일부 지원자들은 자신만의 특별한 경험을 이야기하는데, 이때는 그 경험이 보편적으로 사람들의 공감대를 얻을 수 있는 것인지 다시 생각해봐야 한다.

(5) 마지막 고개를 넘기가 가장 힘들다.

첫 단추도 중요하지만, 마지막 단추도 중요하다. 하지만 왠지 격식을 따지는 인사말은 지나가는 인사말 같고, 다르게 하자니 예의에 어긋나는 것 같은 기분이 든다. 이때는 처음에 했던 자신만의 문구를 다시 한 번 말하는 것도 좋은 방법이다. 자연스러운 끝맺음이 될 수 있도록 적절한 연습이 필요하다.

2. 1분 자기소개 시 주의사항

(1) 자기소개서와 자기소개가 똑같다면 감점일까?

아무리 자기소개서를 외워서 말한다 해도 자기소개가 자기소개서와 완전히 똑같을 수는 없다. 자기소개서의 분량이 더 많고 회사마다 요구하는 필수 항목들이 있기 때문에 굳이 고민할 필요는 없다. 오히려 자기소개서의 내용을 잘 정리한 자기소개가 더 좋은 결과를 만들 수 있다. 하지만 자기소개서와 상반된 내용을 말하는 것은 적절하지 않다. 지원자의 신뢰성이 떨어진다는 것은 곧 불합격을 의미하기 때문이다.

(2) 말하는 자세를 바르게 익혀라.

지원자가 자기소개를 하는 동안 면접관은 지원자의 동작 하나하나를 관찰한다. 그렇기 때문에 바른 자세가 중요하다는 것은 우리가 익히 알고 있다. 하지만 문제는 무의식적으로 나오는 습관 때문에 자세가 흐트러져 나쁜 인상을 줄 수 있다는 것이다. 이러한 습관을 고칠 수 있는 가장 좋은 방법은 캠코더 등으로 자신의 모습을 담는 것이다. 거울을 사용할 경우에는 시선이 자꾸 자기 눈과 마주치기 때문에 집중하기 힘들다. 하지만 촬영된 동영상은 제삼자의 입장에서 자신을 볼 수 있기 때문에 많은 도움이 된다.

(3) 정확한 발음과 억양으로 자신 있게 말하라.

지원자의 모양새가 아무리 뛰어나도, 목소리가 작고 발음이 부정확하면 큰 감점을 받는다. 이러한 모습은 지원자의 좋은 점에까지 악영향을 끼칠 수 있다. 직장을 흔히 사회생활의 시작이라고 말하는 시대적 정서에서 사람들과 의사소통을 하는 데 문제가 있다고 판단되는 지원자는 부적절한 인재로 평가될 수밖에 없다.

3. 대화법

전문가들이 말하는 대화법의 핵심은 '상대방을 배려하면서 이야기하라.'는 것이다. 대화는 나와 다른 사람의 소통이다. 내용에 대한 공감이나 이해가 없다면 대화는 더 진전되지 않는다.

베스트셀러 『카네기 인간관계론』의 작가인 철학자 카네기가 말하는 최상의 대화법은 자신의 경험을 토대로 이야기하는 것이다. 즉, 살아오면서 직접 겪은 경험이 상대방의 관심을 끌 수 있는 가장 좋은 이야깃거리인 것이다. 특히, 어떤 일을 이루기 위해 노력하는 과정에서 겪은 실패나 희망에 대해 진솔하게 얘기한다면 상대방은 어느새 당신의 편에 서서 그 이야기에 동조할 것이다.

독일의 사업가이자 동기부여 트레이너인 위르겐 힐러의 연설법 중 가장 유명한 것은 '시즐(Sizzle)'을 잡는 것이다. 시즐이란, 새우튀김이나 돈가스가 기름에서 지글지글 튀겨질 때 나는 소리이다. 즉, 자신의 말을 듣고 시즐처럼 반응하는 상대방의 감정에 적절하게 대응하라는 것이다.

말을 시작한 지 10 ~ 15초 안에 상대방의 '시즐'을 알아차려야 한다. 자신의 이야기에 대한 상대방의 첫 반응에 따라 말하기 전략도 달라져야 한다. 첫 이야기의 반응이 미지근하다면 가능한 한 그 이야기를 빨리 마무리하고 새로운 이야깃거리를 생각해내야 한다. 길지 않은 면접 시간 내에 몇 번 오지 않는 대답의 기회를 살리기 위해서 보다 전략적이고 냉철해야 하는 것이다.

4. 차림새

(1) 구두

면접에 어떤 옷을 입어야 할지를 며칠 동안 고민하면서 정작 구두는 면접 보는 날 현관을 나서면서 즉흥적으로 신고 가는 지원자들이 많다. 구두를 보면 그 사람의 됨됨이를 알 수 있다고 한다. 면접관 역시 이러한 것을 놓치지 않기 때문에 지원자는 자신의 구두에 더욱 신경을 써야 한다. 스타일의 마무리는 발끝에서 이루어지는 것이다. 아무리 멋진 옷을 입고 있어도 구두가 어울리지 않는다면 전체 스타일이 흐트러지기 때문이다.

정장용 구두는 디자인이 깔끔하고, 에나멜 가공처리를 하여 광택이 도는 페이턴트 가죽 소재 제품이 무난하다. 검정 계열 구두는 회색과 감색 정장에, 브라운 계열의 구두는 베이지나 갈색 정장에 어울린다. 참고로 구두는 오전에 사는 것보다 발이 충분히 부은 상태인 저녁에 사는 것이 좋다. 마지막으로 당연한 일이지만 반드시 면접을 보는 전날 구두 뒤축이 닳지는 않았는지 확인하고 구두에 광을 내 둔다.

(2) 양말

양말은 정장과 구두의 색상을 비교해서 골라야 한다. 특히 검정이나 감색의 진한 색상의 바지에 흰 양말을 신는 것은 시대에 뒤처지는 일이다. 일반적으로 양말의 색깔은 바지의 색깔과 같아야 한다. 또한 양말의 길이도 신경 써야 한다. 바지를 입을 경우, 의자에 바르게 앉거나 다리를 꼬아서 앉을 때 다리털이 보여서는 안 된다. 반드시 긴 정장 양말을 신어야 한다.

(3) 정장

지원자는 평소에 정장을 입을 기회가 많지 않기 때문에 면접을 볼 때 본인 스스로도 옷을 어색하게 느끼는 경우가 많다. 옷을 불편하게 느끼기 때문에 자세마저 불안정한 지원자도 볼 수 있다. 그러므로 면접 전에 정장을 입고 생활해보는 것도 나쁘지는 않다.

일반적으로 면접을 볼 때는 상대방에게 신뢰감을 줄 수 있는 남색 계열의 옷이나 어떤 계절이든 무난하고 깔끔해보이는 회색 계열의 정장을 많이 입는다. 정장은 유행에 따라서 재킷의 디자인이나 버튼의 개수가 바뀌기 때문에 너무 오래된 옷을 입어서 다른 사람의 옷을 빌려 입고 나온 듯한 인상을 주어서는 안 된다.

(4) 헤어스타일과 메이크업

헤어스타일에 자신이 없다면 미용실에 다녀오는 것도 좋은 방법이다. 또한 자신에게 어울리는 메이크업을 하는 것도 괜찮다. 메이크업은 상대에 대한 예의를 갖추는 것이므로 지나치게 화려한 메이크업이 아니라면 보다 준비된 지원자처럼 보일 수 있다.

5. 첫인상

취업을 위해 성형수술을 받는 사람들에 대한 이야기는 더 이상 뉴스거리가 되지 않는다. 그만큼 많은 사람이 좁은 취업문을 뚫기 위해 이미지 향상에 신경을 쓰고 있다. 이는 면접관에게 좋은 첫인상을 주기 위한 것으로, 지원서에 올리는 증명사진을 이미지 프로그램을 통해 수정하는 이른바 '사이버 성형'이 유행하는 것과 같은 맥락이다. 실제로 외모가 채용 과정에서 영향을 끼치는가에 대한 설문조사에서도 60% 이상의 인사담당자들이 그렇다고 답변했다.

하지만 외모와 첫인상을 절대적인 관계로 이해하는 것은 잘못된 판단이다. 외모가 첫인상에서 많은 부분을 차지하지만, 외모 외에 다른 결점이 발견된다면 그로 인해 장점들이 가려질 수도 있다. 이러한 현상은 아래에서 다시 논하겠다.

첫인상은 말 그대로 한 번밖에 기회가 주어지지 않으며 몇 초 안에 결정된다. 첫인상을 결정짓는 요소 중 시각적인 요소가 80% 이상을 차지한다. 첫눈에 들어오는 생김새나 복장, 표정 등에 의해서 결정되는 것이다. 면접을 시작할 때 자기소개를 시키는 것도 지원자별로 첫인상을 평가하기 위해서이다. 첫인상이 중요한 이유는 만약 첫인상이 부정적으로 인지될 경우, 지원자의 다른 좋은 면까지 거부당하기 때문이다. 이러한 현상을 심리학에서는 초두효과(Primacy Effect)라고 한다.

그래서 한 번 형성된 첫인상은 여간해서 바꾸기 힘들다. 이는 첫인상이 나중에 들어오는 정보까지 영향을 주기 때문이다. 첫인상의 정보가 나중에 들어오는 정보 처리의 지침이 되는 것을 심리학에서는 맥락효과(Context Effect)라고 한다. 따라서 평소에 첫인상을 좋게 만들기 위한 노력을 꾸준히 해야만 하는 것이다. 좋은 첫인상이 반드시 외모에만 집중되는 것은 아니다. 오히려 깔끔한 옷차림과 부드러운 표정 그리고 말과 행동 등에 의해 전반적인 이미지가 만들어진다. 누구나 이러한 것 중에 한두 가지 단점을 가지고 있다. 요즘은 이미지 컨설팅을 통해서 자신의 단점들을 보완하는 지원자도 있다. 특히, 표정이 밝지 않은 지원자는 평소 웃는 연습을 의식적으로 하여 면접을 받는 동안 계속해서 여유 있는 표정을 짓는 것이 중요하다. 성공한 사람들은 인상이 좋다는 것을 명심하자.

02 면접의 유형 및 실전 대책

1. 면접의 유형

과거 천편일률적인 일대일 면접과 달리 면접에는 다양한 유형이 도입되어 현재는 "면접은 이렇게 보는 것이다."라고 말할 수 있는 정해진 유형이 없어졌다. 그러나 대기업 면접에서는 현재까지는 집단 면접과 다대일 면접이 진행되고 있으므로 어느 정도 유형을 파악하여 사전에 대비가 가능하다. 면접의 기본인 단독 면접부터, 다대일 면접, 집단 면접의 유형과 그 대책에 대해 알아보자.

(1) 단독 면접

단독 면접이란 응시자와 면접관이 1대1로 마주하는 형식을 말한다. 면접위원 한 사람과 응시자 한 사람이 마주 앉아 자유로운 화제를 가지고 질의응답을 되풀이하는 방식이다. 이 방식은 면접의 가장 기본적인 방법으로 소요시간은 10 ~ 20분 정도가 일반적이다.

① 장점

필기시험 등으로 판단할 수 없는 성품이나 능력을 알아내는 데 가장 적합하다고 평가받아 온 면접방식으로 응시자 한 사람 한 사람에 대해 여러 면에서 비교적 폭넓게 파악할 수 있다. 응시자의 입장에서는 한 사람의 면접관만을 대하는 것이므로 상대방에게 집중할 수 있으며, 긴장감도 다른 면접방식에 비해서는 적은 편이다.

② 단점

면접관의 주관이 강하게 작용해 객관성을 저해할 소지가 있으며, 면접 평가표를 활용한다 하더라도 일면적인 평가에 그칠 가능성을 배제할 수 없다. 또한 시간이 많이 소요되는 것도 단점이다.

단독 면접 준비 Point

단독 면접에 대비하기 위해서는 평소 1대1로 논리 정연하게 대화를 나눌 수 있는 능력을 기르는 것이 중요하다. 그리고 면접장에서는 면접관을 선배나 선생님 혹은 아버지를 대하는 기분으로 면접에 임하는 것이 부담도 훨씬 적고 실력을 발휘할 수 있는 방법이 될 것이다.

(2) 다대일 면접

다대일 면접은 일반적으로 가장 많이 사용되는 면접방법으로 보통 2 ~ 5명의 면접관이 1명의 응시자에게 질문하는 형태의 면접방법이다. 면접관이 여러 명이므로 다각도에서 질문을 하여 응시자에 대한 정보를 많이 알아낼 수 있다는 점 때문에 선호하는 면접방법이다.

하지만 응시자의 입장에서는 질문도 면접관에 따라 각양각색이고 동료 응시자가 없으므로 숨 돌릴 틈도 없게 느껴진다. 또한 관찰하는 눈도 많아서 조그만 실수라도 지나치는 법이 없기 때문에 정신적 압박과 긴장감이 높은 면접방법이다. 따라서 응시자는 긴장을 풀고 한 시험관이 묻더라도 면접관 전원을 향해 대답한다는 기분으로 또박또박 대답하는 자세가 필요하다.

① 장점

면접관이 집중적인 질문과 다양한 관찰을 통해 응시자가 과연 조직에 필요한 인물인가를 완벽히 검증할 수 있다.

② 단점

면접시간이 보통 10 ~ 30분 정도로 좀 긴 편이고 응시자에게 지나친 긴장감을 조성하는 면접방법이다.

다대일 면접 준비 Point

질문을 들을 때 시선은 면접위원을 향하고 다른 데로 돌리지 말아야 하며, 대답할 때에도 고개를 숙이거나 입속에서 우물거리는 소극적인 태도는 피하도록 한다. 면접위원과 대등하다는 마음가짐으로 편안한 태도를 유지하면 대답도 자연스러운 상태에서 좀 더 충실히 할 수 있고, 이에 따라 면접위원이 받는 인상도 달라진다.

(3) 집단 면접

집단 면접은 다수의 면접관이 여러 명의 응시자를 한꺼번에 평가하는 방식으로 짧은 시간에 능률적으로 면접을 진행할 수 있다. 각 응시자에 대한 질문내용, 질문횟수, 시간배분이 똑같지는 않으며, 모두에게 같은 질문이 주어지기도 하고, 각각 다른 질문을 받기도 한다.

또한 어떤 응시자가 한 대답에 대한 의견을 묻는 등 그때그때의 분위기나 면접관의 의향에 따라 변수가 많다. 집단 면접은 응시자의 입장에서는 개별 면접에 비해 긴장감은 다소 덜한 반면에 다른 응시자들과의 비교가 확실하게 나타나므로 응시자는 몸가짐이나 표현력·논리성 등이 결여되지 않도록 자신의 생각이나 의견을 솔직하게 발표하여 집단 속에 묻히거나 밀려나지 않도록 주의해야 한다.

① 장점

집단 면접의 장점은 면접관이 응시자 한 사람에 대한 관찰시간이 상대적으로 길고, 비교 평가가 가능하기 때문에 결과적으로 평가의 객관성과 신뢰성을 높일 수 있다는 점이며 응시자는 동료들과 함께 면접을 받기 때문에 긴장감이 다소 덜하다는 것을 들 수 있다. 또한 동료가 답변하는 것을 들으며 자신의 답변 방식이나 자세를 조정할 수 있다는 것도 큰 이점이다.

② 단점

응답하는 순서에 따라 응시자마다 유리하고 불리한 점이 있고, 면접위원의 입장에서는 각각의 개인적인 문제를 깊게 다루기가 곤란하다는 것이 단점이다.

집단 면접 준비 Point

너무 자기 과시를 하지 않는 것이 좋다. 대답은 자신이 말하고 싶은 내용을 간단명료하게 말해야 한다. 내용이 없는 발언을 한다거나 대답을 질질 끄는 태도는 좋지 않다. 또 말하는 중에 내용이 주제에서 벗어나거나 자기중심적으로만 말하는 것도 피해야 한다. 집단 면접에 대비하기 위해서는 평소에 설득력을 지닌 자신의 논리력을 계발하는 데 힘써야 하며, 다른 사람 앞에서 자신의 의견을 조리 있게 개진할 수 있는 발표력을 갖추는 데에도 많은 노력을 기울여야 한다.

- 실력에는 큰 차이가 없다는 것을 기억하라.
- 동료 응시자들과 서로 협조하라.
- 답변하지 않을 때의 자세가 중요하다.
- 개성 표현은 좋지만 튀는 것은 위험하다.

---

(4) 집단 토론식 면접

집단 토론식 면접은 집단 면접과 형태는 유사하지만 질의응답이 아니라 응시자들끼리의 토론이 중심이 되는 면접방법으로 최근 들어 급증세를 보이고 있다. 이는 공통의 주제에 대해 다양한 견해들이 개진되고 결론을 도출하는 과정, 즉 토론을 통해 응시자의 다양한 면에 대한 평가가 가능하다는 집단 토론식 면접의 장점이 널리 확산된 데 따른 것으로 보인다. 사실 집단 토론식 면접을 활용하면 주제와 관련된 지식 정도와 이해력, 판단력, 설득력, 협동성은 물론 리더십, 조직 적응력, 적극성과 대인관계 능력 등을 쉽게 파악할 수 있다.

토론식 면접에서는 자신의 의견을 명확히 제시하면서도 상대방의 의견을 경청하는 토론의 기본자세가 필수적이며, 지나친 경쟁심이나 자기 과시욕은 접어두는 것이 좋다. 또한 집단 토론의 목적이 결론을 도출해 나가는 과정에 있다는 것을 감안하여 무리하게 자신의 주장을 관철시키기보다 오히려 토론의 질을 높이는 데 기여하는 것이 좋은 인상을 줄 수 있다는 점을 알아야 한다. 취업 희망자들은 토론식 면접이 급속도로 확산되는 추세임을 감안해 특히 철저한 준비를 해야 한다. 평소에 신문의 사설이나 매스컴 등의 토론 프로그램을 주의 깊게 보면서 논리 전개방식을 비롯한 토론 과정을 익히도록 하고, 친구들과 함께 간단한 주제를 놓고 토론을 진행해 볼 필요가 있다. 또한 사회·시사문제에 대해 자기 나름대로의 관점을 정립해두는 것도 꼭 필요하다.

(5) PT 면접

PT 면접, 즉 프레젠테이션 면접은 최근 들어 집단 토론 면접과 더불어 그 활용도가 점차 커지고 있다. PT 면접은 기업마다 특성이 다르고 인재상이 다른 만큼 인성 면접만으로는 알 수 없는 지원자의 문제해결 능력, 전문성, 창의성, 기본 실무능력, 논리성 등을 관찰하는 데 중점을 두는 면접으로, 지원자 간의 변별력이 높아 대부분의 기업에서 적용하고 있으며, 확산되는 추세이다.

면접 시간은 기업별로 차이가 있지만, 전문지식, 시사성 관련 주제를 제시한 다음, 보통 20 ~ 50분 정도 준비하여 5분가량 발표할 시간을 준다. 면접관과 지원자의 단순한 질의응답식이 아닌, 주제에 대해 일정 시간 동안 지원자의 발언과 발표하는 모습 등을 관찰하게 된다. 정확한 답이나 지식보다는 논리적 사고와 의사표현력이 더 중시되기 때문에 자신의 생각을 어떻게 설명하느냐가 매우 중요하다.

PT 면접에서 같은 주제라도 직무별로 평가요소가 달리 나타난다. 예를 들어, 영업직은 설득력과 의사소통 능력에 중점을 둘 수 있겠고, 관리직은 신뢰성과 창의성 등을 더 중요하게 평가한다.

PT 면접 준비 Point

- 면접관의 관심과 주의를 집중시키고, 발표 태도에 유의한다.
- 모의 면접이나 거울 면접을 통해 미리 점검한다.
- PT 내용은 세 가지 정도로 정리해서 말한다.
- PT 내용에는 자신의 생각이 담겨 있어야 한다.
- 중간에 자문자답 방식을 활용한다.
- 평소 지원하는 업계의 동향이나 직무에 대한 전문지식을 쌓아둔다.
- 부적절한 용어 사용이나 무리한 주장 등은 하지 않는다.

2. 면접의 실전 대책

(1) 면접 대비사항

① 지원 회사에 대한 사전지식을 충분히 준비한다.

필기시험에서 합격 또는 서류전형에서의 합격통지가 온 후 면접시험 날짜가 정해지는 것이 보통이다. 이때 수험자는 면접시험을 대비해 사전에 자기가 지원한 계열사 또는 부서에 대해 폭넓은 지식을 준비할 필요가 있다.

지원 회사에 대해 알아두어야 할 사항

- 회사의 연혁
- 회장 또는 사장의 이름, 출신학교, 관심사
- 회장 또는 사장이 요구하는 신입사원의 인재상
- 회사의 사훈, 사시, 경영이념, 창업정신
- 회사의 대표적 상품, 특색
- 업종별 계열회사의 수
- 해외지사의 수와 그 위치
- 신 개발품에 대한 기획 여부
- 자기가 생각하는 회사의 장단점
- 회사의 잠재적 능력개발에 대한 제언

② 충분한 수면을 취한다.

충분한 수면으로 안정감을 유지하고 첫 출발의 상쾌한 마음가짐을 갖는다.

③ 얼굴을 생기 있게 한다.

첫인상은 면접에 있어서 가장 결정적인 당락요인이다. 면접관에게 좋은 인상을 줄 수 있도록 화장하는 것도 필요하다. 면접관들이 가장 좋아하는 인상은 얼굴에 생기가 있고 눈동자가 살아 있는 사람, 즉 기가 살아 있는 사람이다.

④ 아침에 인터넷 뉴스를 읽고 간다.

그날의 뉴스가 질문 대상에 오를 수가 있다. 특히 경제면, 정치면, 문화면 등을 유의해서 볼 필요가 있다.

출발 전 확인할 사항

이력서, 자기소개서, 성적증명서, 졸업(예정)증명서, 지갑, 신분증(주민등록증), 손수건, 휴지, 볼펜, 메모지, 예비스타킹 등을 준비하자.

(2) 면접 시 옷차림

면접에서 옷차림은 간결하고 단정한 느낌을 주는 것이 가장 중요하다. 색상과 디자인 면에서 지나치게 화려한 색상이나, 노출이 심한 디자인은 자칫 면접관의 눈살을 찌푸리게 할 수 있다. 단정한 차림을 유지하면서 자신만의 독특한 멋을 연출하는 것, 지원하는 회사의 분위기를 파악했다는 센스를 보여주는 것 또한 코디네이션의 포인트이다.

> **복장 점검**
>
> • 구두는 잘 닦여 있는가?
> • 옷은 깨끗이 다려져 있으며 스커트 길이는 적당한가?
> • 손톱은 길지 않고 깨끗한가?
> • 머리는 흐트러짐 없이 단정한가?

(3) 면접요령

① 첫인상을 중요시한다.

상대에게 인상을 좋게 주지 않으면 어떠한 얘기를 해도 이쪽의 기분이 충분히 전달되지 않을 수 있다. 예를 들어, '저 친구는 표정이 없고 무엇을 생각하고 있는지 전혀 알 길이 없다.'처럼 생각되면 최악의 상태이다. 우선 청결한 복장, 바른 자세로 침착하게 들어가야 한다. 건강하고 신선한 이미지를 주어야 하기 때문이다.

② 좋은 표정을 짓는다.

얘기를 할 때의 표정은 중요한 사항의 하나다. 거울 앞에서 웃는 연습을 해본다. 웃는 얼굴은 상대를 편안하게 하고, 특히 면접 등 긴박한 분위기에서는 천금의 값이 있다 할 것이다. 그렇다고 하여 항상 웃고만 있어서는 안 된다. 자기의 할 얘기를 진정으로 전하고 싶을 때는 진지한 얼굴로 상대의 눈을 바라보며 얘기한다. 면접을 볼 때 눈을 감고 있으면 마이너스 이미지를 주게 된다.

③ 결론부터 이야기한다.

자기의 의사나 생각을 상대에게 정확하게 전달하기 위해서 먼저 무엇을 말하고자 하는가를 명확히 결정해 두어야 한다. 대답을 할 경우에는 결론을 먼저 이야기하고 나서 그에 따른 설명과 이유를 덧붙이면 논지(論旨)가 명확해지고 이야기가 깔끔하게 정리된다.

한 가지 사실을 이야기하거나 설명하는 데는 3분이면 충분하다. 복잡한 이야기라도 어느 정도의 길이로 요약해서 이야기하면 상대도 이해하기 쉽고 자기도 정리할 수 있다. 긴 이야기는 오히려 상대를 불쾌하게 할 수가 있다.

④ 질문의 요지를 파악한다.

　면접 때의 이야기는 간결성만으로는 부족하다. 상대의 질문이나 이야기에 대해 적절하고 필요한 대답을 하지 않으면 대화는 끊어지고 자기의 생각도 제대로 표현하지 못하여 면접자로 하여금 수험생의 인품이나 사고방식 등을 명확히 파악할 수 없게 한다. 무엇을 묻고 있는지, 무슨 이야기를 하고 있는지 그 요점을 정확히 알아내야 한다.

면접에서 고득점을 받을 수 있는 성공요령

1. 자기 자신을 겸허하게 판단하라.
2. 지원한 회사에 대해 100% 이해하라.
3. 실전과 같은 연습으로 감각을 익히라.
4. 단답형 답변보다는 구체적으로 이야기를 풀어나가라.
5. 거짓말을 하지 말라.
6. 면접하는 동안 대화의 흐름을 유지하라.
7. 친밀감과 신뢰를 구축하라.
8. 상대방의 말을 성실하게 들으라.
9. 근로조건에 대한 이야기를 풀어나갈 준비를 하라.
10. 끝까지 긴장을 풀지 말라.

SSAFY 면접

01 온라인 사전학습

- 소개 : 적성검사 합격 후 면접 전에 들어야 하는 SW관련 강의
- 진행 : 세 개의 파트로 나뉜 강의를 하나 이상 수강

02 CT(Computational Thinking)

- 문항 수 : 2문항
- 제한시간 : 12분
- 유형 : SW적성검사의 CT 유형과 동일

03 면접

- 면접 유형 : 다대일(면접관 2명, 면접자 1명)

1. PT면접
- PT 주제 : 주어진 두 가지 주제 중 택 1
- 준비 시간 : 30분

2. 인성면접
- 질문 유형 : 지원자의 자소서를 바탕으로 질문

[인성면접 예상 질문]

- 프로그램 과정마다 팀 단위로 활동하는 게 많은데 팀 활동을 무리 없이 할 수 있겠는가?
- 팀 활동 중 참여하지 않는 팀원이 있었던 경험이 있는가? 있었다면 어떻게 대처하였는가?
- 본 프로그램은 1년 동안 진행되는데 힘들어도 끈기 있게 할 수 있겠는가?
- 중간에 본인과 IT 직무가 맞지 않는다고 판단이 될 때 어떻게 하겠는가?
- 자신보다 나이가 어린 사람에게 도움을 받아야 할 때에는 어떻게 하겠는가?
- 본 프로그램을 모두 이수하고 나서 어떤 일을 하고 싶은가?
- 본인이 아직 SW학습이 덜 된 시점에서 취업 제안이 들어온다면 어떻게 하겠는가?
- SSAFY 지원 동기를 말해 보시오.
- 마지막 할 말이 있으면 말해 보시오.

3D Printing

3D Printing이란 3차원 공간의 물체를 구현할 수 있도록 제작해주는 출력기를 의미한다. 재사용 플라스틱부터 고무, 식료품, 흙 등 많은 재료로 제작이 가능하며 구현할 수 있는 분야도 재료의 종류만큼이나 다양하다.

일례로 중국에서는 최근에 3D Printing을 이용하여 건축물을 만들고 있다. 기존의 건설 작업과 비교했을 때, 작업 속도는 약 3배 이상 빠르다고 한다. 생산공장에서 미리 3D Printing으로 건축물의 일부를 만들고 건설을 하려는 현장에서 조립을 하는 형태로 진행된다. 미리 만들어 놓을 수 있기에 제조된 건축물의 일부는 따로 건조시간을 갖지 않아도 이동 중에 완성되어 가는 장점도 있다. 따라서 대량생산이 가능하며 원하는 형태와 재료를 사용할 수 있기에 사용자 맞춤형이라고 할 수 있다.

4차 산업혁명

4차 산업혁명은 많은 기술들이 합쳐진 융합 과학 산업혁명을 뜻하며 다른 시대적 산업혁명과 다른 점은 기계, 목축, 농업, 등 특정 분야에 집중되어 있는 산업혁명이 아니라 다양한 산업에 같이 섞여 있는 것이 특징이다. 특히나 4차 산업혁명을 통해 많은 분야에서 발전을 하게 되었는데 특히 서비스업이 눈에 띄게 발전하게 되었다. 실제로 직접적으로 사람들이 이용해야 하는 시설들은 디지털 플랫폼으로 대체되거나 사람이 하는 업무의 일부 또한 인공지능이나 그밖의 디지털 기술로 대체되는 중이다.

특히 4차 산업혁명을 통해 금융업은 크게 발전하고 있다. 신한은행, 국민은행, 우리은행 등 국내에 있는 많은 은행들이 실제 지점의 수를 줄이고 점점 인터넷 뱅킹과 모바일 뱅킹으로 시스템을 전환하고 있다. 실제로 20 ~ 30대의 젊은 층부터 최근에는 40 ~ 50대의 중 장년층까지 인터넷과 모바일을 이용하여 금융 업무를 볼 수 있도록 다양한 시스템들을 만들고 활용하고 있다. 대표적인 예가 지점에서 입출금 시에는 수수료가 있다면, 모바일을 이용했을 때 수수료를 면제해주거나 혜택을 제공하면서 디지털 업무로 유도하고 있다는 것이다. 이에 대해 노년층 사용자에 대한 많은 우려도 있지만, 기업으로써는 장기적으로 봤을 때 디지털로 전환하는 것이 이윤에서 더 긍정적인 효과를 볼 수 있다.

금융업뿐만 물류업에서도 4차 산업혁명의 영향을 크게 받고 있다. 생산부터 배송까지 모든 시스템이 하나의 체계를 이루고 있으며 자동화할 수 있는 기술들은 현재 꾸준히 발전하고 시험 운행이 되고 있다.

5G

5G란 5세대 무선 네트워크 기술로 짧은 지연시간과 높은 데이터 속도를 갖는 차세대 통신기술을 의미한다. 이전의 통신망의 속도와 단순히 비교를 하게 된다면 적게는 10배에서 크게는 100배까지 통신 속도가 향상됐다. 또한 통신 속도만 향상된 것뿐만이 아니라 통신이 되는 데이터량과 소음에 대한 저항성, 보안성도 향상되었다. 5G는 통신간격이 매우 짧기 때문에 실시간 통신에 유리하여 GPS를 사용하는 자율주행 자동차나 그 밖에 실시간 네트워킹이 필요한 모든 시스템에 유리한 장점을 갖고 있다. 5G는 국내 대중교통에서 대표적으로 사용되고 있다. 최근 대중교통에 탑재되는 공공 와이파이는 4G에서 5G로 넘어가는 추세이며 국제적인 점유율이 50% 수준일 때, 우리나라는 95% 정도 되는 것으로 보아 통신에 있어서 상당히 선진국이라고 할 수 있다. 공공시설에서도 국민의 대다수가 차세대 이동 통신 시스템을 사용할 수 있는 것이다.

5G는 국방 분야에서도 잘 활용될 수 있다. 국방은 매우 특수한 분야로 평시가 아니라 유사시에 필요한 조직과 시스템이다. 특히 어떠한 상황이 발생하게 되면 군대는 즉각적으로 대응을 해야 하는데 대부분 무전기와 같은 단방향 아날로그 통신을 사용한다. 연결성도 낮고 도청도 쉬우며 악천후에 영향을 받는다. 반면에 5G를 사용하는 디지털 통신망을 사용하게 된다면 실시간으로 양방향 통신이 가능하며, 빠르게 원하는 대상과 소통을 할 수 있다는 장점이 있다.

STT(Speech-To-Text)

STT란 사용자의 음성을 듣고 이를 텍스트 데이터로 변환하는 기술이다. 단순히 음성을 인식하는 단계를 넘어서 음성을 이해해야 하는 기술인 것이다. 그렇기 때문에 반드시 인공지능 기술이 사용되어야 하고 해당 인공지능을 학습시키는 데 많은 시간과 비용이 들 수밖에 없다. 지역마다 통용되는 언어도 다르고 표현도 다르기 때문에 실제로는 같은 의미를 말하더라도 인공지능이 받아들이는 의미가 다를 수도 있다.

STT의 대표적인 활용사례로 '빅스비'나 '시리'처럼 사용자가 말한 문장을 알아듣고 저장하여 대신 문자를 보내거나 웹페이지 등에 입력하여 주는 기능이 있다. 실제로 많은 사람들이 운전 중에 사용하며 운전대에서 손을 놓지 않아도 되며 요리를 하거나 그 밖에 다른 작업을 하던 중에 손이 자유롭다는 긍정적인 반응들이 많다.

STT를 가장 잘 활용할 수 있는 분야 중 하나로 통역이 있다. 현재 실제로 제공되고 있는 서비스이며 사용할 수 있는 국가도 점점 늘어 가고 있는 추세이다. 그 나라의 문자나 단어를 몰라도 사용자의 나라말대로 말해도 듣고 자동으로 원하는 나라의 언어로 번역하여 텍스트화 시켜준다. 여전히 사투리나 세대에 따른 표현 방식에 의해 인공지능의 성숙도가 많이 필요한 단계이지만, 사용하는 사람들이 많아질수록 인공지능의 학습력이 향상되므로, 앞으로도 STT의 기술이 많이 보급되어 더 많은 사람들이 문화를 넘어 교류가 이루어질 것이라 예상된다.

Web

Web(웹)이란 현대의 의미로는 우리가 사용하는 인터넷을 의미하며 네트워크에 의해 단말기를 사용하는 사람들이 서로 연결되어있는 모습이 거미줄 같다고 하여 표현한 것이다. 보통 웹이라고 하면 웹브라우저를 많이 연상시키며 현대의 의미로 틀린 말은 아니다. 포괄적인 의미이지만 웹브라우저를 통해 네트워크를 사용하고 커뮤니티를 형성하니 통신적인 관점으로는 맞는 말이라고 할 수 있다. 최근에는 웹의 형태가 점점 축소화 및 다양화되고 있으며 국가나 기관, 혹은 개인이 웹을 제작하고 소유할 수 있다.

우리가 사용하는 인터넷이나 핸드폰, 심지어 지하철에도 웹은 언제 어디서나 존재한다. 물론 네트워킹이 되고 있다는 가정하에 해당 조건이 성립하지만 그만큼 많은 부분을 차지하고 있다는 뜻이다. 예전에 관공서나 은행에 직접 가서 처리해야 하는 일들은 대부분 웹으로 대체되었으며, 접수 및 처리 속도는 비교도 안 되게 빨라졌다. 물론 그만큼 일자리에 대한 부분에 우려하는 의견도 있으나 디지털을 이용하는 시대는 언제나 변하고 발전하게 된다.

예전에는 웹을 이용하기 위해 반드시 PC를 이용해야 했지만 최근에는 PC가 없어도 핸드폰으로 거의 모든 작업을 할 수 있다. 심지어 문서작업 또한 가능하며 제한적이지만 프로그래밍 또한 가능하다. 이런 다양한 기술들을 사용할 수 있는 것은 웹의 발전이 있기에 가능한 것이다. 네트워크를 이용한 정보의 교류는 점점 간편화되는 단말기들과 융합되어 고도로 진화된 맞춤형 웹으로 그 형태가 변하고 있다.

가상현실(Virtual Reality)

가상현실이란 실제 현실 세계에 있는 정보나 공상에 있는 정보를 이용하여 가상의 공간에 구현해 놓은 기술로 해당 공간을 통해 사용자들에게 감각적인 피드백이 가능한 디지털 기술을 의미한다. 가상현실을 통해서 많은 사람들이 대리만족을 느낄 수 있다. 대체로 판타지에 나올 법한 세계를 구축하거나, 자신의 모습을 원하는 모습으로 바꾸면서 가상현실을 즐길 수 있기 때문에 색다른 체험을 하게 해준다.

가상현실이 사용되는 가장 대표적인 사례로 비행기 시뮬레이션이나 자동차 시뮬레이션 같은 게임이 있다. 해당 시뮬레이션들은 현실에 있는 비행기와 자동차의 기능을 똑같이 구현하고 실제로 탑승하여 운행하기 전에 연습을 하며 조종사들의 숙련도를 높여준다. 이런 가상현실 시뮬레이션을 구현하기 위해서는 많은 비용이 소모되지만 조종사들의 사고를 예방하기 위해서는 충분히 기업이나 국가에서 투자 가치가 높다고 판단한다.

공유 경제

공유 경제란 물리적인 재산이나 지적인 재산을 소유자가 혼자서 소유하는 것이 아니라 여러 사용자에게 대여해주고 차용할 수 있도록 공유하는 경제 활동을 의미한다. 공유 경제 시스템의 가장 큰 장점은 당장 큰 비용을 지불할 능력이 없어도 사용하고자 하는 대상을 활용할 수 있다는 점이다.

요즘 거리에 자주 보이는 전동 킥보드가 가장 대표적인 공유 경제 활용 사례라고 할 수 있다. 실제 소유자는 법인의 회사가 소유하고 있고, 사용자들은 모바일 애플리케이션을 통해 일정 비용을 지불하고 몇 시간 동안 해당 킥보드를 이용할 수 있다. 사용자들은 필요한 만큼 이용하고 관리는 소유자가 따로 하게 되니 굉장히 효율적인 시스템이라고 할 수 있다.

공유 경제를 가장 잘 활용할 수 있는 분야는 지적재산권이다. 실제 현실에 존재하지는 않지만 가상에 있는 디지털 저작권도 여기에 속하며 글이나 시와 같이 만질 수는 없으나 보고 읽을 수 있는 것들이 해당된다.

대체 직업

대체 직업이란 통상적인 의미로는 새로운 기술이나 시스템에 의해 이전에 있던 직업이 다른 직업으로 대체 되는 것을 의미한다. 기존의 직업이 없어지는 것이니 부정적인 의미를 담고 있지만 그에 대해서 새로운 직업이 발생 되는 긍정적인 의미도 함께 담고 있다. 현대의 우리 사회에서는 많은 부분이 자동화되어 가면서 일자리를 잃는 사람들이 늘어나고 있다. 그에 반해 새로운 일자리가 발생되는 것은 비교적 적다는 것이 현실이다.

대체 직업의 일례로 청소원을 들 수 있다. 실제로 소형 로봇들이 청소원의 업무를 대체하고 있거나 최근의 고급 건물들의 외벽이나 창을 주기적으로 세척하는 장치들이 사용된다. 그만큼 사람이 그 일을 하지 않아도 된다는 것이다. 이것은 청소원에 국한된 일이 아니라 운전기사 또한 자율 주행의 인공지능에 의해 대체될 것이며 매표원도 점점 사라지게 될 것이다. 대신 그만큼 해당 기기들을 관리하거나 시스템을 관리하는 직업들은 늘어나고 있다.

대체 직업에 대해 우리가 나아가야 하는 방향은 기술의 발전과 그에 따른 보호 정책이다. 기술의 발전을 싫어하는 사람은 없다. 사람들이 두려워하는 것은 자신의 직업이나 직장이 사라져 제 구실을 하기 어려워지는 것이다. 때문에 그에 따른 보호 정책을 미리 사람들과 소통하며 만들고 기술이 발전되는 것을 막거나 와해시킬 것이 아니라 더 나은 방향으로 개발될 수 있도록 우리의 자세가 열려 있어야 한다.

데이터 레이크(Data Lake)

데이터 레이크란 빅데이터가 되기 전의 정제되지 않은 원시 데이터들이 모여 있는 거대한 집합으로 형체나 정체를 한 번에 알기 어렵다는 뜻에서 정보의 호수라는 의미이다. 원시 데이터란 정규화를 거치기 전의 데이터를 말하며 해당 데이터들은 개별이 어떤 의미를 갖고 있기보단 정보가 의미를 갖기 전에 대한 기록이라 생각하면 된다. 다소 애매한 존재인 데이터들이 다량으로 모여 있으면 어떤 그룹이나 흐름이 나타나는데 그것을 이용하려는 것이 바로 데이터 레이크이다.

아마존 웹서비스에서 제공하고 있는 데이터 레이크가 대표적인 예라고 볼 수 있다. 해당 서비스는 비정형 데이터, 반정형 데이터, 정형 데이터들을 적재할 수 있고 텍스트, 음성, 영상 등 다양한 형태의 데이터들을 저장하여 활용할 수 있도록 하였다. 데이터 레이크라는 이름에 걸맞게 거대한 용량에 많은 정보들을 저장할 수 있으며, 해당 정보를 가지고 머신러닝, 실시간 분석, 시각화 등 사용자에게 필요한 기능들이 연동될 수 있도록 꾸준히 업데이트되고 있다.

데이터 레이크가 가장 잘 활용될 수 있는 분야 중 하나로 증권이 있다. 주식과 관련된 정보들은 단순히 해당 주에 관련된 기업의 소식만 담긴 것이 아니라 세계적인 이슈와 그와 관련된 인물이나 사건 등이 포함된다. 이런 정보들은 비정형, 반정형, 정형 데이터들이 함께 엮여있는 복잡한 구조를 갖고 있으므로 데이터 베이스화 시키기에는 시간도 너무 오래 걸리고 구조가 일정하지가 않다. 반면에 데이터 레이크는 구조가 일정하지 않아도 되며 다양한 종류의 데이터들을 적재하고 관리하고 있으니 증권 분야에 데이터 레이크가 활용되는 분야가 제일 적합한 형태라고 평가된다.

데이터 웨어하우스(Data Warehouse)

데이터 웨어하우스란 증명이 가능한 근거에 기반하여 의사결정을 하는 데 도움을 주는 데이터베이스 시스템을 의미한다. 일반적인 데이터베이스와 다른 점은 기존의 데이터베이스는 정보를 저장하고 보존하기 위해 시스템의 설계가 되어 있다면, 데이터 웨어하우스는 데이터들을 통해 기업의 분석가가 기업의 전략을 짤 수 있도록 통계나 수치화를 통해 일종의 간략한 보고서를 나타내 주는 역할도 수행한다. 즉, 데이터 웨어하우스 자체가 의사결정을 하는 것이 아니라 의사결정을 하기 위한 보조적인 도구라고 생각하면 된다.

데이터 웨어하우스의 일례로 아마존 웹서비스에서 제공하는 데이터 웨어하우스를 들 수 있다. 크고 작은 기업들이 해당 서비스를 이용하며 다량의 정보들을 저장하고 실제로 기록 데이터로써 가치를 사용할 수 있도록 도와준다. 시간별로 원하는 데이터의 종류를 이용하여 의사결정을 할 수 있기에 이전에 사람들이 사람들의 반응이나 설문을 통해 자료를 수집했던 과거와는 시간적으로 많은 차이가 있다. 구현하기 어렵다는 단점이 있지만, 그만한 비용을 지불하더라도 기업으로써는 전략을 구상하고 사업을 진행하는 데 많은 도움이 될 수 있다는 의미이다.

디지털 디바이드(Digital Divide)

디지털 디바이드란 정보의 격차를 말하며 부의 격차처럼 정보를 많이 받을 수 있는 사람과 그렇지 못한 사람들의 정보 수집 및 이용에 대한 격차를 의미한다. 정보화 시대에서 이런 문제는 중요한 이슈이다. 정보를 많이 보유한 사람일수록 부를 더 많이 축적할 확률이 높기 때문이다. 교육에 있어서도 인터넷을 사용할 줄 아는 사람과 그렇지 못한 사람이 사회적 혜택을 이용하는 데 있어서 아주 큰 차이를 빚는다.

디지털 디바이드의 대표적인 사례로는 코로나19 관련 대국민 지원금 제도를 들 수 있다. 해당 지원금을 전혀 받지 못한 사람들이 있었는데 가장 큰 이유가 바로 '몰라서'였다. TV를 보는 사람이나 혹은 핸드폰을 이용하는 사람이라면 누구나 알 수 있는 내용이었고, 특히나 어려운 상황에서 이런 혜택을 받지 못하는 것은 대부분 생계가 어려운 사람들이었기 때문에 그 타격은 더 심했다.

디지털 디바이드 현상을 해소할 수 있는 방안 중 하나는 아날로그 교육의 보완이 있다. 많은 사람들이 디지털에 의존하고 시스템 또한 디지털화되고 있는 상황에서 모든 것이 디지털이라고 좋은 것은 아니라고 볼 수 있다. 사회적 약자 중에서 일부는 디지털 정보를 받을 수 없는 환경에 놓여 있는 사람들도 있다. 이런 곳에 사회적인 제도와 인력이 투입되어야 할 것이다.

디지털 저작권

디지털 저작권이란 가상에 존재하는 저작물에 대한 권리를 의미하며, 해당 권리는 오로지 저작권자가 취할 수 있다. 저작권자가 가상 소유물에 대한 권리를 갖는 개념으로 가상 소유물의 가치와 존재를 인정해주고, 그와 동시에 해당 소유자에 대한 권리를 보호해주는 인증 수단이다. 디지털 저작권이 없다면, 아마 아무도 소프트웨어를 개발하려고 하지 않았을 것이다. 저작권에 대한 정책이 있기에 개발자들의 여러 가지 안전이 보장되고 꾸준한 발전을 도모할 수 있는 것이다.

디지털 저작권의 일례로 '빅스비'라는 인공지능의 저작권은 삼성이 갖는다. 실제로 사람들이 만지거나 볼 수는 없지만 가상의 세계에 존재하는 이 인공지능을 인지할 수는 있다. 만약 이 인공지능에게 저작권이 없다면 불특정 다수가 악용할 수도 있으며 기술의 발전을 도모하기에는 많은 난관이 있었을 것이다.

디지털 저작권이 가장 잘 활용되는 분야 중 하나로 소프트웨어 개발을 들 수 있다. 소프트웨어는 하드웨어 내에 존재하는 핵심 구동 시스템이다. 현존하는 모든 전자기기는 이 소프트웨어를 갖고 있다. 자동차나 냉장고, 핸드폰, 자판기까지 모든 전자기기에는 소프트웨어가 탑재된다. 이런 소프트웨어를 설계하고 관리할 수 있는 것은 소유자가 있다는 뜻이며, 소유자가 있다는 뜻은 곧 저작물에 대한 권리와 책임이 있다는 뜻으로 이어진다. 그렇기 때문에 IT분야에서 소프트웨어 개발에 대한 모든 분야는 개발하는 누구나 저작물에 대한 권리를 갖고 그에 대한 책임을 갖는다.

디지털 테라피(Digital Therapy)

디지털 테라피란 의약품을 사용하지 않고 응용프로그램이나 영상처럼 디지털적인 요소로 환자의 심신을 치료하는 기술을 넓게 포괄하는 의미이다. 디지털 테라피는 전문 치료보다는 식이요법과 같은 민간 치료법도 포함되기에 다소 신뢰성이 떨어질 수 있다는 의견도 있다. 반면에 장점으로는 어느 정도 검증된 디지털 치료라면 누구나 쉽게 디지털 치료를 받고 개발할 수 있기 때문에 확장성이 우수한 장점을 갖고 있다.

일례로 애플리케이션을 이용한 치매 예방 게임이 있다. 숫자나 그림을 기억하여 맞추고 의미를 엮어서 문장을 만들고 하는 이 게임을 통해 치매를 예방하는 효과가 어느 정도 입증되었기 때문에 가능한 일이다. 최근에는 모바일 게임으로 만들어져서 비용에 대한 부담도 적고 장소에 대한 제한도 없이 게임을 즐기며 두뇌를 활성화시킬 수 있다.

디지털 트윈(Digital Twin)

디지털 트윈이란 현실의 공간을 가상의 공간으로 재현하여 시뮬레이션을 할 수 있는 기술을 의미한다. 디지털 쌍둥이처럼 똑같은 환경을 만들어서 현실에서 하기 힘든 일들을 미리 가상으로 시뮬레이션해보는 것이다. 물론 그에 따른 물리 엔진이나 그래픽이 좋아야 그만큼 디지털 트윈으로써 제 기능을 발휘하겠지만, 해당 기술의 발상 자체는 천문학적인 실험을 최소 비용으로 최대 효율을 내며 줄일 수 있다는 장점을 갖고 있다.

디지털 트윈 기술을 활용하여 일본에서 실행하는 지진 시뮬레이션이나 해일 시뮬레이션과 같이 현실에서는 할 수 없는 실험들을 가상의 공간에서 할 수 있다. 이런 실험 결과를 토대로 피해 예상 지역과 복구비용 등을 미리 수치화하여 대응할 수 있도록 여러 가지 대책을 강구할 수 있게 해준다. 일본의 천재지변 시뮬레이션의 결과는 실제 피해와 매우 유사한 결괏값을 도출해 내기 때문에 성능이 우수한 디지털 트윈 프로그램이라고 할 수 있다.

디지털 헬스케어(Digital Healthcare)

디지털 헬스케어란 IT기술을 이용하여 의료산업 분야에 적용시키는 것으로 그중에서도 환자를 치료하는 데 밀접한 곳에 활용되는 디지털 기술을 의미한다. 일반적인 치료와는 다소 차이점이 있는 것은 반드시 의사의 손을 직접적으로 거치지 않아도 된다는 것이다. 물론 최종 오더는 의사에게 받아야 하지만, 치료를 받는 환자 입장에서는 결국 디지털 기계가 치료를 하게 되는 것이다. 치료를 하기 위한 검사 또한 마찬가지이다. CT나 MRI 등 해당 기계들도 디지털 헬스케어의 한 분야에 속한다.

디지털 헬스케어의 대표적인 활용 사례로는 혈당측정기가 있다. 기존의 혈당측정기는 채혈을 해야만 가능했는데 최근에 나오는 혈당 측정기는 채혈을 하지 않고도 타액이나 피부를 통해 혈당을 측정할 수 있게 되었다. 아직 완전 상용화 단계는 아니지만, 많은 연구가 진행되며 사용자에게 맞게끔 디지털 헬스케어 기기들이 진화하고 있다.

딥 러닝(Deep Learning)

딥 러닝이란 기계를 학습시키고 고차원화를 시키기 위해 사용하는 깊이 학습 방법으로 반복적인 알고리즘의 집합이나 함수를 이용하여 고도화시키는 기술이다. 쉽게 설명하면 많은 경우의 수를 단순화시켜 어떠한 결괏값으로 수치화하고 해당 수치를 데이터베이스에 저장하여 가장 적합한 답을 찾도록 하는 다소 복잡한 수식이다. 상황마다 사용되는 사고방식이 다르듯이 딥 러닝의 알고리즘 또한 종류가 굉장히 많다.

딥 러닝의 대표적인 사례로 Python 언어 기반의 딥 러닝 라이브러리인 'Theano'를 들 수 있다. 범용적인 딥러닝 작업에 유용하며 개발자들이 직접적으로 해당 라이브러리를 통해 새로운 인공지능 학습 방법을 만들거나, 딥 러닝에 필요한 또 다른 알고리즘을 개발할 수 있다. 오픈 라이브러리이기 때문에 무료로 사용이 가능하며 개발자들끼리 공유할 수도 있는 큰 장점을 갖고 있다.

딥 러닝을 가장 잘 활용할 수 있는 분야는 인공지능과 데이터 웨어하우스를 결합한 분야이다. 데이터 웨어하우스는 방대하게 쌓인 정보를 기반으로 의사결정에 도움을 주지만 의사결정 자체를 하는 것은 아니다. 하지만 여기에 인공지능 기술이 더해질 수 있다면, 실제 도움이 되는 의사결정을 제시하거나 여러 방안을 보여주는 등 사업을 전략화 하는 데 큰 도움이 될 것이다. 때문에 인공지능과 데이터 웨어하우스를 결합하기 위해서는 반드시 적용할 수 있는 딥 러닝 알고리즘이 필요하며 그 활용도는 매우 높다고 여겨진다.

로봇공학

로봇공학이란 넓은 범위의 자동화 기계가 오류 없이 정해진 일들을 순서에 맞게 할 수 있도록 기술을 연구·개발하는 학문이다. 실제로 우리의 일상에는 많은 로봇들이 일을 하고 있다. 공상 영화처럼 인간형 로봇이 일을 하진 않지만 그와 비슷한 드로이드형 로봇들이 공항이나 패스트푸드점, 또는 관공서에서 일하고 있다. 공장에도 많은 로봇들이 일을 하고 있는데 사람이 하기 힘든 무거운 자동차의 부품을 조립하거나 고열의 작업 환경에서 많은 로봇들이 사람 대신 작업을 수행하고 있다.

로봇공학이 활용되는 대표적인 사례로 인천국제공항에 있는 '에어스타'라는 안내 로봇이 있다. 해당 로봇은 건물의 위치를 알려주거나 사람이 가고자 하는 상가까지 직접 안내하고 공항직원과 연결도 시켜주는 등 여러 가지 일을 수행한다. 가만히 제자리에 있지 않고, 일정한 범위 안에서 돌아다니며 자신을 사용할 수 있도록 광고도 한다. 데이터도 많이 쌓이고 있어 로봇의 사용성 또한 점점 개선되고 있다.

머신 러닝(Machine Learning)

머신 러닝이란 딥 러닝을 이용하여 기계학습을 하는 기술로 보통 인공지능을 학습시키기 위한 의미가 일반적이다. 복잡한 알고리즘을 반복적으로 학습을 시키기 때문에 성능이 좋은 고사양 컴퓨터에 적합하다. 머신 러닝의 가장 큰 단점은 하나의 기능을 학습시키는 데 많은 데이터와 많은 시간이 소요되는 작업이라는 것이다. 반면에 학습이 많이 진행될수록 인공지능의 성능은 좋아지기 때문에 어쩔 수 없이 많은 시간을 들일 수밖에 없다.

머신 러닝의 대표적인 활용사례로 인공지능 '알파고'가 있다. 알파고는 여러 사람과 대결을 하며 바둑에서 승리하는 방법을 익혔다. 여기에 사용되는 기술이 머신 러닝인 것이다. 바둑의 많은 경우의 수에서 유리한 조건을 찾기 위해 계속해서 최대한 많은 사람들과 많은 시합을 하며 알파고 자신은 점점 자신의 성능을 향상시켜 나갔다. 모두가 알고 있는 이세돌 선수와 알파고의 경기에 많은 사람들이 관심을 갖게 된 이유도 바둑의 경우의 수는 10의 171제곱에 해당하는 천문학적인 경우의 수를 갖고 있기 때문에 사람이 이길 거라는 기대감이 있었기 때문이다. 하지만 그런 기대와는 다르게 알파고가 결국에는 승리하게 되어 머신 러닝의 효과에 대해 많은 이들이 알게 되었다.

메타버스(Metaverse)

메타버스는 '현실에 존재하는, 혹은 허구의 상황을 가상의 세계로 끌고 와 만든 초월적인 우주'라는 뜻이다. 일반적인 가상현실보다 세계관이 더 넓고 사용자와 피드백에 더 초점을 둔 가상현실 세계이다. 물론 메타버스 또한 가상현실의 한 종류이긴 하지만 메타와 유니버스가 합성된 의미로 다양한 개념들이 다량으로 들어 있는 가상의 공간을 의미하는 바가 더 크다. 따라서 실제로 우리가 가본 곳이나 가보지 못한 곳, 또는 가고 싶은 곳을 구현하여 여러 사람이 네트워크를 통해 함께 즐길 수 있도록 구현하는 방향으로 많이 진화하였다.

국외에서는 마이크로소프트, 페이스북, 국내에서는 카카오 등의 기업들이 메타버스를 이용하여 가상의 공간에서 사용자들이 자유롭게 대화하며 국적 상관없이 만날 수 있는 플랫폼을 개발하는 데 힘쓰고 있다. 해당 나라에 대한 문화나 생각, 또한 어떤 지역에 대해 구현을 함으로써 사용자들이 대리만족과 직접만족의 중간에 해당하는 만족감을 충족시킬 수 있다는 기술이다. 아직까지는 개발 및 투자 단계라 완전 실용화되기까지 시간이 다소 걸릴 수 있지만 머지않아 많은 사용자들이 플랫폼과 장소에 구애받지 않고 메타버스를 즐길 수 있을 것으로 기대된다. 메타버스가 더 주목받고 발전하는 데에는 코로나19가 큰 역할을 하였다. 많은 사람들이 밖에 나가거나 모이는 데 있어서 많은 제약이 따르고 실제로 불특정 다수가 모이는 곳이라면 어김없이 코로나 확진자가 나왔다. 때문에 극장이나 박람회, 그밖에 다양한 문화시설에 메타버스를 적용하여 구현한다면 직접 서비스인 부분은 해결하기 힘들겠지만 간접 서비스 업계에서는 사용자와 제공자가 많은 부분을 해결할 수 있다고 평가받는다.

무인 기술

무인 기술이란 사람이 없이 자동으로 어떤 일을 처리하는 고도화된 모든 기술을 의미한다. 자동화 기술보다 향상된 개념으로 자동화란 말 그대로 수동으로 시켜서 구동되는 것이 아닌 자동으로 반복적인 일을 하는 것에 불과하다. 하지만 무인 기술은 사람이 없어도 활동이 가능한 것으로 낮은 수준의 비선형 처리도 가능한 수준을 의미한다. 즉, 자동화가 반복적인 일을 효율적으로 하는 시스템이라면 무인은 복잡한 일을 능동적으로 처리하는 시스템이다.

무인 기술의 활용 사례로는 비행기에 사용되는 자동 항법장치가 있다. 물론 해당 시스템을 구동하려면 몇 가지 조건들이 있지만 장애물이 거의 없는 하늘에서는 매우 유용한 시스템이다. 비행기로 운행하는 노선은 대부분 차로 이동하는 시간보다 길고 거리도 멀리 가기에 파일럿의 피로가 많이 쌓이게 된다. 이러한 문제점을 보완해주기 위해 무인 기술은 매우 유용하고 중요한 시스템인 것이다.

블록체인(Block Chain)

블록체인이란 정보와 정보가 서로 연결되어있는 형태로 데이터 분산 저장 기법을 의미한다. 작은 정보들이 서로의 정보 상태를 공유하고 불특정 다수의 물리적인 공간에 나눠져 저장되는 형태이다. 정보들 서로의 정보 상태를 공유하기 때문에 한 개체의 상태변화에 따른 민감도가 매우 높다. 때문에 한 개의 정보를 해킹하기 위해서는 전체의 정보를 해킹해야 하기 때문에 현재의 기술로는 블록체인 기술이 들어간 정보들을 해킹하는 것은 거의 불가능에 가깝다. 게다가 서로 정보와 상태를 공유하며 연결되어 있다 보니 어느 한 저장소의 네트워크가 끊기거나 중단되어도 다시 연결만 하면 동기화되어 정보를 갱신할 수 있다.

블록체인의 대표적인 활용 사례로 가상화폐에서 블록체인 기술의 상용화를 들 수 있다. 많은 사람들에게 알려진 '비트코인'이라는 가상화폐처럼 실제로 존재하지는 않지만 가상의 세계에 존재하는 화폐를 의미한다. 사이버 머니와는 매우 다른 개념으로 사이버상에서만 통용되는 사이버 머니와는 다르게 가상화폐는 실제로 존재하는 화폐처럼 시장의 흐름에 따라 그 가치가 변동된다.

블록체인 기술을 잘 활용할 수 있는 가장 큰 분야로 정보보안 분야가 있다. 블록체인의 이름처럼 정보와 상태에 대한 꼬리표가 하나의 정보로써 작용하고 해당 정보들이 서로 묶여서 거대한 생태계를 이루게 된다. 실제로 정보의 양이 많을수록 해킹하기도 힘들고 침해하기도 어렵다. 또한 여러 저장소가 해당 정보를 공유하고 있으니 유사시 백업을 하지 않아도 어딘가에 해당 정보가 살아있기 때문에 동기화를 통해 복구도 쉽게 할 수 있다. 저장소가 많아야 한다는 단점이 존재하지만 많은 사람들에게 컴퓨터가 보급된 만큼 충분히 사용 가능한 블록체인을 이용한 보안 기술이라 평가된다.

빅데이터(Big Data)

빅데이터란 여러 종류의 작은 데이터들이 방대하게 많은 양을 이루고 있는 아주 큰 데이터 집합을 의미한다. 일반적인 데이터들과 차별점을 둔다면 빅데이터는 현재 의미로서는 제타바이트급에 범접하는 양의 데이터 모음을 뜻한다. 빅데이터의 사용 분야와 종류도 다양하고 저장되는 형태 또한 매우 다양하다. 사용 분야를 예로 들면 물류업이나 의료업, 그밖에 서비스업 등 빅데이터가 사용되는 분야가 점점 확대되고 있으며 빅데이터는 텍스트로만 되어 있는 종류나 혹은 영상, 사진, 그림, 음성 등 사용되는 분야에 맞게 변화하고 있다. 저장 매체 또한 빅데이터가 활용되는 분야에 맞게 변하고 있는데, 우리가 잘 알고 있는 클라우드 형태의 데이터센터나 혹은 로컬에 저장하며 빅데이터를 활용한다.

빅데이터의 활용 사례로는 삼성전자의 '빅스비'가 있다. '빅스비'는 수많은 사람들의 음성데이터를 이용하여 억양이나 성별에 따른 목소리 톤 등에 대해서 인공지능을 학습시켰다. 이는 음성인식에 있어서 매우 중요한 데이터로 작용하였다. 특히나 '빅스비'를 학습시킨 데이터는 국내/외에서 수집한 데이터로 음성데이터뿐만 아니라 텍스트 데이터가 결합된 복합데이터이다. 음성신호와 그에 따른 텍스트 정보를 결합한 빅데이터이기 때문에 양도 양이지만, 데이터 라벨링하는 데 많은 시간과 노력이 들었을 것이다.

빅데이터를 활용할 수 있는 분야는 더 많아질 것이며 특히나 우리의 생활과 밀접한 모바일이나 가전제품에도 많이 사용될 것이다. 왜냐하면 세계의 대부분의 사람들은 모바일을 통해 정보를 습득하고 공유하기 때문이다. 4차 산업혁명에서 가장 기본이 되는 기술 중에 하나인 빅데이터는 활용도가 높고 전자기기를 사용하는 모든 사용자들에게 필요한 기술이다.

사물 인식

사물 인식이란 컴퓨터가 어떠한 사물을 보았을 때 구별이나 판별을 할 수 있는 기술이다. 짐승, 사람, 자동차, 연필 등 다양한 물체들을 컴퓨터가 인식하도록 하는 것인데 첫 번째로 가장 중요한 점은 카메라에 담긴 배경과 초점에 잡힌 사물을 구분해내는 것이다. 사람에게는 눈으로 보았을 때 입체감을 느끼며 3차원 공간임을 인지할 수 있지만, 컴퓨터가 카메라로 바라보는 세상은 2차원 공간의 영상이 계속해서 나타날 뿐이다. 때문에 배경과 초점에 잡힌 사물을 구분해내는 것이 첫 번째 단계이고 두 번째는 사물에 대한 큰 카테고리에서의 분류를 해내는 것이다. 동물인지 물건인지, 이런 식으로 큰 범주에서 판별해내야 한다. 두 번째까지 가능하다면 보통 사물 인식이라고 한다. 여기서 최근에는 더 나아가 해당 사물의 정확한 종류를 분류해내는 단계까지 진화하고 있다.

사물 인식의 대표적인 활용사례로 자율 주행이 있다. 자동차가 자율적으로 운행을 하려면 여러 가지 장애물을 인식하여 피하며 가야 하는데 여기에 이 기술이 들어가 있다. 횡단보도를 인식하고 걸어가는 사람과 멈춰있는 차들을 인식하여 자동차의 그 다음 행동을 결정하는 것이다. 실제로 현재 우리나라의 자율 주행 기술은 세계에서도 손에 꼽힐 정도로 높은 수준까지 발전했다.

사물인터넷(IOT; Internet Of Things)

사물인터넷이란 크고 작은 전자기기들이 인터넷망을 이용하여 서로 통신하고 사용자와 대화식으로 정보가 교류되는 전자기기들을 의미한다. 유사해 보일 수 있지만 블루투스망 통신만 되는 소형 전자기기하고는 전혀 다른 개념으로 네트워크망을 사용하여 전자기기끼리 통신을 한다는 점이 가장 큰 차이점이다. 사용되는 분야 또한 매우 광범위하다. 고급 승용차, 모바일, 가전제품 등 종류도 다양하고 사용자들의 수요에 맞게 같은 기능을 수행하더라도 다른 형태를 갖고 있는 경우가 많다.

사물인터넷의 대표적인 활용사례로는 '갤럭시 워치'나 '애플 워치'처럼 시계의 역할만 수행하는 것이 아닌 인터넷을 이용하는 스마트 시계가 있다. 사용자의 수요에 맞게 외형이나 시계 내부 디자인도 개성 있게 바꿀 수 있으며 기능도 시계, 달력, 만보기, 날씨, 온도, 문자, 전화, 메모 등 굉장히 다양한 기능을 수행할 수 있다. 그중에서도 핸드폰과 연동하여 정보를 동기화하여 사용자에게 전달하는 사물인터넷의 전형적인 모습을 보여주고 있다. 마치 유기적으로 연결되어 있는 인터넷망이 사물들에게도 연결되어 있는 모습이다. 그래서 사물인터넷이라고 부른다.

사이버 물리 시스템(CPS; Cyber-Physical System)

사이버 물리 시스템이란 사물인터넷들이 서로 연결되어 있는 환경에서 사이버상의 일종의 시스템도 함께 만들어져 연결되어 있는 상태를 의미한다. 실제로 현실에 존재하는 전자 기기들이 네트워크를 이용하여 어떤 고정적인 형태를 취하는 것으로 사물인터넷과는 차이가 있다.

스마트 교통 시스템이 사이버 물리 시스템의 가장 대표적인 예이다. 사물인터넷은 전자기기들이 네트워크를 통해 서로 연동되고 사용자와 정보를 교류하는 데 초점이 맞추어져 있다면 사이버 물리 시스템의 한 종류인 스마트 교통 시스템은 신호등이나 표지판 등 교통에 필요한 전자기기들이 네트워크를 통해 서로 정보를 공유하고 가상공간에 교통 전자기기들 네트워크망의 구조와 비슷한 지도를 만들어 놓는 것이다. 이것의 최대 장점은 사고가 나거나 어떠한 상황이 발생하면 교통 감시 카메라가 이를 포착하고 사이버 물리 시스템 내에 사고가 난 곳을 표시해주는 것이다. 즉각적으로 대응할 수 있기에 민첩하고 빠른 대응 시스템이라고 할 수 있다.

생체 인식

생체 인식이란 특정 사람의 홍채나 지문, 또는 정맥 혈관 자리와 같은 사람의 신체 정보를 정보로써 인식하는 기술을 말한다. 생체인식은 어떤 사람이 갖고 있는 신체에 대한 고유 정보를 이용하는 것이다. 그러므로 해킹도 불가능하고 직접 인식을 하지 않는 이상 누구도 대신 인식할 수는 없다. 심지어 쌍둥이도 지문이 다르니 불가능에 가깝다. 하지만 그만큼 직접 해야 한다는 번거로움도 존재한다. 사용자가 원격으로 인식할 수도 없고 반드시 직접 인식해야 하기 때문에 인식기를 따로 소지하고 있거나 대체 인식방법이 있지 않다면 결국 직접 생체인식을 해야 하기 때문이다.

생체 인식의 활용사례로 서울대학교에서 실시하고 있는 '손등 인식기'가 있다. 해당 인식기는 손등에 있는 정맥의 자리를 이용하여 출입을 하는 것으로 사람마다 다른 정맥 자리를 이용하여 생체인식 기법을 도입한 것이다. 큰 장점은 기기를 반드시 만질 필요 없이 빛으로 인식시킬 수 있고 지문 자국이 남지 않는 것이다. 하지만 정맥은 혈관이다 보니 온도에 영향을 받고 그밖에 알코올이나 약물에 의해 수축 및 이완이 되기 때문에 이런 경우 생체 인식률이 떨어질 수도 있다는 단점이 있다.

스마트 융합 가전

스마트 융합 가전이란 집에서 사용하는 가전제품이 인터넷과 연동되어 전자기기끼리 정보를 공유하고 가공하여 사용자에게 편의를 제공하는 고급화된 가전제품을 의미한다. 일반적인 가전제품과 가장 큰 차이는 스마트 융합 가전은 IOT의 장점이 결합되어 있는 복합 가전의 형태를 갖고 있다. 일반적인 가전제품에는 통상적으로 단일 기능만 탑재되어 있다. 냉장고는 냉장 역할만 수행하며 TV는 출력의 기능, 에어컨은 냉방이라는 단일의 기능을 수행하게 된다. 하지만 최근에 나오는 스마트 융합 가전들은 집의 환경이나 사용자의 상태를 보고 맞춤형 서비스를 제공하는 능동적인 기능을 수행한다.

스마트 홈 케어 서비스에 들어가는 대부분의 가전제품이 스마트 융합 가전이라고 할 수 있다. LG에서 나오는 스마트 에어컨은 실내의 온도와 습도, 미세먼지 농도를 측정하여 실시간으로 사용자가 설정한 알맞은 공기질을 유지한다. 삼성에서 나오는 TV는 사용자의 선호 채널을 기억하고 시청 시간대를 기억해서 해당 시간이 지나면 자동으로 절전모드로 전환되는 그런 기능들을 갖고 있다.

스마트 팜(Smart Farm)

스마트 팜이란 기존의 비닐하우스나 축사 같은 낙농업의 생산지에 IT 기술을 융합하여 원격으로 관리할 수 있거나 상태를 확인하는 기술을 의미한다. 스마트 팜은 특히 생산 및 품질 관리에서 매우 중요한 역할을 하고 있다. 스마트 팜에서 진행되는 모든 과정을 시스템이 지켜보고 검사하게 되면 24시간 품질에 대한 보증을 할 수 있을 뿐 아니라 사고 발생 시 빠른 대처가 가능해진다.

LG전자에서 식물재배기를 개발하며 스마트 팜의 시대를 한 발 더 앞당겨 온 사례가 있다. 해당 기기는 LED를 이용하여 광합성을 시키고 온도와 습도를 맞추어 주는 등 자동으로 식물을 키워서 가꿔주는 소형 스마트 팜이다. 실제로 일부 농가에서는 대형 스마트 팜을 구축하여 버섯이나 토마토 등 여러 채소를 키워 공급하는 업체도 존재한다.

스마트 팜이 가장 잘 활용될 수 있는 분야는 식품 통계이다. 식품 통계는 해당 식재료의 생장 주기나 병충해에 대한 정보들을 기록하고 대응할 수 있도록 수치화하는 작업도 진행한다. 스마트 팜의 가장 큰 장점 중 하나는 통계화이다. 스마트 팜은 4차 산업혁명의 기술들을 혼합하였기에 자동화, 무인화, 스마트 팩토리에 대한 장점들을 사용했다. 여기에 키우고 있는 식재료에 대한 정보도 데이터베이스화 시켜서 사용될 수 있기에 점점 좋은 품질의 식재료를 생산할 수 있다.

스마트 팩토리(Smart Factory)

스마트 팩토리란 생산부터 유통, 설계, 제조 등 공장에 들어가고 나오는 모든 과정들의 일부나 전체가 디지털 및 자동화로 이루어져 인력의 도움보다 고도화된 기계의 도움을 받아 움직이는 공장을 의미한다. 일반적인 자동화 공장과 큰 차이점이 있다면 반드시 디지털화 되어 있는 기술과 네트워크를 사용하는 고도화된 기계들에 의하여 활용되어야만 한다는 것이다.

일례로 LG그룹에서는 많은 공장 설비들을 고도화 시켜서 스마트 팩토리를 형성하고 있다. 각 공정은 자동화되어 원격으로 감시되고 유통에 걸친 모든 라인들 또한 어느 지역으로 가게 되는지 실시간으로 GPS를 통해 표시된다. 관리되는 네트워크망이 각 구역마다 연결되어 한 번에 볼 수 있는 것이다. 시간이나 비용 측면에서 바라볼 때 장기적으로 많은 이윤을 가져다주는 구조이다.

스마트 팩토리를 가장 잘 활용할 수 있는 분야는 위험한 일이 따르지만 반복적이고 모든 공정이나 일부분의 공정을 자동화할 수 있는 분야이다. 이를테면 철강 제조 분야나 화학물 처리 등 우리에게 반드시 필요하면서 위험이 따르는 업무에 스마트 팩토리가 많은 도움이 될 것이다. 없어지는 일자리가 있을 수 있지만 그만큼 정책이나 대체 직업에 대해 많은 부분을 함께 신경 써야 한다.

양자컴퓨터

양자컴퓨터는 양자얽힘 현상을 이용하여 여러 가지 경우의 수를 병렬로 처리할 수 있는 고도의 컴퓨터를 뜻한다. 한 번에 아주 많은 연산을 처리할 수 있어서 병렬 처리에 강한 GPU보다 훨씬 병렬 처리에 강하고 처리속도도 빨라서 일반적인 CPU와는 비교도 안 될 정도로 높은 성능을 보여준다. 어느 정도로 성능이 좋은지 보면, 현재 있는 기술로 블록체인의 복잡한 암호화 기술을 뚫을 수 없다고 하지만, 양자컴퓨터가 상용화된다면 블록체인 암호화 기술을 충분히 해킹할 수 있다고 한다. 하지만 큰 단점이 있는데, 양자 컴퓨터를 구동하기 위해서는 절대온도에 가까운 극저온에서 컴퓨터를 구동시켜야 한다. 양자 컴퓨터는 현재 기술로는 상용화하기 어려운 문제를 안고 있지만, 그만큼 복잡하고 많은 연산을 한 번에 처리할 수 있는 고성능 컴퓨터이다.

2021년 IBM은 127큐비트에 해당하는 처리능력을 보유한 양자 컴퓨터를 선보였다. 해당 양자 컴퓨터만큼의 연산을 같은 능력으로 처리하기 위해서는 일반 컴퓨터가 지구의 크기만큼 필요하다는 설명이 있을 정도로 해당 양자 컴퓨터의 연산 처리능력은 천문학적이라고 말할 수 있다.

양자컴퓨터는 '정보보안' 분야에서 가장 요긴하게 활용될 수 있다. 해킹이 불가능한 네트워크 통신을 구현할 수도 있으며, 보안 위협 행위를 추적하거나 예방하는 데 크게 기여할 수도 있다. 슈퍼컴퓨터보다 수 배는 성능이 좋아서 금융, 군수, 의료, 교육 등 국가 발전에 도움이 되는 여러 기관에서 사용될 수 있다. 그렇기 때문에 4차 산업혁명의 최고의 산물은 인공지능이나 자율 주행이 아닌 양자컴퓨터라고 할 수 있다.

웨어러블(Wearable)

웨어러블이란 몸에 착용이 가능한 전자기기를 의미하며, 사물인터넷과 혼합된 형태로 많이 나타난다. 특히 요즘에는 손목이나 머리, 옷깃 등 다양한 부위에 부착하거나 착용하는 형태로 많이 제작되는데, 사용자 맞춤형 서비스의 영역이 점점 확장됨에 따라 그 영역은 증가하고 있다. 웨어러블의 특성상 무게감이 있고 사용자에 따라 불편함을 호소할 수 있다.

웨어러블의 대표적인 활용사례로는 스마트 워치가 있다. 삼성에서 개발한 스마트 워치는 핸드폰과 연동되어 사용자에게 정보를 전달하고 인터넷과 연결되어 실시간으로 날씨나 메일의 내용을 확인할 수 있게 해준다. 또한 사용자마다 선호하는 색깔과 모양이 다르듯이 시계 내부의 화면도 원하는 대로 바꿀 수 있으며, 실제 밴드 부분도 여러 색상이나 재질로 탈착과 부착이 가능하다.

웨어러블을 가장 잘 활용할 수 있는 분야 중 하나로 의료분야가 있다. 환자에게 보호자가 항시 옆에 있을 수 없거나 환자 스스로 몸을 가누기 힘들 때, 웨어러블은 많은 도움을 줄 수 있다. 환자에게 착용되어 실시간으로 환자의 상태를 보호자에게 확인할 수 있도록 해주거나 환자가 위급한 상황에 웨어러블 내에 있는 센서가 상황을 확인하여 의사에게 알려주게 할 수도 있다. 웨어러블의 모양이나 기능은 전부 다르지만, 사용자와 밀접한 곳에서 사용되는 만큼 많은 의료분야에서 쓰임이 있을 것이다.

음성인식

음성인식이란 사용자의 목소리를 실제 컴퓨터가 들을 수 있도록 인식하는 기술이다. 반드시 소음과 구분해야 하기 때문에 사람 목소리의 주파수대역을 샘플링하는 기술이 좋아야 한다. 또한 너무 낮은 주파수대역이나 높은 주파수대역까지 들으면 너무 많은 종류의 소음까지 인식해 버리기 때문에 대조도가 낮아지므로 적당한 사람의 주파수대역에서 인식을 할 수 있도록 조절이 필요하다.

음성인식의 대표적인 활용 사례로는 '말로 하는 ARS'가 있다. 현재 많은 은행의 애플리케이션에서 상담원과 연결하기 전에 음성 ARS로 간단한 질문을 통해 사전에 정보를 얻어 고객의 문의를 해결한다. 예전에는 사람이 전화로 처음부터 끝까지 대응을 해야 했다면 지금은 기계가 음성인식을 통해 어느 정도 미리 해결을 하기 때문에 전화 대응의 피로도가 많이 줄었다고 할 수 있다.

인공지능(AI; Artificial Intelligence)

인공지능은 컴퓨터가 사람의 생각과 유사하게 사고하도록 인위적으로 만든 일종의 비선형 처리 알고리즘을 의미한다. 현실세계의 복합적이고 복잡한 문제들을 해결하기 위해서는 규칙들 사이에 무작위

의 경우들이 포함되는데 이때 발생하는 상황에 따른 변수가 인공지능이 결정을 내릴 때 크게 작용하게 된다. 특히나 인공지능이란 어떠한 문제들이 학습이 되어 있는 상태를 말하기 때문에 학습이 되기 전의 상태는 그저 알고리즘과 시스템에 불과하다. 즉, 성숙도가 최소 85% 이상 수준까지 갖추어져야 인공지능이라 말할 수 있다.

삼성전자에서 출시한 '빅스비'나 애플사에서 출시한 '시리'가 인공지능의 대표적인 예이다. 사용자의 음성을 듣고 인공지능이 판단하여 필요한 정보나 서비스를 제공하는 인공지능이다. 단순히 모바일에만 국한된 인공지능이 아니라 스마트스피커나 스마트홈에도 해당 인공지능이 서비스되어 사용된다. 최근에는 물류 업계나 의료 업계에서도 인공지능을 통해 사용자 대신 조작을 하여 업무를 단순화 및 단축시키는 방향을 많이 연구하고 있다.

자동화 공장

자동화 공장이란 생산부터 유통, 설계, 제조 등 공장에 들어가고 나오는 모든 과정들의 일부나 전체가 자동화로 이루어져 인력의 도움보다 기계의 도움을 받아 움직이는 공장을 의미한다. 스마트 팩토리와 큰 차이점이 있다면 반드시 디지털화일 필요는 없다는 점이다. 국내에 있는 대부분의 공장들은 자동화 시스템을 갖추고 있다. 물론 100% 자동화는 없지만 대부분의 설비가 자동화되어 있다. 자동화 공장이 중요한 이유는 스마트 팩토리를 가기 위한 첫 걸음이기 때문이다. 사람의 손으로 직접 모든 것을 하던 시대에서 대량의 생산과 품질 관리가 가능해진 시대로 변했기에 그 중간 형태인 자동화 공장은 그만큼 중요한 다리의 역할을 하고 있다.

자동화 공장의 활용사례로 핸드폰 생산 검사가 있다. 예전에는 사람이 거의 모든 공정을 일일이 확인하는 작업을 거쳤다면 지금은 적외선 센서나 전자기 자동 터치 등 기계가 알아서 검사해 준다. 심지어 외형 흠집 검사도 기계가 대신해주고 있다. 더 나아가 이 검사 시스템이 원격으로 관리되고 조종된다면 그것이 스마트 팩토리인 것이다.

자율 주행

자율 주행이란 인공지능을 통해 자동차나 비행기가 스스로 판단하며 목적지까지 도달하는 기술을 의미한다. 자율 주행 기술에는 사물을 인식하고 상황을 판단하기 위해 반드시 인공지능 기술이 들어간다. 또한 어디까지 가야 하는 목적지에 대한 목표가 있으며 제일 최우선되는 목표는 '도착'이 아닌 '무사고'이다.

자율 주행의 대표적인 활용사례로는 현대자동차에서 시험 운행하고 있는 자율 주행 자동차가 있다. GPS와 로드맵을 자율 주행 인공지능에 입력하여 인공지능이 목적지까지 안전하게 도착하도록 프로그래밍하였다. 현재 사람이 탑승은 해야 하나 손을 뗀 상태로 운전이 가능한 Level 3단계까지 발전하여 최종적으로 양산하고 있다.

정보보호

정보보호는 정보수집 및 활용에 있어서 일종의 정보 침해 및 정보 악용을 예방하기 위한 법규나 기준을 뜻한다. 정보보호의 행위는 굉장히 넓은 범위의 악용과 사고를 예상하고 예방해야 하기 때문에 관련된 법률의 경우도 매우 다양하고 적용할 수 있는 양상도 다양하기에 매번 새로운 상황에 맞추어서 적용시켜야 한다. 물론 국내에도 정보통신법이나 정보보호법 등 해당 기준이 마련되어 있지만 여전히 새로운 기술과 서비스에 법체계가 따라가는 데에는 다소 보완해야 할 점들이 있다.

정보보호의 활용사례로 최근의 핸드폰들은 '비밀번호'나 '특정패턴'뿐만 아니라 '얼굴인식', '지문인식'을 통해서 본래의 주인이 아니면 핸드폰을 활성화시킬 수 없도록 하였다. 사용자의 정보를 아무나 접근할 수 없도록 절차를 둠으로써 일종의 정보보호에 대한 안전장치를 해둔 것이다. 그리고 최근에는 사용자의 홍채나 목소리를 통해 고유의 모양이나 주파수를 특정하여 활성화하는 열쇠로써 사용하는 방법도 어느 정도 실용화되고 있다.

정보보호가 중요한 가장 큰 이유는 불특정 다수가 나의 정보를 이용하여 악용할 수 있다는 점에 있다. 그중에서도 물리적인 방법이 아닌 디지털적인 방법으로 범죄가 일어나기 때문에 흔적을 찾거나 직접 범인을 검거하기에는 많은 어려움이 있다. 그렇기 때문에 사전에 이런 악성 행위를 원천 차단하기 위하여 정보보호 기술들은 사용자의 정보를 보호하는 기술은 물론 악용을 막기 위해 해커를 특정해 내거나 악성 바이러스의 출처를 알아내는 등의 추적 기술도 고도화되어야 한다.

증강현실(Augmented Reality)

증강현실이란 실제 현실에서 가상의 이미지를 덧씌워 마치 진짜 현실과 가상현실이 혼합된듯한 영상을 보여주는 기술을 의미한다. 최근의 증강현실 기술은 사용자와 피드백이 가능하도록 만들어지기도 한다. 존재하지 않는 물체를 화면을 통해 현실에서 만지며 보게 되는 기술로 남녀노소 누구나 즐길 수 있는 운동 게임을 만들 수도 있다.

증강현실의 대표적인 활용예시로 증강현실 가구 배치 애플리케이션이 있다. 사용자의 실제 방을 촬영하여 애플리케이션에 입력하면 해당 프로그램이 방의 크기를 측정하고 공간화시킨다. 그리고 이 구현된 공간에 사용자가 구매하고 싶은 여러 가지 가구들을 배치해 보며, 실제로 물건이 와서 배치를 하였을 때 공간의 크기가 안 맞는 불상사를 예방해 준다. 아직 국내에서는 가구를 실제로 보고 치수를 측정하여 구매하는 것이 일반적이지만, 미국과 같이 큰 나라는 가구를 구매하여 배치하거나 다시 반품시키는 데 아주 오랜 시간이 걸리기 때문에 이런 증강현실 애플리케이션이 발달하게 되었다.

클라우드 컴퓨팅(Cloud Computing)

클라우드 컴퓨팅이란 사용자의 입장에서 논리적으로 존재는 하되 물리적으로 확인할 수는 없고, 특별한 관리를 하지 않아도 컴퓨터의 시스템이나 서비스를 사용할 수 있는 기술을 의미한다. 원격으로 컴퓨터를 사용하는 형태로 실제 사용자의 작업은 명령을 입력하는 단말기가 아니라 멀리 떨어진 컴퓨터가 수행하게 되는 것이다. 가장 큰 장점은 일반사용자가 구축하기 힘든 거대한 시스템이나 고비용의 장비를 직접 구입하지 않고, 일정한 비용을 지불하고 대여하여 사용하여 서비스를 이용하는 것이다. 마치 월세를 내고 방을 빌리는 것과 비슷하다고 볼 수도 있다.

클라우드 컴퓨팅의 대표적인 예로 아마존 웹서비스나 구글클라우드플랫폼, 네이버 클라우드 등과 같은 기업에서 제공하는 클라우드 컴퓨팅 서비스를 들 수 있을 것이다. 해당 서비스들은 전형적인 클라우드 컴퓨팅 서비스로 사용자가 원하는 성능과 원하는 기간, 용량 등을 설정을 하고 그에 맞는 비용을 지불하여 원격에 있는 고급 컴퓨터를 사용하는 기술이다. 소비자 입장에서도 장치관리는 기업에서 알아서 해주고 필요한 만큼만 서비스를 사용해도 되므로 합리적이라고 할 수 있다.

에세이 / 면접

남에게 이기는 방법의 하나는 예의범절로 이기는 것이다.

- 조쉬 빌링스 -

앞선 정보 제공! 도서 업데이트

언제, 왜 업데이트될까?

도서의 학습 효율을 높이기 위해 자료를 추가로 제공할 때!
공기업 · 대기업 필기시험에 변동사항 발생 시 정보 공유를 위해!
공기업 · 대기업 채용 및 시험 관련 중요 이슈가 생겼을 때!

01 시대에듀 도서
www.sdedu.co.kr/book
홈페이지 접속

02 상단 카테고리
「도서업데이트」
클릭

03 해당
기업명으로
검색

참고자료, 시험 개정사항 등 정보 제공으로 학습효율을 높여 드립니다.

시대에듀
대기업 인적성검사 시리즈

신뢰와 책임의 마음으로 수험생 여러분에게 다가갑니다.

※도서의 이미지 및 구성은 변동될 수 있습니다.

2025 **All-New** 전면개정판

싸피

삼성 청년 SW아카데미

SW적성진단
5일 완성

편저 | SDC(Sidae Data Center)

| 정답 및 해설 |

SAMSUNG

SOFTWARE

ACADEMY

FOR

YOUTH

SSAFY

시대에듀

1 일차

PART 1 객관식
정답 및 해설

CHAPTER 01 수리논리

01 응용수리

01	02	03	04	05	06	07	08	09	10	11	12	13	14	15	16	17	18	19	20
③	①	④	③	①	①	②	④	③	④	②	⑤	②	②	⑤	①	②	②	③	①
21	22	23	24	25	26	27	28	29	30	31	32	33	34	35	36	37	38	39	40
②	④	②	③	②	⑤	②	③	④	①	③	⑤	④	⑤	③	②	①	②	②	③
41	42	43	44	45	46	47	48	49	50										
④	②	③	②	②	④	⑤	②	④	⑤										

01 정답 ③

증발한 물의 양을 xg이라 하면, 다음과 같은 식이 성립한다.

$\frac{3}{100} \times 400 = \frac{5}{100} \times (400 - x)$

$\rightarrow 1,200 = 2,000 - 5x$

$\therefore x = 160$

따라서 증발한 물의 양이 160g이므로 남아있는 설탕물의 양은 $400 - 160 = 240$g이다.

02 정답 ①

소금물 A의 농도를 x%, 소금물 B의 농도를 y%라고 하면, 다음과 같은 두 방정식이 성립한다.

$\frac{x}{100} \times 200 + \frac{y}{100} \times 300 = \frac{9}{100} \times 500 \rightarrow 2x + 3y = 45 \cdots \bigcirc$

$\frac{x}{100} \times 300 + \frac{y}{100} \times 200 = \frac{10}{100} \times 500 \rightarrow 3x + 2y = 50 \cdots \bigcirc$

$\therefore x = 12, \ y = 7$

따라서 소금물 A의 농도는 12%이며, 소금물 B의 농도는 7%임을 알 수 있다.

03 정답 ④

12%의 식염수 150g을 만들기 위해 필요한 물의 양을 xg이라 하자.

• 270g의 물에 30g의 식염을 혼합하여 만든 식염수의 농도 : $\frac{30}{270 + 30} \times 100 = 10$%

• 210g의 식염수를 덜어낸 후 컵에 남은 식염수 중 식염의 중량 : $\frac{10}{100} \times (300 - 210) = 9$g

• 12%의 식염수 150g을 만드는 데 필요한 식염의 중량 : $\frac{12}{100} \times 150 = 18$g

- 12%의 식염수 150g을 만드는 데 필요한 식염수의 양 : $\dfrac{18}{90+x} \times 100 = 12$g

  ∴ $x=60$

  따라서 12%의 식염수 150g을 만들기 위해서는 물 51g과 식염 9g이 필요하다.

04 정답 ③

총 6시간 30분 중 30분은 정상에서 휴식을 취했으므로, 오르막길과 내리막길의 실제 이동시간은 6시간이다. 총 14km의 길이 중 a는 오르막길에서 걸린 시간, b는 내리막길에서 걸린 시간이라 하면 다음과 같은 식으로 나타낼 수 있다.

a+b=6 ⋯ ㉠

1.5a+4b=14 ⋯ ㉡

㉠, ㉡을 연립하면 a=4, b=2이므로 오르막길은 4시간, 내리막길은 2시간이 걸린다.

따라서 오르막길 A의 거리는 1.5km×4=6km이다.

05 정답 ①

구간단속구간의 제한 속도를 $x$km/h라고 하면

$\dfrac{390-30}{80} + \dfrac{30}{x} = 5 \rightarrow 4.5 + \dfrac{30}{x} = 5 \rightarrow \dfrac{30}{x} = 0.5$

∴ $x=60$

따라서 구간단속구간의 제한 속도는 60km/h이다.

06 정답 ①

기차의 길이를 xm, 기차의 속력을 ym/s라 하면, 다음과 같은 식이 성립한다.

$\dfrac{x+400}{y} = 10 \rightarrow x+400=10y \rightarrow 10y-x=400$ ⋯ ㉠

$\dfrac{x+800}{y} = 18 \rightarrow x+800=18y \rightarrow 18y-x=800$ ⋯ ㉡

㉠, ㉡을 연립하면 $x=100$, $y=50$이다.

따라서 기차의 길이는 100m이고, 기차의 속력은 50m/s이다.

07 정답 ②

효진이가 걸어서 간 시간을 t분이라고 하면 자전거를 타고 간 시간은 (30−t)분이다.

150(30−t)+50t=4,000 → 100t=500

∴ t=5

따라서 효진이가 걸어간 시간은 5분이다.

08 정답 ④

중국인 중 관광을 목적으로 온 사람의 수를 x명으로 놓고, 문제의 설명대로 표를 만들면 다음과 같다.

(단위 : 명)

구분	중국인	중국인이 아닌 외국인	합계
전체 인원	30	70	100
관광을 목적으로 온 외국인	x	14	20

관광을 목적으로 온 외국인은 20%이므로, 중국인 중 관광으로 온 사람은 6명이어야 한다.

따라서 $x=6$이므로 중국인 중 관광을 목적으로 온 사람일 확률은 $\dfrac{6}{30} = \dfrac{1}{5}$이다.

09 정답 ③

두 수의 곱이 짝수인 경우는 (짝수, 홀수), (홀수, 짝수), (짝수, 짝수)이고, 두 수의 곱이 홀수인 경우는 (홀수, 홀수)이다.
a, b의 곱이 짝수일 확률은 $1-(a, b$의 곱이 홀수일 확률)이다.
따라서 a와 b의 곱이 짝수일 확률은 $1-\left(\dfrac{1}{3}\times\dfrac{2}{5}\right)=\dfrac{13}{15}$ 이다.

10 정답 ④

50원, 100원, 500원짜리 순으로 개수 순서쌍을 만들어 보면,
$(0, 4, 1)$, $(2, 3, 1)$, $(2, 8, 0)$, $(4, 2, 1)$, $(4, 7, 0)$, $(6, 1, 1)$, $(6, 6, 0)$, $(8, 0, 1)$, $(8, 5, 0)$이다.
따라서 가능한 경우의 수는 9가지이다.

11 정답 ②

방정식 $ax=b$의 해가 정수가 되려면 b는 a의 배수가 되어야 한다. 이 조건을 만족하는 순서쌍은
$(1, 1)$, $(1, 2)$, $(1, 3)$, $(1, 4)$, $(1, 5)$, $(1, 6)$, $(2, 2)$, $(2, 4)$, $(2, 6)$, $(3, 3)$, $(3, 6)$, $(4, 4)$, $(5, 5)$, $(6, 6)$
모두 14개이다.
따라서 확률은 $\dfrac{14}{36}=\dfrac{7}{18}$ 이다.

12 정답 ⑤

- C ~ F의 배치의 경우의 수 : 4!
- A와 B를 이웃하지 않게 배치하지 않고, C ~ F사이에 배치하는 경우의 수(음영) : $_5\mathrm{P}_2$

✔	C	✔	D	✔	E	✔	F	✔

따라서 경우의 수는 $4!\times_5\mathrm{P}_2=24\times20=480$가지이다.

13 정답 ②

제품 1개를 판매했을 때 얻는 이익은 $2{,}000\times0.15=300$원이므로 정가는 $2{,}300$원이다.
판매이익은 $300\times160=48{,}000$원이고, 하자 제품에 대한 보상금액은 $2{,}300\times2\times8=36{,}800$원이다.
따라서 얻은 이익은 $48{,}000-36{,}800=11{,}200$원이다.

14 정답 ②

48, 72, 180을 각각 소인수분해 하면
$48=2^4\times3$
$72=2^3\times3^2$
$180=2^2\times3^2\times5$이므로
48, 72, 180의 최대공약수는 $2^2\times3=12$이다.
따라서 사원은 12명이며 사원 한 명이 받는 주스의 개수는 $72\div12=6$병이다.

15 정답 ⑤

정사각형 색종이를 처음 반으로 접으면 직사각형 2개가 나오고, 2번 접으면 정사각형 4개, 3번 접으면 직사각형 8개가 나온다.
이를 등비수열로 나타내면 사각형은 접는 수 n에 따라 2^n개의 사각형이 나온다. 또한 홀수 번 접으면 직사각형이 되고, 짝수 번 접으면 정사각형이 된다. 따라서 정사각형이 64개가 나오려면 $2^6=64$이므로 6번 접어야 한다.

16 정답 ①

철학자가 생을 마감한 나이를 x살이라 하면 다음과 같은 식이 성립한다.

$\dfrac{1}{5}x+\dfrac{3}{10}x+8+4+\dfrac{1}{6}x+5=x$

$\dfrac{6+9+5}{30}x+17=x \rightarrow \dfrac{2}{3}x+17=x$

$2x+17\times3=3x$

$\therefore \ x=17\times3=51$

따라서 철학자가 생을 마감한 나이는 51살이다.

17 정답 ②

• 물통의 부피 : $5\times4\times11=220\text{cm}^3$
• 물통에 물이 차는 속도 : $15-3=12\text{mL/s}$

따라서 물통에 물이 가득 차는 데 걸리는 시간은 $\dfrac{220}{12}=\dfrac{55}{3}$ 초이다.

18 정답 ②

• 정상가격에 판매한 경우
 - 상품 A : $60\div2\times35,000=1,050,000$원
 - 상품 B : $60\div3\times55,000=1,100,000$원
 상품 A, B를 정상가격에 판매하였을 때의 판매금액은 $1,050,000+1,100,000=2,150,000$원이다.
• 할인가격에 판매한 경우
 상품 A, B 모두 5개에 80,000원에 판매한다고 하였으므로
 - 상품 A+B : $120\div5\times80,000=1,920,000$원
따라서 정상가격과 할인가격 판매금액의 차이는 $2,150,000-1,920,000=230,000$원이다.

19 정답 ③

처음에 판매한 면도기 가격을 x원이라고 하면 상점 A의 최종 판매 가격은 처음 가격 x원에서 $15+15=30\%$를 할인한 $0.7x$원이다.
이 가격이 상점 B의 처음 할인가인 $0.8x$원에서 추가로 $y\%$ 더 할인했을 때, 가격이 같거나 더 저렴해야 하므로
$0.7x \geq 0.8x\times(1-y)$

$\therefore \ y \geq \dfrac{1}{8}$

따라서 최소 12.5%를 더 할인해야 한다.

20 정답 ①

한 시간 동안 만들 수 있는 보고 자료는 민사원과 안사원 각각 $\dfrac{30}{2}$, $\dfrac{50}{3}$ 이다.

둘이 함께 만드는 데 걸리는 시간을 x시간이라고 하면 다음과 같은 방정식이 성립한다.

$\left(\dfrac{30}{2}\times0.9+\dfrac{50}{3}\times0.9\right)\times x=120 \rightarrow \dfrac{171}{6}x=120$

$\therefore \ x=\dfrac{80}{19}$

따라서 두 사원이 함께 자료를 만드는 데 걸리는 시간은 $\dfrac{80}{19}$ 시간이다.

21   정답 ②

어른과 어린이의 비율이 $2:1$이므로 150명 중 어른은 $150 \times \frac{2}{3} = 100$명이고, 어린이는 $150 \times \frac{1}{3} = 50$명이다.

따라서 남자 어린이는 $50 \times \frac{2}{5} = 20$명이다.

22   정답 ④

S사 전체 팀 수를 x팀이라 하면 다음과 같은 식이 성립한다.
$3x + 5 = 5(x - 2) + 3 \rightarrow 2x = 12$
$\therefore x = 6$
즉, S사 전체 팀 수는 6팀이고, 필요한 복사용지 박스 개수는 $3 \times 6 + 5 = 23$박스이다.
따라서 전체 팀 수와 복사용지 박스 개수의 합은 $6 + 23 = 29$이다.

23   정답 ②

A와 B가 만날 때까지 걸리는 시간을 x분이라고 하면 (A가 간 거리)=(B가 간 거리)+300이 성립해야 한다.
$200x = 50x + 300$
$\therefore x = 2$
따라서 두 사람은 2분 뒤에 만날 수 있다.

24   정답 ③

• 20분 동안 30m/min의 속력으로 간 거리 : $20 \times 30 = 600$m
• 20분 후 남은 거리 : $2,000 - 600 = 1,400$m
• 1시간 중 남은 시간 : $60 - 20 = 40$분
따라서 20분 후 속력은 $1,400 \div 40 = 35$m/min이므로, 이후에는 35m/min의 속력으로 가야 한다.

25   정답 ②

ⅰ) 첫 번째 손님이 6장의 쿠폰 중 1장을 받을 경우의 수 : $_6C_1 = 6$가지
ⅱ) 두 번째 손님이 5장의 쿠폰 중 2장을 받을 경우의 수 : $_5C_2 = 10$가지
ⅲ) 세 번째 손님이 3장의 쿠폰 중 3장을 받을 경우의 수 : $_3C_3 = 1$가지
따라서 쿠폰을 주는 경우의 수는 $6 \times 10 \times 1 = 60$가지이다.

26   정답 ⑤

더 넣어야 하는 물의 양을 $x$kg이라 하면 다음과 같은 식이 성립한다.
$\frac{5}{100} \times 20 = \frac{4}{100} \times (20 + x) \rightarrow 100 = 80 + 4x$
$\therefore x = 5$
따라서 더 넣어야 하는 물의 양은 5kg이다.

27   정답 ②

더 넣은 소금의 양을 xg이라 하면 다음과 같은 식이 성립한다.
$\frac{8}{100} \times 600 + x = \frac{18}{100} \times (600 + x)$

$\rightarrow 4,800+100x=10,800+18x$

$\rightarrow 82x=6,000$

$\therefore x=\dfrac{3,000}{41}≒73.2$

따라서 더 넣어야 하는 소금의 양은 약 73.2g이다.

28 정답 ③

작년의 남학생 수와 여학생 수를 각각 a, b명이라 하면 다음과 같은 식이 성립한다.

작년의 전체 학생 수 : $a+b=820\cdots$ ㉠

올해의 전체 학생 수 : $1.08a+0.9b=810\cdots$ ㉡

㉠과 ㉡을 연립하면 $a=400$, $b=420$이다.

따라서 여학생 수는 420명이다.

29 정답 ④

B의 속력을 xm/min라 하자.

서로 반대 방향으로 걸으므로, 한 번 만날 때 두 사람이 걸은 거리의 합은 연못의 둘레 길이와 같다.

1시간 동안 5번을 만났다면, 두 사람의 이동거리는 $600×5=3,000$m이므로

$3,000=60(15+x) \rightarrow 60x=2,100$

$\therefore x=35$

따라서 B의 속력은 35m/min이다.

30 정답 ①

A, B, C, D항목의 점수를 각각 a, b, c, d점이라고 하자.

각 가중치에 따른 점수는 다음과 같다.

$a+b+c+d=82.5×4=330\cdots$ ㉠

$2a+3b+2c+3d=83×10=830\cdots$ ㉡

$2a+2b+3c+3d=83.5×10=835\cdots$ ㉢

㉠과 ㉡을 연립하면

$a+c=160\cdots$ ⓐ

$b+d=170\cdots$ ⓑ

㉠과 ㉢을 연립하면

$c+d=175\cdots$ ⓒ

$a+b=155\cdots$ ⓓ

각 항목의 만점은 100점이므로 ⓐ와 ⓓ를 통해 최저점이 55점이나 60점인 것을 알 수 있다. 만약 A항목이나 B항목의 점수가 55점이라면 ⓐ와 ⓑ에 의해 최고점이 100점 이상이 되므로 최저점은 60점이다.

따라서 $a=60$, $c=100$이므로 최고점과 최저점의 차는 $100-60=40$점이다.

31 정답 ③

n번째 날 A의 남은 생선 양은 $k\left(\dfrac{1}{3}\right)^{n-1}$ 마리이고, B는 $2k\left(\dfrac{1}{6}\right)^{n-1}$ 마리이다.

$k\left(\dfrac{1}{3}\right)^{n-1}>2k\left(\dfrac{1}{6}\right)^{n-1} \rightarrow \left(\dfrac{1}{3}\right)^{n}×3>2×6×\left(\dfrac{1}{6}\right)^{n}$

$\rightarrow \left(\dfrac{1}{3}\right)^{n}>4×\left(\dfrac{1}{6}\right)^{n}$

$\rightarrow 2^{n}>4$

$\therefore n>2$

따라서 $n=3$일 때부터 만족하므로 A의 남은 생선 양이 B보다 많아지는 날은 셋째 날부터이다.

32 정답 ⑤

합격자 수를 x명이라고 하면 불합격자 수는 $(100-x)$명이다.

전체 응시자의 점수의 합은 $64 \times 100 = 6,400$점이고 이는 합격자 점수와 불합격자 점수의 합과 같다.

즉, $80x + 60(100-x) = 6,400 \rightarrow 20x = 400$

$\therefore x = 20$

따라서 합격률은 $\dfrac{20}{100} \times 10 = 20\%$이다.

33 정답 ④

S사에서 출장지까지의 거리를 $x$km라 하면

S사에서 휴게소까지의 거리는 $\dfrac{4}{10}x = \dfrac{2}{5}x$km, 휴게소에서 출장지까지의 거리는 $\left(1 - \dfrac{2}{5}\right)x = \dfrac{3}{5}x$km이다.

$\left(\dfrac{2}{5}x \times \dfrac{1}{75}\right) + \dfrac{30}{60} + \left(\dfrac{3}{5}x \times \dfrac{1}{75+25}\right) = \dfrac{200}{60}$

$\dfrac{2}{375}x + \dfrac{3}{500}x = \dfrac{17}{6} \rightarrow 8x + 9x = 4,250$

$\therefore x = 250$

따라서 S사에서 출장지까지의 거리는 250km이다.

34 정답 ⑤

아르바이트생 1명이 하루에 설문조사를 실시할 수 있는 고객의 수는 $400 \div 3 = 133.33 \cdots$ 으로 133명이다. 3,200명을 3일 안에 끝내기 위해서는 하루에 최소 $3,200 \div 3 = 1,066.66 \cdots$, 즉 1,067명을 설문해야 한다. 하루에 설문조사를 해야 할 1,067명을 하루에 1명이 최대로 실시할 수 있는 고객의 수 133명으로 나누면 $1,067 \div 133 = 8.02$이다.

따라서 아르바이트생은 최소 9명이 필요하다.

35 정답 ③

상자의 개수를 x개라고 하자.

$6x + 4 = 7(x-3) + 1$

$\therefore x = 24$

즉, 상자의 개수는 24개이고 야구공의 개수는 $6 \times 24 + 4 = 148$개이다.

따라서 상자의 개수와 야구공의 개수의 합은 $24 + 148 = 172$개이다.

36 정답 ②

갑과 을이 한 시간 동안 만들 수 있는 곰 인형의 수는 각각 $\dfrac{100}{4} = 25$개, $\dfrac{25}{10} = 2.5$개이다.

함께 곰 인형 132개를 만드는 데 걸린 시간을 x시간이라고 하자.

$(25 + 2.5) \times 0.8 \times x = 132 \rightarrow 27.5x = 165$

$\therefore x = 6$

따라서 두 사람이 함께 곰 인형을 만드는 데 걸리는 시간은 6시간이다.

37 정답 ①

A지점에서 B지점까지의 거리를 $5a$km라 하고, T열차의 처음 속도를 $x$km/min이라 하면 J열차의 속도는 $(x-3)$km/min이다.

$$\frac{5a}{x-3}=\frac{4a}{x}+\frac{a}{x-5} \rightarrow \frac{5}{x-3}=\frac{4}{x}+\frac{1}{x-5}$$

$$\rightarrow 5x(x-5)=4(x-3)(x-5)+x(x-3) \rightarrow 5x^2-25x=4(x^2-8x+15)+x^2-3x$$

$$\rightarrow 10x=60$$

$$\therefore \ x=6$$

따라서 T열차의 처음 속도는 6km/min이다.

38 정답 ②

각설탕 하나의 무게를 xg이라 하면, 각설탕 10개의 무게는 $10x$g이 된다.

또한 20%의 설탕물 400g에 들어있던 설탕의 양과 각설탕 10개의 합은 25% 설탕물 $(400+10x)$g에 들어있는 설탕의 양과 같으므로,

$\frac{20}{100}\times400+10x=\frac{25}{100}\times(400+10x)$이다.

따라서 각설탕 1개의 무게가 $x=\frac{8}{3}$g이므로, 각설탕 3개의 무게는 $\frac{8}{3}\times3=8$g이다.

39 정답 ②

B원뿔의 높이를 $x$cm라 하면 A원뿔과 B원뿔의 부피를 구하는 식은 다음과 같다.

• A원뿔의 부피 : $\frac{1}{3}\pi\times4^2\times h$

• B원뿔의 부피 : $\frac{1}{3}\pi\times5^2\times x$

$\frac{1}{3}\pi\times4^2\times h=\frac{1}{3}\pi\times5^2\times x \rightarrow 16h=25x$

$\therefore x=\frac{16}{25}h$

따라서 B원뿔의 높이는 $\frac{16}{25}h$이다.

40 정답 ③

원의 둘레는 $2\times\pi\times$(반지름)이므로 A롤러가 1회전 할 때 칠할 수 있는 면적은 $2\times\pi\times5\times$(너비), B롤러가 1회전 할 때 칠할 수 있는 면적은 $2\times\pi\times1.5\times$(너비)이다.

원주율인 π와 롤러의 너비는 같으므로 소거하면, A롤러는 10, B롤러는 3만큼의 면적을 칠한다.

처음으로 같은 면적을 칠하기 위해 A롤러는 3바퀴, B롤러는 10바퀴를 칠해야 한다.

따라서 A, B롤러가 회전한 값의 합은 3+10=13이다.

41 정답 ④

전체 일의 양을 1이라고 하면 A, B가 각각 1시간 동안 일할 수 있는 일의 양은 각각 $\frac{1}{2}$, $\frac{1}{3}$이다.

A 혼자 일하는 시간을 x시간, B 혼자 일하는 시간을 y시간이라고 하면 다음과 같은 방정식이 성립한다.

$x+y=\frac{9}{4}\ \cdots\ \bigcirc$

$\frac{1}{2}x+\frac{1}{3}y=1\ \cdots\ \bigcirc$

$\bigcirc$과 $\bigcirc$을 연립하면 $x=\frac{3}{2}$, $y=\frac{3}{4}$이다.

따라서 A 혼자 일한 시간은 1시간 30분이다.

42 정답 ②

500개 상자를 접는 일의 양을 1이라고 하면 2,500개의 상자를 접는 일은 5배이므로 5가 된다. 갑이 하루에 할 수 있는 일의 양은 $\frac{1}{5}$, 을은 $\frac{1}{13}$이다. 2,500개 상자를 접는데 갑와 을이 같이 일한 기간을 x일이라고 가정하고 방정식을 세우면 다음과 같다.

$$\left(\frac{1}{5}+\frac{1}{13}\right)x+\frac{1}{5}(20-x)=5$$

$\rightarrow 18x+13(20-x)=5\times5\times13$

$\rightarrow 18x+260-13x=325 \rightarrow 5x=65$

$\therefore x=13$

따라서 갑과 을이 같이 일한 기간은 13일이다.

43 정답 ③

청소년의 영화표 가격은 $12,000\times0.7=8,400$원이다.

청소년을 x명, 성인을 $9-x$명이라고 하면 다음과 같은 식이 성립한다.

$12,000\times(9-x)+8,400\times x=90,000 \rightarrow -3,600x=-18,000$

$\therefore x=5$

따라서 청소년은 5명이다.

44 정답 ②

500원짜리 우유를 x개, 700원짜리 우유를 y개 샀다고 하면 다음과 같은 방정식이 성립한다.

• $500x+700y=8,600 \cdots$ ㉠

• $700x+500y=8,200 \cdots$ ㉡

㉠, ㉡을 연립하면

• $5x+7y=86 \cdots$ ㉠′

• $7x+5y=82 \cdots$ ㉡′

$7\times$㉠′$-5\times$㉡′$=24y=192$

따라서 $x=6$, $y=8$이므로 500원짜리 우유를 6개 샀다.

45 정답 ②

A식염수의 농도를 $x\%$라고 하면 다음과 같은 식이 성립한다.

$$100\times\frac{x}{100}+400\times\frac{20}{100}=(100+400)\times\frac{17}{100}$$

$\rightarrow x+80=85$

$\therefore x=5$

따라서 A식염수의 농도는 5%이다.

46 정답 ④

1부터 9까지 자연수 중 합이 9가 되는 두 수의 쌍은 (1, 8), (2, 7), (3, 6), (4, 5)이다.

이 4개의 쌍 중 하나를 택하고 9개의 숫자 중 이미 택한 2개의 숫자를 제외한 7개의 숫자 중 하나를 택하여 3개의 숫자를 얻는다. 이렇게 얻은 3개의 숫자를 일렬로 나열하는 경우의 수는 $4\times7\times(3\times2\times1)=168$가지이다. 한편, 1부터 9까지 자연수 중 3개의 숫자를 택하여 일렬로 나열되는 경우의 수는 $9\times8\times7=504$가지이다.

따라서 구하는 세 자리 자연수의 개수는 $504-168=336$개이다.

47 정답 ⑤

제시된 조건에 따라 배정하는 방 개수를 x개라 하면 다음과 같은 방정식이 성립한다.

$4x+12=6(x-2) \rightarrow 2x=24$

$\therefore x=12$

따라서 신입사원들이 배정받는 방 개수는 12개이다.

48 정답 ②

4와 7은 서로소이므로 4와 7의 최소공배수는 $4\times7=28$, 즉 5호선과 6호선은 28분마다 동시에 정차하게 된다. 오전 9시에 5호선과 6호선이 동시에 정차했으므로, 이후 동시에 정차하는 시각은 9시 28분, 9시 56분($=9$시$+(28\times2)$분), 10시 24분($=9$시$+(28\times3)$분), 10시 52분($=9$시$+(28\times4)$분), 11시 20분($=9$시$+(28\times5)$분), … 이다.

따라서 오전 10시와 오전 11시 사이에 5호선과 6호선은 동시에 2번 정차한다.

49 정답 ④

우유 1팩의 정가를 x원이라 하면 다음과 같은 방정식이 성립한다.

$0.8(x+800)=2,000 \rightarrow 0.8x=1,360$

$\therefore x=1,700$

따라서 우유 1팩의 정가는 1,700원이다.

50 정답 ⑤

서로 다른 n개를 원형으로 배열하는 가짓수는 $\dfrac{n!}{n}=(n-1)!$이다.

따라서 원형탁자에 10명이 앉는 경우의 수는 9!가지이다.

01	02	03	04	05	06	07	08	09	10	11	12	13	14	15	16	17	18	19	20
④	④	③	④	⑤	⑤	④	④	⑤	②	②	①	②	④	①	②	②	⑤	④	③

01   정답 ④

최소 인구인 도시의 인구수 대비 최대 인구인 도시의 인구수 비는 지속적으로 감소해 2013년에 약 3.56배까지 감소했으나 2023년 약 3.85배로 다시 증가하였다.

오답분석

① 2013년을 기점으로 서울과 베이징의 인구 순위가 뒤바뀐다.
② 서울의 경우 2003년 이후 지속적으로 인구수가 감소하고 있다.
③ 베이징은 해당 기간 동안 약 38%, 54%, 59%의 인구 성장률을 보이며 세 도시 중 가장 큰 성장률을 기록했다.
⑤ 1993년에는 24,287천 명, 2003년에는 25,282천 명, 2013년에는 25,611천 명, 2023년에는 28,141천 명으로 그 차는 계속적으로 증가하였다.

02   정답 ④

세 지역 모두 핵가족 가구 비중이 더 높으므로, 핵가족 수가 더 많다.

오답분석

① 핵가족 가구의 비중이 가장 높은 곳은 71%인 B지역이다.
② 1인 가구는 기타 가구의 일부이므로, 1인 가구만의 비중은 알 수 없다.
③ 확대가족 가구의 비중이 가장 높은 곳은 C지역이지만 이 수치는 어디까지나 비중이므로 가구 수는 알 수가 없다.
⑤ 부부 가구의 구성비는 B지역이 가장 높다.

03   정답 ③

2015년 대비 2023년 장르별 공연 건수의 증가율은 다음과 같다.

- 양악 : $\dfrac{4,628-2,658}{2,658}\times100≒74\%$

- 국악 : $\dfrac{2,192-617}{617}\times100≒255\%$

- 무용 : $\dfrac{1,521-660}{660}\times100≒130\%$

- 연극 : $\dfrac{1,794-610}{610}\times100≒194\%$

따라서 2015년 대비 2023년 공연 건수의 증가율이 가장 높은 장르는 국악이다.

오답분석

① 2019년과 2022년에는 연극 공연 건수가 국악 공연 건수보다 더 많았다.
② 2018년까지는 양악 공연 건수가 국악, 무용, 연극 공연 건수의 합보다 더 많았지만, 2019년 이후에는 국악, 무용, 연극 공연 건수의 합보다 더 적다. 또한, 2021년에는 무용 공연 건수 자료가 집계되지 않아 양악의 공연 건수가 다른 공연 건수의 합보다 많은지 적은지 판단할 수 없다.
④ 2021년의 무용 공연 건수가 제시되어 있지 않으므로 연극 공연 건수가 무용 공연 건수보다 많아진 것이 2022년부터인지 판단할 수 없다.
⑤ 2022년에 비해 2023년에 공연 건수가 가장 많이 증가한 장르는 양악이다.

04 정답 ④

합격자 중 남자의 비율은 $\frac{1,699}{1,699+624}\times100=\frac{1,699}{2,323}\times100≒73.1\%$이다. 따라서 80% 미만이므로 옳지 않다.

[오답분석]

① 총 입사지원자 중 합격률은 $\frac{1,699+624}{10,891+3,984}\times100=\frac{2,323}{14,875}\times100≒15.6\%$이므로 15% 이상이다.

② 여자 입사지원자 대비 여자의 합격률은 $\frac{624}{3,984}\times100≒15.7\%$이므로 20% 미만이다.

③ 총 입사지원자 중 여자는 $\frac{3,984}{10,981+3,984}\times100≒26.8\%$이므로 30% 미만이다.

⑤ 남자 입사지원자의 합격률은 $\frac{1,699}{10,891}\times100≒15.6\%$이고, 여자 입사지원자의 합격률은 $\frac{624}{3,984}\times100≒15.7\%$이므로 여자 지원자 합격률이 더 높다.

05 정답 ⑤

- 2021년 전년 대비 감소율 : $\frac{23-24}{24}\times100≒-4.17\%$
- 2022년 전년 대비 감소율 : $\frac{22-23}{23}\times100≒-4.35\%$

따라서 2022년이 2021년보다 더 큰 비율로 감소하였다.

[오답분석]

① 2023년 총지출을 a억 원이라고 가정하면, $a\times0.06=21$억 원 → $a=\frac{21}{0.06}=350$, 총지출은 350억 원이므로 320억 원 이상이다.

② 2020년 경제 분야 투자규모의 전년 대비 증가율은 $\frac{24-20}{20}\times100=20\%$이다.

③ 2019 ~ 2023년 동안 경제 분야에 투자한 금액은 $20+24+23+22+21=110$억 원이다.

④ 2020 ~ 2023년 동안 경제 분야 투자규모의 전년 대비 증감추이는 '증가 – 감소 – 감소 – 감소'이고, 총지출 대비 경제 분야 투자규모 비중의 증감추이는 '증가 – 증가 – 감소 – 감소'로 동일하지 않다.

06 정답 ⑤

ㄴ. 보험금 지급 부문에서 지원된 금융 구조조정 자금 중 저축은행이 지원받은 금액의 비중은 $\frac{72,892}{303,125}\times100≒24.0\%$로 20%를 초과한다.

ㄷ. 제2금융에서 지원받은 금융 구조조정 자금 중 보험금 지급 부문으로 지원받은 금액이 차지하는 비중은 $\frac{182,718}{217,080}\times100≒84.2\%$로, 80% 이상이다.

ㄹ. 부실자산 매입 부문에서 지원된 금융 구조조정 자금 중 은행이 지급받은 금액의 비중은 $\frac{81,064}{105,798}\times100≒76.6\%$로, 보험사가 지급받은 금액 비중의 20배인 $\frac{3,495}{105,798}\times100\times20≒66.1\%$ 이상이다.

[오답분석]

ㄱ. 출자 부문에서 은행이 지원받은 금융 구조조정 자금은 222,039억 원으로, 증권사가 지원받은 금융 구조조정 자금의 3배인 $99,769\times3=299,307$억 원보다 적다.

07 정답 ④

ㄱ. 2022년 어린이보호구역 지정대상은 전년 대비 감소하였다.

ㄷ. 2022년 어린이보호구역으로 지정된 구역 중 학원이 차지하는 비중은 $\dfrac{36}{16,355}\times100\%\fallingdotseq0.22\%$이며, 2021년에는 $\dfrac{56}{16,085}\times100\%\fallingdotseq0.35\%$이므로 2022년도는 전년 대비 감소하였다.

ㄹ. 2017년 어린이보호구역으로 지정된 구역 중 초등학교가 차지하는 비중은 $\dfrac{5,917}{14,921}\times100\fallingdotseq39.7\%$이고, 나머지 해에도 모두 40% 이하의 비중을 차지한다.

오답분석

ㄴ. 2018년 어린이보호구역 지정대상 중 어린이보호구역으로 지정된 구역의 비율은 $\dfrac{15,136}{18,706}\times100\fallingdotseq80.9\%$이다.

08 정답 ④

영국의 2023년 지적재산권 지급 금액의 전년 대비 감소율은 $\dfrac{6,907-7,015}{7,015}\times100\fallingdotseq-1.54\%$로 10% 미만으로 감소했다.

오답분석

① 매년 한국의 지적재산권 수입의 3배와 독일의 지적재산권 수입을 비교하면 다음과 같다.
  • 2021년 : 2,610×3=7,830백만 원<7,977백만 원
  • 2022년 : 2,789×3=8,367백만 원<8,511백만 원
  • 2023년 : 3,656×3=10,968백만 원<11,003백만 원
  따라서 매년 한국의 지적재산권 수입의 3배보다 독일의 지적재산권 수입이 더 크다는 것을 알 수 있다.
② 자료를 통해 일본의 2021~2023년 지적재산권 수입 및 지급 금액이 가장 많다는 것을 알 수 있다.
③ 자료를 통해 2021~2023년에 한국을 제외한 모든 나라들은 지적재산권 수입보다 지적재산권 지급이 낮다는 것을 알 수 있다.
⑤ 2023년에 가장 많은 지적재산권 수입을 얻은 나라는 일본이고 일본의 2023년 지적재산권 지급 비율은 $\dfrac{10,572}{37,723}\times100\fallingdotseq28\%$으로 전체의 1/5을 넘는다.

09 정답 ⑤

연도별 교원 1인당 원아 수를 구하면 다음과 같다.
  • 2020년 : $\dfrac{8,423}{566}\fallingdotseq14.9$명
  • 2021년 : $\dfrac{8,391}{572}\fallingdotseq14.7$명
  • 2022년 : $\dfrac{8,395}{575}=14.6$명
  • 2023년 : $\dfrac{8,360}{578}\fallingdotseq14.5$명

따라서 교원 1인당 원아 수는 점점 감소하고 있으므로 ⑤가 옳지 않다.

오답분석

① 연도별 유치원당 평균 학급 수를 구하면 다음과 같다.
  • 2020년 : $\dfrac{371}{112}\fallingdotseq2.91$명
  • 2021년 : $\dfrac{344}{124}\fallingdotseq2.77$명
  • 2022년 : $\dfrac{340}{119}\fallingdotseq2.85$명
  • 2023년 : $\dfrac{328}{110}\fallingdotseq2.98$명
  따라서 유치원당 평균 학급 수는 3개를 넘지 않는다.
② 연도별 학급당 원아 수를 구하면 다음과 같다.
  • 2020년 : $\dfrac{8,423}{327}\fallingdotseq25.8$명
  • 2021년 : $\dfrac{8,391}{344}\fallingdotseq24.4$명
  • 2022년 : $\dfrac{8,395}{340}\fallingdotseq24.7$명
  • 2023년 : $\dfrac{8,360}{328}\fallingdotseq25.5$명

③ 취원율이 가장 높았던 해와 원아 수가 가장 많은 해는 2020년으로 동일하다.
④ 연도별 학급당 교원 수를 구하면 다음과 같다.

- 2020년 : $\frac{566}{327} \fallingdotseq 1.73$명
- 2021년 : $\frac{572}{344} \fallingdotseq 1.66$명
- 2022년 : $\frac{575}{340} \fallingdotseq 1.69$명
- 2023년 : $\frac{578}{328} \fallingdotseq 1.76$명

따라서 학급당 교원 수는 2021년에 가장 낮고, 2023년에 가장 높다.

10   정답 ②

실용성 전체 평균점수 $\frac{103}{6} \fallingdotseq 17$점보다 높은 방식은 ID/PW 방식, 이메일 및 SNS 방식, 생체인증 방식 총 3가지이다.

[오답분석]

① 생체인증 방식의 선호도 점수는 20+19+18=57점이고, OTP 방식의 선호도 점수는 15+18+14=47점, I-pin 방식의 선호도 점수는 16+17+15=48점이다. 따라서 생체인증 방식의 선호도는 나머지 두 방식의 선호도 합보다 47+48-57=38점 낮다.
③ 유효기간이 '없음'인 방식들은 ID/PW 방식, 이메일 및 SNS 방식, 생체인증 방식이며, 세 인증수단 방식의 간편성 평균점수는 $\frac{16+10+18}{3} \fallingdotseq 15$점이다.
④ 공인인증서 방식의 선호도가 51점일 때, 보안성 점수는 51-(16+14+3)=18점이다.
⑤ 유효기간이 '없음'인 방식들은 ID/PW 방식, 이메일 및 SNS 방식, 생체인증 방식이며, 실용성 점수는 모두 18점 이상이다.

11   정답 ②

매우 노력함과 약간 노력함의 비율 합은 다음과 같다.

구분	남성	여성	취업	실업 및 비경제활동
비율	13.6+43.6=57.2%	23.9+50.1=74.0%	16.5+47.0=63.5%	22.0+46.6=68.6%

따라서 여성이 남성보다 비율이 높고, 취업자보다 실업 및 비경제 활동자의 비율이 높다.

[오답분석]

① '전혀 노력하지 않음'과 '매우 노력함'은 '약간 노력함'과 '별로 노력하지 않음'에 비해 숫자의 크기가 현저히 작음을 알 수 있으므로 '약간 노력함'과 '별로 노력하지 않음'만 정확하게 계산해 보면 된다.
- 약간 노력함 : 41.2+39.9+46.7+52.4+50.4+46.0+44.8=321.4%
- 별로 노력하지 않음 : 39.4+42.9+36.0+29.4+25.3+21.6+20.9=215.5%
따라서 약간 노력하는 사람 비율의 합이 더 높은 것을 알 수 있다.
③ 10세 이상 국민들 중 환경오염 방지를 위해 매우 노력하는 사람의 비율이 가장 높은 연령층은 31.3%인 70세 이상이다.
④ 우리나라 국민들 중 환경오염 방지를 위해 전혀 노력하지 않는 사람의 비율이 가장 높은 집단은 6.4%인 20 ~ 29세이다.
⑤ 20 ~ 29세 연령층에서는 별로 노력하지 않는 사람의 비중이 제일 높다.

12   정답 ①

서울과 대구의 전년 대비 1분기 평균기온 변화량의 차이를 구하면 다음과 같다.

ⅰ) 서울
- 2020년 : 5.2-4.7=0.5℃
- 2021년 : 4.7-3.5=1.2℃
- 2022년 : 3.5-2.1=1.4℃
- 2023년 : 2.1-0.5=1.6℃

ⅱ) 대구
- 2020년 : 4.2-3.1=1.1℃
- 2021년 : 3.1-2.4=0.7℃
- 2022년 : 2.4-1.9=0.5℃
- 2023년 : 1.9-1.5=0.4℃

따라서 서울의 경우 전년 대비 1분기 평균기온 변화량의 차이가 증가하는 반면 대구는 감소하고 있다.

ㄴ. 2019년 2분기의 경우에는 서울(14.9℃)이 대구(14.7℃)보다 높았다.

ㄷ. 2019년부터 2023년까지의 1분기와 2분기의 차이를 구하면, 2019년에는 14.9−(−5.2)=20.1℃, 2020년에는 14.5−(−4.7)=19.2℃, 2021년에는 14.2−(−3.5)=17.7℃, 2022년에는 14.4−(−2.1)=16.5℃, 2023년에는 15.4−(−0.5)=15.9℃이다. 따라서 서울의 1분기와 2분기 차이가 가장 큰 해는 2019년임을 알 수 있다.

ㄹ. 분기별 평균기온이 가장 높은 연도는 모든 분기가 2023년으로 동일하나, 분기별 평균기온이 가장 낮은 연도는 1분기와 2분기의 경우 2019년, 3분기의 경우 2021년, 4분기의 경우 2020년으로 동일하지 않다.

분기 / 연도	1분기 (1 ~ 3월)	2분기 (4 ~ 6월)	3분기 (7 ~ 9월)	4분기 (10 ~ 12월)
2023년	−1.5	16.9	36.9	13.8
2022년	−1.9	16.1	35.8	12.7
2021년	−2.4	16.3	33.2	12.5
2020년	−3.1	15.4	34.1	11.9
2019년	−4.2	14.7	33.9	12.1

13 정답 ②

pH가 가장 높은 구역은 8.2인 D구역이며, BOD농도는 0.9mg/L, DO농도는 7.9mg/L이므로 수질 등급 기준표에서 D구역이 해당하는 등급은 '매우 좋음'인 1a등급이다.

상수도 구역별 각 농도 및 pH에 맞는 등급을 정리하면 다음 표와 같다.

구분	A구역	B구역	C구역	D구역	E구역	F구역
DO(mg/L)	4.2	5.2	1.1	7.9	3.3	2.4
BOD(mg/L)	8.0	4.8	12	0.9	6.5	9.2
pH	5.0	6.0	6.3	8.2	7.6	8.1
등급	pH 수치가 기준 범위에 속하지 않는다.	약간 나쁨 / 4	매우 나쁨 / 6	매우 좋음 / 1a	약간 나쁨 / 4	나쁨 / 5

① BOD농도가 5mg/L 이하인 상수도 구역은 B구역과 D구역이며, 3등급은 없다.

③ 상수도 구역에서 등급이 '약간 나쁨(4등급)' 또는 '나쁨(5등급)'인 구역은 B, E, F구역으로 세 곳이다.

④ 수질 등급 기준을 보면 DO농도는 높을수록, BOD농도는 낮을수록 좋은 등급을 받는다.

⑤ 수소이온농도가 높을수록 pH의 수치는 0에 가까워지고, '매우 좋음' 등급의 pH 수치 범위는 6.5 ~ 8.5이기 때문에 옳지 않은 설명이다.

14 정답 ④

내수 현황을 누적으로 나타내었으므로 적절하지 않다.

①·② 제시된 자료를 통해 알 수 있다.

③ 신재생에너지원별 고용인원 비율을 구하면 다음과 같다.

- 태양광 : $\frac{8,698}{16,177} \times 100 ≒ 54\%$
- 폐기물 : $\frac{1,899}{16,177} \times 100 ≒ 12\%$
- 기타 : $\frac{1,700}{16,177} \times 100 ≒ 10\%$

- 풍력 : $\frac{2,369}{16,177} \times 100 ≒ 15\%$
- 바이오 : $\frac{1,511}{16,177} \times 100 ≒ 9\%$

⑤ 신재생에너지원별 해외공장매출 비율을 구하면 다음과 같다.

- 태양광 : $\dfrac{18,770}{22,579} \times 100 \fallingdotseq 83.1\%$

- 풍력 : $\dfrac{3,809}{22,579} \times 100 \fallingdotseq 16.9\%$

15 정답 ①

오답분석
② 10세 남녀 체중 모두 그래프의 수치가 자료보다 높다.
③ 4 ~ 5세 남자 표준 키 수치가 자료보다 낮다.
④ 12 ~ 13세 여자 표준 키 및 체중이 자료보다 높다.
⑤ 11 ~ 13세의 바로 전 연령 대비 남자 표준 키의 차가 자료보다 낮다.

16 정답 ②

원 중심에서 멀어질수록 점수가 높아지는데, B국의 경우 수비보다 미드필드가 원 중심에서 먼 곳에 표시가 되어 있으므로 B국은 수비보다 미드필드에서의 능력이 뛰어남을 알 수 있다.

17 정답 ②

매년 A, B, C 각 학과의 입학자와 졸업자의 차이는 13명으로 일정하다. 따라서 빈칸에 들어갈 값은 $58-13=45$이다.

18 정답 ⑤

(단위 : 명)

구분	2023년 상반기 입사자 수	2023년 하반기 입사자 수
마케팅	50	100
영업	a	$a+30$
홍보	100	$100 \times (1-0.2)=80$
인사	b	$50 \times 2=100$
합계	320	$320 \times (1+0.25)=400$

- 2023년 하반기 입사자 수의 합 : $400=100+(a+30)+80+100 \rightarrow a=90$
- 2023년 상반기 입사자 수의 합 : $320=50+90+100+b \rightarrow b=80$

따라서 2023년 상반기 대비 2023년 하반기 인사팀 입사자 수의 증감률은 $\dfrac{100-80}{80} \times 100 = 25\%$이다.

19 정답 ④

책의 수는 매월 125권씩 늘어난다. 따라서 2023년 5월에 보관하는 책의 수는 $5,000+125 \times 11=6,375$권이다.

20 정답 ③

제시된 표를 통해 석순의 길이가 10년 단위로 2cm, 1cm씩 반복하여 자랐다는 것을 알 수 있다.
- 2010년 : 16+2=18cm
- 2020년 : 18+1=19cm
- 2030년 : 19+2=21cm
- 2040년 : 21+1=22cm
- 2050년 : 22+2=24cm

따라서 2050년에 이 석순의 길이를 측정한다면 24cm일 것이다.

2 일차

PART 1 객관식 정답 및 해설

CHAPTER 02   추리논리

01 명제

01	02	03	04	05	06	07	08	09	10
②	②	④	②	④	②	④	④	②	①

01 정답 ②

'무거운 물건을 들 수 있다.'를 A, '근력이 좋다.'를 B, '근육을 키운다.'를 C라고 하면, 첫 번째 명제는 A → B, 마지막 명제는 ~C → ~A이다. 마지막 명제의 대우가 A → C이므로 A → B → C가 성립하기 위해서 필요한 두 번째 명제는 B → C이다.
따라서 '근력이 좋으려면 근육을 키워야 한다.'인 ②가 적절하다.

02 정답 ②

'밤에 잠을 잘 자다.'를 A, '낮에 피곤하다.'를 B, '업무효율이 좋다.'를 C, '성과급을 받는다.'를 D라고 하면, 첫 번째 명제는 ~A → B, 세 번째 명제는 ~C → ~D, 마지막 명제는 ~A → ~D이다.
따라서 ~A → B → ~C → ~D가 성립하기 위해서 필요한 두 번째 명제는 B → ~C이므로 '낮에 피곤하면 업무효율이 떨어진다.'인 ②가 적절하다.

03 정답 ④

- A : 에어컨을 과도하게 쓰다.
- B : 프레온 가스가 나온다.
- C : 오존층이 파괴된다.
- D : 지구 온난화가 진행된다.

첫 번째 명제는 ~C → ~B, 세 번째 명제는 ~D → ~C, 네 번째 명제는 ~D → ~A이므로 네 번째 명제가 도출되기 위해서는 빈칸에 ~B → ~A가 필요하다.
따라서 대우 명제인 ④가 적절하다.

04 정답 ②

'공부를 열심히 한다.'를 A, '지식을 함양하지 않는다.'를 B, '아는 것이 적다.'를 C, '인생에 나쁜 영향이 생긴다.'를 D로 놓고 보면 첫 번째 명제는 C → D, 세 번째 명제는 B → C, 네 번째 명제는 ~A → D이므로 네 번째 명제가 도출되기 위해서는 ~A → B가 필요하다.
따라서 대우 명제인 ②가 적절하다.

05 정답 ④

'용돈을 합리적으로 쓰다.'를 A, '이자가 생긴다.'를 B, '저축을 하다.'를 C, '소비를 줄이다.'를 D로 놓고 보면 첫 번째 명제는 ~C → ~B, 세 번째 명제는 ~D → ~C, 네 번째 명제는 ~D → ~A이므로 네 번째 명제가 도출되기 위해서는 ~B → ~A가 필요하다.
따라서 대우인 ④가 적절하다.

06 정답 ②

'음악을 좋아한다.'를 A, '미술을 좋아한다.'를 B, '사회를 좋아한다.'를 C라 하면, 첫 번째 명제와 두 번째 명제는 각각 A → B, C → A이므로 C → A → B이다.
따라서 C → B이므로 그 대우인 ②가 적절하다.

07 정답 ④

'낡은 것을 버리다.'를 p, '새로운 것을 채우다.'를 q, '더 많은 세계를 경험하다.'를 r이라고 하면, 첫 번째 명제는 $p \to q$이며, 마지막 명제는 $\sim q \to \sim r$이다. 이때 첫 번째 명제의 대우는 $\sim q \to \sim p$이므로 마지막 명제가 참이 되기 위해서는 $\sim p \to \sim r$이 필요하다.
따라서 빈칸에 들어갈 명제는 $\sim p \to \sim r$의 ④가 적절하다.

08 정답 ④

'음악을 좋아하다.'를 p, '상상력이 풍부하다'를 q, '노란색을 좋아하다.'를 r이라고 하면, 첫 번째 명제는 $p \to q$, 두 번째 명제는 $\sim p \to \sim r$이다. 이때, 두 번째 명제의 대우 $r \to p$에 따라 $r \to p \to q$가 성립한다.
따라서 $r \to q$이므로 '노란색을 좋아하는 사람은 상상력이 풍부하다.'인 ④가 적절하다.

09 정답 ②

'스테이크를 먹는다.'를 A, '지갑이 없다.'를 B, '쿠폰을 받는다.'를 C라 하면, 첫 번째 명제와 마지막 명제는 각각 A → B, ~B → C이다. 이때, 첫 번째 명제의 대우는 ~B → ~A이므로 마지막 명제가 참이 되려면 ~A → C가 필요하다.
따라서 빈칸에 들어갈 명제는 A ~ C의 ②가 적절하다.

10 정답 ①

다이아몬드는 광물이고, 광물은 매우 규칙적인 원자 배열을 가지고 있다.

따라서 빈칸에 들어갈 명제는 '다이아몬드는 매우 규칙적인 원자 배열을 가지고 있다.'인 ①이 적절하다.

02 조건추리

01	02	03	04	05	06	07	08	09	10
①	⑤	①	③	⑤	②	①	①	②	③
11	12	13	14	15	16	17	18	19	20
⑤	③	①	①	②	③	③	①	③	④

01 정답 ①

천자포의 사거리는 1,500보, 현자포의 사거리는 800보, 지자포의 사거리는 900보로, 사거리 길이가 긴 순서에 따라 나열하면 '천자포 – 지자포 – 현자포'의 순이다. 따라서 '천자포의 사거리가 가장 길다.'는 내용의 ①이 항상 참이다.

02 정답 ⑤

A와 B는 하나가 참이면 하나가 거짓인 명제이다. 문제에서 한 명이 거짓말을 한다고 하였으므로, A와 B 둘 중 한 명이 거짓말을 하였다.

ⅰ) A가 거짓말을 했을 경우

1층	2층	3층	4층	5층
C	D	B	A	E

ⅱ) B가 거짓말을 했을 경우

1층	2층	3층	4층	5층
B	D	C	A	E

따라서 두 경우를 고려했을 때, A는 항상 D보다 높은 층에서 내린다.

03 정답 ①

먼저 층이 결정된 부서를 배치하고, 나머지 부서가 배치될 층을 결정해야 한다. 변경 사항에서 연구팀은 기존 5층보다 아래층으로 내려가고, 영업팀은 기존 6층보다 아래층으로 내려간다. 또한 생산팀은 연구팀보다 위층에 배치돼야 하지만 인사팀과의 사이에는 하나의 부서만 가능하므로 6층에 총무팀을 기준으로 5층 또는 7층 배치가 가능하다. 따라서 다음과 같이 4가지의 경우가 나올 수 있다.

구분	경우 1	경우 2	경우 3	경우 4
7층	인사팀	인사팀	생산팀	생산팀
6층	총무팀	총무팀	총무팀	총무팀
5층	생산팀	생산팀	인사팀	인사팀
4층	탕비실	탕비실	탕비실	탕비실
3층	연구팀	영업팀	연구팀	영업팀
2층	전산팀	전산팀	전산팀	전산팀
1층	영업팀	연구팀	영업팀	연구팀

따라서 생산팀은 3층에 배치될 수 없다.

04 정답 ③

조건에 의하면 D면접자와 E면접자는 2번, 3번 의자에 앉아 있고, A면접자는 1번과 8번 의자에 앉을 수 없다. B면접자는 6번 또는 7번 의자에 앉을 수 있다는 점과 A면접자와 C면접자 사이에는 2명이 앉는다는 조건까지 모두 고려하면 A면접자와 B면접자가 서로 이웃해 있을 때, 다음과 같은 두 가지 경우를 확인할 수 있다.

i) B면접자가 6번 의자에 앉을 경우

구분	1	2	3	4	5	6	7	8
경우 1		D	E		A	B		C
경우 2		D	E	C		B	A	
경우 3		D	E	A		B	C	
조건	A (×) C (×)							A (×)

ii) B면접자가 7번 의자에 앉을 경우

구분	1	2	3	4	5	6	7	8
경우 1		D	E	C (×)		A	B	
경우 2		D	E			A	B	C (×)
경우 3		D	E		A		B	C
조건	A (×) C (×)							A (×)

→ B면접자가 7번 의자에 앉는 경우 1과 경우 2에서는 A면접자와 C면접자 사이에 2명이 앉는다는 조건이 성립되지 않는다.

따라서 A면접자와 B면접자가 서로 이웃해 앉는다면 C면접자는 4번 또는 8번 의자에 앉을 수 있다.

오답분석

① A면접자는 1번, 8번 의자에 앉지 않는다고 하였고 2번과 3번 의자는 D면접자와 E면접자로 확정되어 있다. 그리고 C면접자와의 조건 때문에 6번 의자에도 앉을 수 없으므로 A면접자는 4번, 5번, 7번 의자에 앉을 수 있다. 따라서 A면접자가 4번 의자에 앉는 것이 항상 옳다고 볼 수 없다.
② C면접자는 D면접자와 이웃해 앉지 않는다고 하였다. D면접자는 2번 의자로 확정되어 있으므로 C면접자는 1번 의자에 앉을 수 없으므로 항상 옳다고 볼 수 없다.
④ B면접자가 7번 의자에 앉고 A면접자와 B면접자 사이에 2명이 앉도록 하면, A면접자는 4번 의자에 앉아야 한다. 그런데 A면접자와 C면접자 사이에 2명이 앉아 있다는 조건이 성립되려면 C면접자는 1번 의자에 앉아야 하는데, C면접자는 D면접자와 이웃해 있지 않다고 하였으므로 항상 옳다고 볼 수 없다.

⑤ C면접자가 8번 의자에 앉는 것과는 상관없이 B면접자는 6번 또는 7번 의자에 앉을 수 있다. 따라서 B면접자가 6번 의자에 앉는다는 것은 항상 옳다고 볼 수 없다.

05 정답 ⑤

조건을 표로 정리하면 다음과 같다.

월	화	수	목	금	토	일
A	G	F	E	D	C	B

우선 A는 가장 먼저 근무하므로 월요일, E는 목요일에 근무한다. F가 E보다 먼저 근무하므로 F는 화, 수 중에 근무한다. 그런데 G가 A와 연이어 근무하므로 월, 화, 수, 목은 A, G, F, E가 근무한다. 다음으로 F가 근무하고 3일 뒤에 C가 근무하므로 C는 토요일에 근무한다. 또한 C가 B보다 먼저 근무하므로 B는 일요일에 근무한다.

따라서 남은 금요일에 D가 근무하고, 금요일의 전날인 목요일과 다음날인 토요일의 당직근무자는 C와 E이다.

06 정답 ②

세 번째 조건에 따라 파란색을 각각 왼쪽에서 두 번째, 세 번째, 네 번째에 칠할 때로 나눈다.

i) 파란색을 왼쪽에서 두 번째에 칠할 때
 • 노랑 – 파랑 – 초록 – 주황 – 빨강
ii) 파란색을 왼쪽에서 세 번째에 칠할 때
 • 주황 – 초록 – 파랑 – 노랑 – 빨강
 • 초록 – 주황 – 파랑 – 노랑 – 빨강
iii) 파란색을 왼쪽에서 네 번째에 칠할 때
 • 빨강 – 주황 – 초록 – 파랑 – 노랑

따라서 파란색을 왼쪽에서 세 번째에 칠할 때 주황 – 초록 – 파랑 – 노랑 – 빨강 순서로 칠할 수 있다.

오답분석

① 노란색을 왼쪽에서 첫 번째에 칠할 때, 주황색은 오른쪽에서 두 번째에 칠하게 된다.
③ 파란색을 오른쪽에서 두 번째에 칠할 때, 주황색은 왼쪽에서 두 번째에 칠하게 된다.
④ 파란색을 왼쪽에서 세 번째에 칠할 때, 주황색은 왼쪽에서 첫 번째에 칠하게 된다.
⑤ 파란색을 왼쪽에서 두 번째 혹은 세 번째에 칠할 때, 빨간색은 오른쪽에서 첫 번째에 칠하게 된다.

07 정답 ①

조건에 따라 사원들을 순서대로 줄 세워보면 다음과 같다.

1	2	3	4	5	6	7	8
마	다	가	아	바	나	사	라

따라서 3번째에 올 사원은 가이다.

08 정답 ①

주어진 조건에 따라 비품실의 선반 구조를 추론해보면 다음과 같다.

6층	화장지
5층	보드마카, 스테이플러
4층	종이
3층	믹스커피, 종이컵
2층	간식
1층	볼펜, 메모지

따라서 종이는 4층에 위치하며 종이 아래에는 믹스커피, 종이컵, 간식, 볼펜, 메모지가 있으므로 ①이 참이다.

09 정답 ②

주어진 조건에 따라 회사의 옥상 정원 구조를 추론해보면 다음과 같다.

1줄	은행나무, 벚나무
2줄	플라타너스, 단풍나무
3줄	소나무, 감나무
4줄	밤나무, 느티나무

따라서 벚나무는 은행나무와 함께 맨 앞줄에 심어져 있다.

10 정답 ③

먼저 오전 9시에 B과에서 진료를 받으면 10시에 진료가 끝나며, 셔틀을 타고 본관으로 이동하면 10시 30분이다. 이후 C과 진료를 이어보면 12시 30분이 되고, 점심시간 이후 오후 1시 30분부터 바로 A과의 진료를 본다면 오후 2시에 진료를 다 받을 수 있다.

따라서 가장 빠르게 진료를 받을 수 있는 경로는 B – C – A이다.

11 정답 ⑤

우선 첫 번째 조건을 통해 3명 중 2명만 참가하는 경우를 정리해본다.

ⅰ) B, C가 참가하는 경우

　B, C, D, E가 참가하고, F, G가 참가하지 않는다. 그러면 A, H 중 한 명이 반드시 참가해야 한다. 마지막 명제의 대우에 의해, A가 참가하면 H도 참가해야 한다. 따라서 H가 참가해야 한다.

ⅱ) B, F가 참가하는 경우

　B, E, F, G가 참가하고, C, D가 참가하지 않는다. 그러면 B, C가 참가하는 경우와 마찬가지로 H가 참가해야 한다.

ⅲ) C, F가 참가하는 경우

　C, D, F, G가 참가하고, B, E는 참가하지 않거나 또는 C, E, F가 참가하고, B, D, G가 참가하지 않는다. 두 경우 모두 반드시 H는 참가해야 한다.

따라서 반드시 캠프에 참가하는 사람은 H이다.

12 정답 ③

직원은 모두 9명이고, 자리는 11개이므로 빈자리는 두 곳이다. 두 번째 조건에서 사원 양옆과 앞자리는 비어있을 수 없다고 했으므로 B, C, E, F, G를 제외한 A, D자리는 빈자리가 된다. 세 번째 조건에서 부장 앞자리에 오상무 또는 최차장이 앉으며, 첫 번째 조건을 보면 같은 직급은 옆자리로 배정할 수 없는데, ③처럼 F와 G에 과장 두 명이 앉으면 성 대리 양옆 중 한 자리에 '한대리'가 앉아야 하므로 적절하지 않다.

	빈자리	B	성대리	C	빈자리
부장	최차장 또는 오상무	김사원	F	이사원	G

오답분석

① 차장 앞자리 A는 빈자리이다.
② A와 D는 빈자리이다.
④ B, C, F, G자리 중 한 곳을 최차장이 앉으면, E에는 오상무가 앉게 된다.
⑤ 한대리가 앉을 수 있는 자리는 F 또는 G이다.

13 정답 ①

직원들과 조건을 하나의 명제로 보고, 순서대로 A, B, C, D, E로 간소화하여 표현하면, 각 조건들은 다음과 같다.

조건 1. ~A → ~E
조건 2. D → B
조건 3. C
조건 4. E 또는 ~C
조건 5. ~A 또는 ~B

먼저, 조건 3에 따라 C주임은 아일랜드로 파견된다.
조건 4는 둘 중 하나 이상 참이 되는 조건으로 조건 3에 의해 C → E가 되어, E는 몽골로 파견되고, 조건 1의 대우인 E → A에 따라 A대리는 인도네시아로 파견된다. 또한 조건 5에서 ~A 혹은 ~B 중 적어도 하나는 참이므로 조건 1에 의해 ~A는 거짓이므로 ~B는 참이 된다. 그러므로 B대리는 우즈베키스탄으로 파견되지 않는다. 마지막으로 조건 2의 대우인 ~B → ~D에 따라 D주임은 뉴질랜드로 파견되지 않는다. 따라서 A대리는 인도네시아로, C주임은 아일랜드로, E주임은 몽골로 파견되며, B대리는 우즈베키스탄으로 파견되지 않고, D주임은 뉴질랜드에 파견되지 않으므로 ㄱ과 ㄴ은 참이다.

ㄷ. E주임은 몽골로 파견된다.

ㄹ. C주임은 아일랜드로, E주임은 몽골로 파견된다.

14 정답 ①

각 지점에는 한 번에 한 명의 신입사원만 근무할 수 있으므로 주어진 조건에 따라 지점별 순환근무표를 정리하면 다음과 같다.

구분	강남	구로	마포	잠실	종로
1	A	B	C	D	E
2	B	C	D	E	A
3(현재)	C	D	E	A	B
4	D	E	A	B	C
5	E	A	B	C	D

따라서 E는 네 번째 순환근무 기간에 구로에서 근무할 예정이므로 ①은 항상 참이 된다.

② C는 이미 첫 번째 순환근무 기간에 마포에서 근무하였다.

③ 다음 순환근무 기간인 네 번째 기간에 잠실에서 근무할 사람은 B이다.

④ 세 번째 순환근무 기간을 포함하여 지금까지 강남에서 근무한 사람은 A, B, C이다.

⑤ 강남에서 가장 먼저 근무한 사람은 A이다.

15 정답 ②

① F와 I가 함께 탑승했으므로 H와 D도 함께 탑승해야 하고, G나 J는 A와 탑승해야 한다.

③ C와 H는 함께 탑승해야 하고, B가 탑승하는 차에는 4명이 탑승해야 한다.

④ A와 B는 함께 탑승할 수 없다.

⑤ B가 탑승하는 차에는 4명이 탑승해야 한다.

16 정답 ③

먼저 B업체가 선정되지 않으면 세 번째 조건에 따라 C업체가 선정된다. 또한 첫 번째 조건의 대우인 'B업체가 선정되지 않으면, A업체도 선정되지 않는다.'에 따라 A업체는 선정되지 않는다. A업체가 선정되지 않으면 두 번째 조건에 따라 D업체가 선정된다. D업체가 선정되면 마지막 조건에 따라 F업체도 선정된다.

따라서 B업체가 선정되지 않을 경우 C, D, F업체가 시공업체로 선정된다.

17 정답 ③

ⅰ) (가), (나), (라), (마), (바), (아)에 의해 E, F, G가 3층, C, D, I는 2층, A, B, H는 1층에 있음을 알 수 있다.

ⅱ) (라)에 의해 2층이 '빈방 – C – D – I' 또는 'I – 빈방 – C – D'임을 알 수 있다.

ⅲ) (나), (다)에 의해 1층이 'B – A – 빈방 – H' 또는 'H – B – A – 빈방'임을 알 수 있다.

ⅳ) (마), (사)에 의해 3층이 'G – 빈방 – E – F' 또는 'G – 빈방 – F – E'임을 알 수 있다.

따라서 항상 참인 것은 ①이다.

18 정답 ①

마지막 조건에 따라 C대리가 가장 먼저 출근하며, 두 번째 조건에 따라 그 다음에 B과장이 출근한다. 팀원이 총 5명이므로 세 번째 조건에 따라 D주임이 세 번째로 출근하며, 나머지 팀원인 E사원과 A팀장 중 첫 번째 조건에 따라 E사원이 먼저 출근한다.

따라서 출근 순서는 C대리 – B과장 – D주임 – E사원 – A팀장이다.

19 정답 ③

선택지별 부품 구성에 따른 총 개수 및 총 가격과 총 소요시간을 계산하면 다음과 같으며, 총 소요시간에서 30초는 0.5분으로 환산한다.

구분	부품	총 개수(개)	총 가격(원)	총 소요시간(분)
①	B, C, E	$2+3+2$ $=7$	$(35\times2)+(40\times3)+(90\times2)$ $=370$	$(2\times2)+(1.5\times3)+(2.5\times2)=$ 13.5
②	A, D, E	$4+3+2$ $=9$	$(20\times4)+(50\times3)+(90\times2)$ $=410$	$(1\times4)+(4\times3)$ $+(2.5\times2)=21$
③	B, C, F	$2+3+1$ $=6$	$(35\times2)+(40\times3)+120=310$	$(2\times2)+(1.5\times3)+3.5=12$
④	A, D, F	$4+3+1$ $=8$	$(20\times4)+(50\times3)+120=350$	$(1\times4)+(4\times3)$ $+3.5=19.5$
⑤	B, D, F	$2+3+1$ $=6$	$(35\times2)+(50\times3)+120=340$	$(2\times2)+(4\times3)$ $+3.5=19.5$

중요도에서 가장 먼저 고려해야 할 가격 조건 만족에 해당하는 부품구성은 (B, C, F), (B, D, F)이다. 이어서 두 번째로 중요도가 높은 부품 개수를 비교하면 6개로 동일하고, 총 소요시간은 (B, C, F)가 더 짧다.

따라서 조건에 부합하는 부품구성은 'B, C, F'이다.

20 정답 ④

두 번째, 네 번째 조건에 의해 B는 치통에 사용되는 약이고, A는 세 번째, 네 번째 조건에 의해 몸살에 사용되는 약이다.
∴ A - 몸살, B - 치통, C - 배탈, D - 피부병
두 번째, 다섯 번째 조건에 의해 은정이가 처방받은 약은 B, 희경이가 처방받은 약은 C에 해당된다. 그러면 소미가 처방받은 약은 마지막 조건에 의해 D에 해당된다.
따라서 네 사람이 처방받은 약은 정선 - A(몸살), 은정 - B(치통), 희경 - C(배탈), 소미 - D(피부병)이다.

03 어휘추리

01	02	03	04	05	06	07	08	09	10
③	②	④	②	⑤	①	①	④	④	③
11	12	13	14	15	16	17	18	19	20
①	⑤	②	⑤	④	①	③	④	①	④
21	22	23	24	25	26	27	28	29	30
③	④	⑤	③	①	③	⑤	②	④	⑤
31	32	33	34	35					
①	⑤	④	④	④					

01 정답 ③

제시어는 인과 관계이다.
'충격'이 있으면 '혼절'을 하게 되고, '감사'한 일이 있으면 '사례'를 하게 된다.

02 정답 ②

제시어는 유의 관계이다.
'개선'의 유의어는 '수정'이고, '긴요'의 유의어는 '중요'이다.

[오답분석]
① 긴밀(緊密) : 서로 관계가 매우 가까워 빈틈이 없음
③ 경중(輕重) : 가벼움과 무거움. 중요함과 중요하지 않음
④ 사소(些少) : 보잘것없이 작거나 적음
⑤ 친밀(親密) : 지내는 사이가 매우 친하고 가까움

03 정답 ④

제시어는 유의 관계이다.
'막상막하(莫上莫下)'의 유의어는 '난형난제(難兄難弟)'이고, '사필귀정(事必歸正)'의 유의어는 '인과응보(因果應報)'이다.

[오답분석]
① 과유불급(過猶不及) : 정도를 지나침은 미치지 못함과 같다는 뜻으로, 중용(中庸)이 중요함을 이르는 말
② 고장난명(孤掌難鳴) : 외손뼉만으로는 소리가 울리지 아니한다는 뜻으로, 혼자의 힘만으로 어떤 일을 이루기 어려움을 이르는 말
③ 다기망양(多岐亡羊) : 두루 섭렵하기만 하고 전공하는 바가 없어 끝내 성취하지 못함을 이르는 말
⑤ 형설지공(螢雪之功) : 반딧불·눈과 함께 하는 노력이라는 뜻으로, 고생을 하면서 부지런하고 꾸준하게 공부하는 자세를 이르는 말

04 정답 ②

제시어는 주술 관계이다.
'꽃'은 '만개하다'라는 서술어가 적절하고, '수증기'는 '자욱하다'라는 서술어가 적절하다.

05 정답 ⑤

제시어는 기능의 유사성이다.
'마차'와 가장 유사한 기능을 가진 낱말은 '자동차'이다.

06 정답 ①

제시어는 반의 관계이다.
'감쇄'의 경우 단순히 줄어 없어진다는 의미로, 보태어진 것에 영향을 받는 '보강', '상쇄'와는 다르다.

07 정답 ①

제시어는 유의 관계이다.
'흉내'와 '시늉'은 유의어이고, '권장'과 '조장' 또한 유의어이다.

08 정답 ④

제시어는 유의 관계이다.
'분별'은 '사물을 제 분수대로 각각 나누어서 가름'을 뜻하고, '변별'은 '사물의 옳고 그름이나 좋고 나쁨을 가림'을 뜻한다. 따라서 '존속과 멸망 또는 생존과 사망을 아울러 이르는 말'의 뜻인 '존망'과 유의 관계인 단어는 '죽기와 살기'의 뜻인 '사활'이다.

오답분석
① 절명 : 목숨이 끊어짐
② 사멸 : 죽어 없어짐
③ 종신 : 목숨을 다하기까지의 동안
⑤ 인식 : 사물을 분별하고 판단하여 앎

09 정답 ④

제시어는 도구와 용도의 관계이다.
'가위'로 자르고, '풀'로 붙인다.

10 정답 ③

제시어는 상하 관계이다.
'비단'은 '옷감'에 속하고, '악어'는 '파충류'에 속한다.

11 정답 ①

제시어는 유의 관계이다.

'조소(嘲笑)'와 '비소(誹笑)'는 모두 비웃음을 뜻하고, '서거(逝去)'는 죽음을 높여 부르는 말이며 이와 비슷한 의미를 지닌 것은 '타계(他界)'이다.

12 정답 ⑤

제시어는 유의 관계이다.
'믿음'은 '신용'과 유사한 의미를 가지며, '선의'는 '호의'와 유사한 의미를 지닌다.

13 정답 ②

제시어는 포함 관계이다.
'모래'는 '사막'을 구성하고, '나무'는 '숲'을 구성한다.

14 정답 ⑤

제시어는 상위어와 하위어의 관계이다.
'수성'은 '태양계'의 행성 중 하나이고, '돼지'는 '포유류'의 동물 중 하나이다.

15 정답 ④

제시어는 나이와 그 나이를 나타내는 한자어의 관계이다.
'불혹'은 '40세'를 의미하고, '고희'는 '70세'를 의미한다.

16 정답 ①

제시어는 유의 관계이다.
'가끔'과 '이따금'은 유사한 의미를 가지며, '죽다'는 '숨지다'와 유사한 의미를 가진다.

17 정답 ③

제시어는 주술 관계이다.
'우애'는 '돈독하다'는 서술어가 적절하고, '대립'은 '첨예하다'는 서술어가 적절하다.

18 정답 ④

제시어는 반의 관계이다.
'발산'은 '사방으로 퍼져 나감'이란 뜻이고 '수렴'은 '하나로 모아 정리함'이란 뜻이다. '일괄'은 '개별적인 여러 가지 것을 한데 묶음'이란 뜻이고, '분할'은 '나누어서 관할함'이란 뜻이다.

19 정답 ①

제시어는 상하 관계이다.
'대한민국'은 '국가'의 하위어이며, '음악'은 '예술'의 하위어이다.

20 정답 ④

제시어는 동의 관계이다.
'별세'는 '하직'의 동의어이며, '교사'는 '선생'의 동의어이다.

21 정답 ③

③은 대등 관계이다.
오답분석
①·②·④·⑤ 서열 순서로 이루어진 단어이다.

22 정답 ④

④는 유의 관계이다.
오답분석
①·②·③·⑤ 서로 반의 관계이다.

23 정답 ⑤

⑤는 작은 범위에서 큰 범위로 확대되는 관계이다.
오답분석
①·②·③·④ 큰 범위에서 작은 범위로 축소되는 관계이다.

24 정답 ③

③은 일반적인 오름차순이다.
오답분석
①·②·④·⑤ 시간 순서로 이루어진 단어이다.

25 정답 ①

①은 반의 관계이다.
오답분석
②·③·④·⑤ 유의 관계이다.

26 정답 ③

③은 반의 관계이다.
오답분석
①·②·④·⑤ 유의 관계이다.

27 정답 ⑤

⑤는 유의 관계이다.
오답분석
①·②·③·④ 반의 관계이다.

28 정답 ②

②는 반의 관계이다.
오답분석
①·③·④·⑤ 유의 관계이다.

29 정답 ④

④는 표준어 - 표준어 관계이다.
오답분석
①·②·③·⑤ 방언 - 표준어 관계이다.

30 정답 ⑤

⑤는 도구의 기능이 같은 관계이다.
오답분석
①·②·③·④ 도구와 그 도구의 기능 관계이다.

31 정답 ①

①은 대등 관계이다.
오답분석
②·③·④·⑤ 유의 관계이다.

32 정답 ⑤

⑤는 시간의 순서로 이루어진 단어이다.
오답분석
①·②·③·④는 대등 관계이다.

33 정답 ④

④는 여러 기상 현상들로 대등 관계이다.
오답분석
①·②·③·⑤ 유의 관계이다.

34 정답 ④

④는 상위어 - 하위어 관계이다.
오답분석
①·②·③·⑤ 반의 관계이다.

35 정답 ④

④는 부분 - 전체 관계이다.
오답분석
①·②·③·⑤ 하위어 - 상위어 관계이다.

01	02	03	04	05	06	07	08	09	10
⑤	③	④	①	③	③	④	②	②	④

01 정답 ⑤

규칙은 가로로 적용된다.
첫 번째 도형의 색칠된 부분과 두 번째 도형의 색칠된 부분을
합치면 세 번째 도형이 된다.

02 정답 ③

규칙은 가로로 적용된다.
두 번째 도형에서 첫 번째 도형을 뺀 나머지를 시계 방향으로
$90°$ 회전시킨 것이 세 번째 도형이 된다.

03 정답 ④

규칙은 가로로 적용된다.
첫 번째 도형을 시계 방향으로 $90°$ 회전시키고 수평으로 자른
윗부분이 두 번째 도형이고, 이를 수직으로 자른 후 오른쪽
부분을 y축 대칭시키면 세 번째 도형이 된다.

04 정답 ①

규칙은 세로로 적용된다.
첫 번째 도형과 두 번째 도형의 꼭짓점 수를 합하면 마지막
도형의 꼭짓점 수가 된다.
따라서 물음표에 들어갈 도형은 총 7개의 꼭짓점을 가진 ①번
도형이다.

05 정답 ③

규칙은 가로로 적용된다.
첫 번째 도형을 시계 반대 방향으로 $90°$ 회전한 것이 두 번째
도형이고, 이를 시계 방향으로 $45°$ 회전하면 세 번째 도형이
된다.

06 정답 ③

규칙은 가로로 적용된다.
첫 번째 도형을 시계 반대 방향으로 $45°$ 회전시키면 두 번째
도형이고, 이를 좌우 반전시키면 세 번째 도형이 된다.

07 정답 ④

정사각형 4개가 합쳐진 도형을 가장 큰 도형이라고 할 때, 가
장 큰 도형 안에서 가운데 하트 모양은 시계 방향으로 $90°$
회전하면서 색 반전하고 있다. 그리고 꺽쇠 모양의 도형은 가
장 큰 도형 안에서 시계 방향으로 한 칸씩 이동하면서, 시계
반대 방향으로 $90°$ 회전하고 있다. 가장 큰 도형의 정사각형
4개 중에 회색 칸은 시계 반대 방향으로 한 칸씩 이동하고
있다.

08 정답 ②

정사각형 4개가 합쳐진 도형을 가장 큰 도형이라고 할 때, 가
장 큰 도형의 바깥쪽 도형인 화살표 모양의 도형은 가장 큰
도형의 변을 따라서 시계 방향으로 한 칸씩 이동하며, 시계
방향으로 $90°$ 회전한다. 그리고 다른 바깥쪽 도형인 직각삼
각형 모양의 도형은 가장 큰 도형의 변을 따라서 시계 반대
방향으로 한 칸씩 이동하면서 시계 반대 방향으로 $90°$ 회전하
며 한 칸씩 이동할 때마다 색 반전이 이루어진다. 가장 큰 도
형의 안쪽 도형인 정삼각형 모양의 도형은 가장 큰 도형 안에
서 시계 방향으로 한 칸씩 움직이며, 다른 안쪽 도형인 십자가
모양의 도형은 가장 큰 도형 안에서 시계 반대 방향으로 한
칸씩 움직인다.

09 정답 ②

가장 큰 도형은 그대로, 외부도형은 꼭짓점과 변을 기준으로
번갈아 가며 시계 방향으로 이동하는 규칙이다.

10 정답 ④

첫 번째 도형을 기준으로 3번째와 4번째 행 왼쪽 하단에 있는
두 개의 사각형은 대각선 방향으로 반복하여 대칭하고 있으
며, 1번째 행 오른쪽에 색칠된 사각형은 시계 방향으로 $90°$
회전하고 있다.

05 도식추리

01	02	03	04	05	06	07	08	09	10
②	④	③	①	①	⑤	⑤	④	②	②
11	12	13	14	15	16	17	18	19	20
④	②	①	⑤	④	②	①	②	②	④
21	22	23	24						
②	①	④	①						

01 정답 ②

- □ : 모든 받침 지우기
- ☑ : 첫 번째와 마지막 문자 제외한 문자의 초성에만 +1
- X : 마지막 문자 맨 앞으로 이동
- ☒ : 첫 번째와 마지막 문자 제외한 문자의 모음에만 −1

각곡유목 → 가고유모 → 가노쥬모
□ ☑

02 정답 ④

형설지공 → 공형설지 → 공경열지 → 지공경열
X ☑ X

03 정답 ③

교각살우 → 교낙알우 → 우교낙알 → 우뇨닥알
☑ X ☑

04 정답 ①

- ♪ : 두 번째와 마지막 문자 자리 바꾸기
- ♬ : 각 자릿수에서 +2, −2, +2, −2(마지막 문자는 첫 번째 문자로)
- ♩ : 두 번째 문자를 네 번째와 같은 문자로 바꾸기

ㅓㅕㅗㅛ → ㅗㅑㅜㅕ → ㅗㅕㅜㅕ
♬ ♩

05 정답 ①

rㄴㅠㅜ → rㅜㅠㄴ → tㅗㅣㅎ
♪ ♬

06 정답 ⑤

ㅣ—2ㅋ → ㅣㅋ2ㅋ → ㅣㅋ2ㅋ
♩ ♪

07 정답 ⑤

- ○ : +0, +1, +2, +3
- ◑ : 1234 → 4231
- ◐ : 1234 → 1324
- ● : −3, −2, −1, −0

BE13 → 3E1B → 0C0B
◑ ●

08 정답 ④

RABI → RBAI → RCCL
◐ ○

09 정답 ②

BITE → BJVH → BVJH
○ ◐

10 정답 ②

LIFE → LFIE → IDHE
◐ ●

11 정답 ④

- ☆ : 각 자릿수 +4, +3, +2, +1
- ♡ : 1234 → 4321
- □ : 1234 → 4231
- △ : 각 자릿수 +1, −1, +1, −1

US24 → 4S2U → 8V4V
□ ☆

12 정답 ②

KB52 → OE73 → 37EO
☆ ♡

2일차 객관식

13 정답 ①

1839 → 2748 → 8472 → 9381
    △   ♡   △

14 정답 ⑤

J7H8 → 87HJ → 96II
    □   △

15 정답 ④

- ■ : 맨 앞 문자와 같은 문자 맨 뒤에 추가
- ○ : 맨 앞 문자 삭제
- Σ : 오른쪽으로 한 칸씩 이동(맨 뒤는 맨 앞으로 이동)
- ▼ : 역순으로 재배열

87CHO → OHC78 → HC78
      ▼   ○

16 정답 ②

9LEE3 → 39LEE → 39LEE3
    Σ   ■

17 정답 ①

KU01 → U01 → U01U → UU01
   ○   ■   Σ

18 정답 ②

LIGHT → TLIGH → HGILT → GILT
    Σ   ▼   ○

19 정답 ②

- △ : 각 자릿수 +1, +2, +1, +2
- □ : 1234 → 4321
- ○ : 1234 → 3124

DTIB → IDTB → BTDI
   ○   □

20 정답 ④

HBPE → IDQG → QIDG
    △   ○

21 정답 ②

CRMS → SMRC → TOSE
    □   △

22 정답 ①

- ○ : 1234 → 4321
- □ : 1234 → 3124
- ☆ : 각 자릿수 +1
- ▽ : 각 자릿수 +0, +1, +0, +1

ㄱㅌWN → ㄴㅍXO → ㄴㅎXP → ㄷㄱYQ
     ☆   ▽   ☆

23 정답 ④

IUㄹㅅ → ㅅㄹUI → ㅅㅁUJ → UㅅㅁJ
   ○   ▽   □

24 정답 ①

315A → 325B → 532B
   ▽   □

01	02	03	04	05	06	07	08	09	10
③	③	⑤	①	④	③	③	①	③	③

01 정답 ③

사단은 법인(法人)으로 등기되어야 법인격이 생긴다. 법인으로 등기 하지 않은 사단은 '법인이 아닌 사단'이라 한다.

오답분석

① 사람은 생존하는 내내 권리 능력을 갖게 되며, 그리하여 재산에 대한 소유권의 주체가 된다.
② 단체도 일정한 요건을 갖추면 법으로써 부여되는 권리 능력인 법인격을 취득할 수 있다.
④ 사람의 권리 능력과 법인격은 엄격히 구별되기 때문에 사원 개인에게까지 책임이 미치지 않는다.
⑤ 일인 주식회사에서는 일인 주주가 회사의 대표 이사가 되는 사례가 많다.

02 정답 ③

제시문을 통해 산업 및 가정에서 배출된 생활폐기물을 바이오매스 자원으로 활용하여 에너지를 생산하기 위한 화이트 바이오 연구가 진행되고 있음을 알 수 있다.

오답분석

① 바이오매스를 살아있는 유기물로 정의하는 생태학과 달리, 산업계에서는 산업용 폐자재나 가축의 분뇨, 생활폐기물과 같이 죽은 유기물이라 할 수 있는 유기성 폐자원 또한 바이오매스로 정의하고 있다.
② 산업계는 미생물을 활용한 화이트 바이오를 통해 온실가스 배출, 악취 발생, 수질오염 등 환경적 문제를 해결할 것으로 기대하고 있다.
④ 보건 및 의료 분야의 바이오산업인 레드 바이오나, 농업 및 식량 분야의 그린 바이오보다 늦게 발전을 시작했다는 점에서 앞선 두 바이오산업에 비해 규모가 작을 것임을 추측할 수 있다.
⑤ 화이트 바이오 산업이 대체하려는 기존 화학 산업의 경우 화석원료를 이용하는 제조방식으로 인한 이산화탄소 배출이 문제가 되고 있음을 추측할 수 있다.

03 정답 ⑤

의료용 3D프린팅 기술의 안전성 검증의 과정에서 전체적 동식물 유전자 조작에 대한 부정적 견해를 유발할 수 있다.

오답분석

① 3D프린터는 재료와 그 크기에 따라 사람의 치아나 피부, 자동차까지 다양한 사물을 인쇄할 수 있다.

② 3D프린터 기술의 발전에 따라 환자의 필요한 장기를 인쇄함으로써 별도의 장기기증자를 기다리지 않아도 될 것이다.
③ 피부를 직접 환자에게 인쇄하기 위해서는 피부 세포와 콜라겐 섬유소 등으로 구성된 바이오 잉크가 필요하다.
④ 환자 본인의 세포에서 유래된 바이오 잉크를 사용했느냐에 따라 거부 반응의 유무가 달라지기 때문에 같은 바이오 잉크를 사용한다 하더라도 거부 반응이 발생할 수 있다.

04 정답 ①

제시문의 전통적인 경제학에서는 미시 건전성 정책에 집중하는데, 이러한 미시 건전성 정책은 가격이 본질적 가치를 초과하여 폭등하는 버블이 존재하지 않는다는 효율적 시장 가설을 바탕으로 한다. 따라서 제시문의 주장에 대한 비판으로는 이러한 효율적 시장 가설에 대해 반박하는 ①이 가장 적절하다.

05 정답 ④

두 번째 문단에 따르면 전문 화가들의 그림보다 문인사대부들의 그림을 더 높이 사는 풍조는 동양 특유의 문화 현상에서만 나타나는 것이므로 서양 문화에서는 아마추어격인 문인사대부들, 즉 지배층의 그림보다 전문 화가들의 그림을 더 높게 평가하였을 것이다.

오답분석

① 문인사대부들은 정교한 기법이나 기교에 바탕을 둔 장식적인 채색풍을 멀리하였고, 동기창(董其昌)은 정통적인 화공보다 이러한 문인사대부들의 그림을 더 높이 평가하였으므로 옳지 않다.
② 두 개의 회화적 전통이 성립된 곳은 오로지 극동 문화권뿐이라고 하였으므로 옳지 않다.
③ 문방사우를 이용해 그린 문인화(文人畵)는 화공들이 아닌 문인사대부들이 주로 그렸으므로 옳지 않다.
⑤ 동양 문화를 대표하는 지·필·묵은 동양 문화 내에서 사유 매체로서의 기능을 담당한 것이므로 옳지 않다.

06 정답 ③

제시문의 내용을 통해 알 수 있다.

오답분석

① 농가가 직접 수확하여 보내는 방식이므로 수의계약이다.
② 농가가 직접 마트와 거래하는 것은 수의계약이다.
④ 상품을 주기적으로 소비할 경우 밭떼기가 더 유리하다.
⑤ 청과물의 거래방식으로 가격변동이 가장 큰 것은 경매이다.

07 정답 ③

퐁피두 미술관은 모든 창조적 활동을 위한 공간이라는 제시문의 설명에 비추어 봤을 때, 퐁피두가 전통적인 예술작품을 선호할 것이라는 내용은 유추할 수 없다.

① 퐁피두 미술관은 기존의 전시만을 위해 설립된 공간이 아닌, 복합적인 기능과 역할을 인식하고 변화를 시도하는 공간으로 설립된 점에서 전시 목적만을 위해 설립된 기존의 미술관의 모습과 다를 것임을 추론할 수 있다.
② 퐁피두 미술관은 미술뿐만 아니라, 조형, 음악, 영화, 서적 다양한 목적을 위한 공간이므로 퐁피두를 찾는 사람들의 목적은 다양할 것임을 추론할 수 있다.
④ 퐁피두 미술관의 특징이 모든 창조적 활동의 중심이 되는 공간이라는 점에서 퐁피두는 파격적인 예술작품들을 충분히 수용할 수 있을 것이라고 유추할 수 있다.
⑤ 퐁피두 미술관은 현대 미술관의 기능과 역할을 40년 전에 미리 예견하고 설립되었기 때문에 ⑤의 내용을 유추할 수 있다.

08 정답 ①

첫 번째 문단에서 주시경이 늣씨 개념을 도입한 것은 서양의 블룸필드보다 훨씬 이전이라고 하였으므로 적절하지 않다.

② 첫 번째 문단의 '과학적 연구 방법이 전무하다시피 했던 국어학 연구에서, 그는 단어의 원형을 밝혀 적는 형태주의적 입장을 가지고 독자적으로 문법 현상을 분석하고 이론으로 체계화하는 데 힘을 쏟았다.'는 내용으로 알 수 있다.
③ 세 번째 문단의 '그는 맞춤법을 확립하는 정책에도 자신의 학문적 성과를 반영하고자 했다.'는 내용으로 알 수 있다.
④ 두 번째 문단의 '그는 언어를 민족의 정체성을 나타내는 징표로 보았으며, 국가와 민족의 발전이 말과 글에 달려 있다고 생각하여 국어 교육에 온 힘을 다하였다.'는 내용으로 알 수 있다.
⑤ 세 번째 문단의 '1907년에 설치된 국문 연구소의 위원으로 국어 정책을 수립하는 일에도 적극 참여하였다.'는 내용으로 알 수 있다.

09 정답 ③

레일리 산란의 세기는 보랏빛이 가장 강하지만 우리 눈은 보랏빛보다 파란빛을 더 잘 감지하기 때문에 하늘이 파랗게 보이는 것이다.

①·②는 첫 번째 문단, ⑤는 마지막 문단의 내용을 통해 추론할 수 있다.
④ 빛의 진동수는 파장과 반비례하고, 레일리 산란의 세기는 파장의 네제곱에 반비례한다. 즉, 빛의 진동수가 2배가 되면 파장은 1/2배가 되고, 레일리 산란의 세기는 $2^4 = 16$ 배가 된다.

10 정답 ③

보기는 독립신문이 일반 민중들을 위해 순 한글을 사용해 배포됐고, 상하귀천 없이 누구나 새로운 소식을 전달해준다는 내용이다. 따라서 ③이 가장 적절하다.

3일차

PART 2 주관식
정답 및 해설

CHAPTER

01 정렬 유형점검 정답 및 해설

[1~5]

예제풀이

• 1회

32	7	11	4	22

정리 전

7	32	11	4	22

• 2회

7	32	11	4	22

7	11	32	4	22

• 3회

7	11	32	4	22

7	11	4	32	22

7	4	11	32	22

4	7	11	32	22

• 4회

4	7	11	32	22

4	7	11	22	32

01 정답 1회

• 1회

9	14	27	25	49

9	14	25	27	49

02 정답 4회

• 1회

35	23	6	4	31

23	35	6	4	31

• 2회

23	35	6	4	31
23	6	35	4	31
6	23	35	4	31

• 3회

6	23	35	4	31
6	23	4	35	31
6	4	23	35	31
4	6	23	35	31

• 4회

4	6	23	35	31
4	6	23	31	35

03 정답 2회

• 1회

12	27	18	5	46
12	18	27	5	46

• 2회

12	18	27	5	46
12	18	5	27	46
12	5	18	27	46
5	12	18	27	46

04 정답 4회

• 1회

38	3	11	20	9
3	38	11	20	9

• 2회

3	38	11	20	9
3	11	38	20	9

• 3회

3	11	38	20	9
3	11	20	38	9

• 4회

3	11	20	38	9
3	11	20	9	38
3	11	9	20	38
3	9	11	20	38

05 정답 3회

• 1회

33	42	8	11	24
33	8	42	11	24
8	33	42	11	24

• 2회

8	33	42	11	24
8	33	11	42	24
8	11	33	42	24

• 3회

8	11	33	42	24
8	11	33	24	42
8	11	24	33	42

[6~10]

예제풀이

• 1회

5	0	4	1
0	5	4	1

이동 횟수는 1회이다.

• 2회

0	5	4	1
0	4	5	1

이동 횟수는 1회이다.

• 3회

0	4	5	1
0	4	1	5
0	1	4	5

이동 횟수는 2회이다.

따라서 카드의 이동 횟수는 1+1+2=4회이다.

06 　정답　 3회

• 1회

| 2 | 5 | 4 | 3 |

| 2 | 4 | 5 | 3 |

이동 횟수는 1회이다.

• 2회

| 2 | 4 | 5 | 3 |

| 2 | 4 | 3 | 5 |

| 2 | 3 | 4 | 5 |

이동 횟수는 2회이다.
따라서 카드의 이동 횟수는 1+2=3회이다.

07 　정답　 4회

• 1회

| 7 | 2 | 5 | 3 |

| 2 | 7 | 5 | 3 |

이동 횟수는 1회이다.

• 2회

| 2 | 7 | 5 | 3 |

| 2 | 5 | 7 | 3 |

이동 횟수는 1회이다.

• 3회

| 2 | 5 | 7 | 3 |

| 2 | 5 | 3 | 7 |

| 2 | 3 | 5 | 7 |

이동 횟수는 2회이다.
따라서 카드의 이동 횟수는 1+1+2=4회이다.

08 　정답　 2회

• 1회

| 6 | 1 | 4 | 7 |

| 1 | 6 | 4 | 7 |

이동 횟수는 1회이다.

• 2회

1	6	4	7

1	4	6	7

이동 횟수는 1회이다.

따라서 카드의 이동 횟수는 1+1=2회이다.

09 　정답　 3회

•1회

3	2	1	4

2	3	1	4

이동 횟수는 1회이다.

• 2회

2	3	1	4

2	1	3	4

1	2	3	4

이동 횟수는 2회이다.

따라서 카드의 이동 횟수는 1+2=3회이다.

10 　정답　 5회

• 1회

9	8	4	6

8	9	4	6

이동 횟수는 1회이다.

• 2회

8	9	4	6

8	4	9	6

4	8	9	6

이동 횟수는 2회이다.

• 3회

4	8	9	6

4	8	6	9

4	6	8	6

이동 횟수는 2회이다.

따라서 카드의 이동 횟수는 1+2+2=5회이다.

01 정렬 고난도점검 정답 및 해설

 [1~5]

예제풀이

구분	입	입	입	입	출	입	출	입	출	출	출	출	입	출	입	출
Last	1	2	3	4	4	5	5	6	6	3	2	1	2	2	3	3

01 정답 4번

구분	입	입	입	입	출	출	출	출	입	출	입	입	출	출
Last	1	2	3	4	4	3	2	1	2	2	5	6	6	5

02 정답 4번

구분	입	입	입	출	입	출	출	출	입	출	입	출
Last	1	2	3	3	4	4	2	1	5	5	6	6

03 정답 6번

구분	입	입	입	입	입	입	출	출	출	출	출	출
Last	1	2	3	4	5	6	6	5	4	3	2	1

04 정답 4번

구분	입	출	입	입	입	출	출	출	입	출	입	출	입	출
Last	1	1	2	3	4	4	3	2	3	3	5	5	6	6

05 정답 6번

구분	입	출	입	입	입	입	출	출	출
Last	1	2	3	4	5	6	6	5	4
구분	출	입	출	입	출	출	출	입	출
Last	3	4	4	5	5	2	1	2	2

예제풀이

1	0	4	5	→	0	4	5

혹은

1	0	4	5	→	1	4	5

06　정답　1장

6	5	13	15	→	6	13	15

혹은

6	5	13	15	→	5	13	15

07　정답　2장

32	15	4	7	→	4	7

08　정답　2장

40	1	20	6	25	→	1	20	25

혹은

40	1	20	6	25	→	1	6	25

09　정답　1장

5	4	8	13	15	→	5	8	13	15

혹은

5	4	8	13	15	→	4	8	13	15

10　정답　1장

7	9	12	11	17	→	7	9	12	17

혹은

7	9	12	11	17	→	7	9	11	17

[1~5]

예제풀이

날짜	1일	2일	3일	4일	5일	
제작 기간(일)	2	3	1	3	2	
판매액(만 원)	15	20	30	20	25	: 45만 원

날짜	1일	2일	3일	4일	5일	
제작 기간(일)	2	3	1	3	2	
판매액(만 원)	15	20	30	20	25	: 20만 원

01　정답　30만 원

날짜	1일	2일	3일	4일	
제작 기간(일)	2	1	2	1	
판매액(만 원)	20	30	15	20	: 20만 원

날짜	1일	2일	3일	4일	
제작 기간(일)	2	1	2	1	
판매액(만 원)	20	30	15	20	: 30만 원

02　정답　50만 원

날짜	1일	2일	3일	4일	5일	
제작 기간(일)	2	3	1	3	2	
판매액(만 원)	30	10	20	25	30	: 50만 원

날짜	1일	2일	3일	4일	5일	
제작 기간(일)	2	3	1	3	2	
판매액(만 원)	30	10	20	25	30	: 10만 원

3일차

주관식

03 정답 40만 원

날짜	1일	2일	3일	4일	5일	
제작 기간(일)	2	1	3	2	2	
판매액(만 원)	25	40	30	15	10	: 25만 원

날짜	1일	2일	3일	4일	5일	
제작 기간(일)	2	1	3	2	2	
판매액(만 원)	25	40	30	15	10	: 40만 원

04 정답 70만 원

날짜	1일	2일	3일	4일	5일	6일	
제작 기간(일)	1	2	4	3	1	3	
판매액(만 원)	15	30	20	15	25	15	: 70만 원

05 정답 55만 원

날짜	1일	2일	3일	4일	5일	6일	7일	
제작 기간(일)	1	3	2	2	4	2	2	
판매액(만 원)	15	40	10	25	20	15	10	: 55만 원

날짜	1일	2일	3일	4일	5일	6일	7일	
제작 기간(일)	1	3	2	2	4	2	2	
판매액(만 원)	15	40	10	25	20	15	10	: 25만 원

날짜	1일	2일	3일	4일	5일	6일	7일
제작 기간(일)	1	3	2	2	4	2	2
판매액(만 원)	15	40	10	25	20	15	10

[6~10]

예제풀이

가지들의 합은 12, 평균이 4이다. 따라서 최소한 하나의 가지는 반드시 가지치기를 해야 하므로, 5를 4로 가지치기하면 반올림한 전체 평균은 (3+4+4)÷3=3.7이 되어 처음 전체 평균에 최대한 가깝게 된다.

06 정답 1개

가지들의 합은 22, 평균이 5.50이다. 따라서 5×4=20이므로, 7을 5로 가지치기하면 평균이 5가 된다.

07 정답 1개

가지들의 합은 36, 평균은 5.1이다. 따라서 5×7=35이므로, 9를 8로 가지치기하면 평균이 5가 된다.

08 정답 1개

가지들의 합은 41, 평균은 5.1이다. 따라서 $5 \times 8 = 40$이므로, 9를 8로 가지치기하면 평균이 5가 된다.

09 정답 1개

가지들의 합은 93, 평균은 6.2이다. 따라서 $6 \times 15 = 90$이므로, 14를 11로 가지치기하면 평균이 6이 된다.

10 정답 2개

가지들의 합은 73, 평균은 4.6이다. 따라서 $4 \times 16 = 64$이고 가장 큰 가지가 9이고 가지치기가 0이 되어서는 안 되므로 최소한 2개의 가지를 가지치기해야 한다.

CHAPTER

02 이산수학 고난도점검 정답 및 해설

[1~5]

예제풀이

$30 \div 5 = 6, \ 6 \div 6 = 1$
$6 + 1 = 7$

01 정답 **18**

$100 \div 6 = 16 \cdots 4, \ 16 \div 6 = 2 \cdots 4$
$16 + 2 = 18$

02 정답 **42**

$256 \div 7 = 36 \cdots 4, \ 36 \div 6 = 6$
$36 + 6 = 42$

03 정답 **997**

$6,847 \div 8 = 855 \cdots 7, \ 855 \div 6 = 142 \cdots 3$
$855 + 142 = 997$

04 정답 **218,814**

$1,687,999 \div 9 = 187,555 \cdots 4, \ 187,555 \div 6 = 31,259 \cdots 1$
$187,555 + 31,259 = 218,814$

05 정답 **1,034,943,999**

$3,548,379,431 \div 4 = 887,094,857 \cdots 3, \ 887,094,857 \div 6 = 147,849,142 \cdots 5$
$887,094,857 + 147,849,142 = 1,034,943,999$

[1~5]

예제풀이

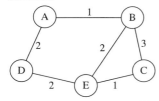

위와 같이 5개의 도시가 주어졌을 때, A마을이 4 미만의 시간으로 배달할 수 있는 마을을 구한다.
A마을 → A마을 최단 거리 0
A마을 → B마을 최단 거리 1
A마을 → C마을 최단 거리 4이므로 불포함
A마을 → D마을 최단 거리 2
A마을 → E마을 최단 거리 3
따라서 A, B, D, E로 총 4개이다.

01 **정답** 5개

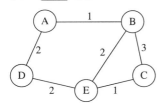

B마을 → B마을 최단 거리 0
B마을 → A마을 최단 거리 1
B마을 → C마을 최단 거리 3
B마을 → D마을 최단 거리 3
B마을 → E마을 최단 거리 2
따라서 A, B, C, D, E로 총 5개이다.

02 정답 2개

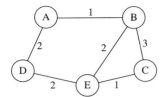

C마을 → C마을 최단 거리 0
C마을 → A마을 최단 거리 4이므로 불포함
C마을 → B마을 최단 거리 3이므로 불포함
C마을 → D마을 최단 거리 3이므로 불포함
C마을 → E마을 최단 거리 1
따라서 C, E로 총 2개이다.

03 정답 3개

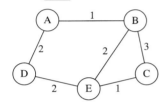

D마을 → D마을 최단 거리 0
D마을 → A마을 최단 거리 2
D마을 → B마을 최단 거리 3이므로 불포함
D마을 → C마을 최단 거리 3이므로 불포함
D마을 → E마을 최단 거리 2
따라서 A, D, E로 총 3개이다.

04 정답 5개

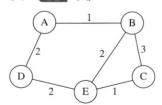

D마을 → D마을 최단 거리 0
D마을 → A마을 최단 거리 2
D마을 → B마을 최단 거리 3
D마을 → C마을 최단 거리 3
D마을 → E마을 최단 거리 2
따라서 A, B, C, D, E로 총 5개이다.

05 [정답] 5개

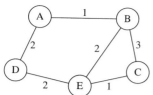

E마을 → E마을 최단 거리 0
E마을 → A마을 최단 거리 3
E마을 → B마을 최단 거리 2
E마을 → C마을 최단 거리 1
E마을 → D마을 최단거리 2
따라서 A, B, C, D, E로 총 5개이다.

[6~10]

예제풀이

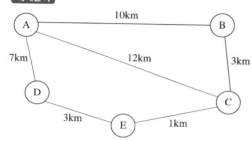

출발 지점에서 목표 지점까지 최단 경로를 구하는 문제로, 다익스트라 알고리즘을 활용한다.
A → C 12km
A → B → C 13km
A → D → E → C 11km
따라서 A지점에서 C지점까지의 최단 경로의 길이는 11km이다.

06 [정답] 12km

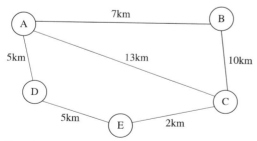

B → A → D 12km
B → C → A → D 28km
B → C → E → D 17km
따라서 B지점서 D지점까지의 최단 경로의 길이는 12km이다.

07 정답 19km

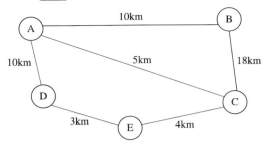

E → C → B 22km
E → D → A → B 23km
E → D → A → C → B 36km
E → C → A → B 19km
따라서 E지점에서 B지점까지의 최단 경로의 길이는 19km이다.

08 정답 12km

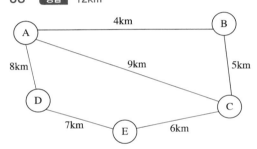

D → A → B 12km
D → A → C → B 22km
D → E → C → B 18km
D → E → C → A → B 26km
따라서 D지점에서 B지점까지의 최단 경로의 길이는 12km이다.

09 정답 16km

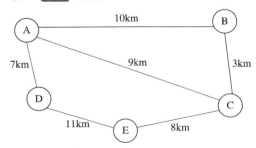

C → E → D 19km
C → A → D 16km
C → B → A → D 20km
따라서 C지점에서 D지점까지의 최단 경로의 길이는 16km이다.

10 정답 15km

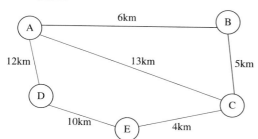

E → D → A 22km
E → C → A 17km
E → C → B → A 15km
따라서 E지점에서 A지점까지의 최단 경로의 길이는 15km이다.

[11~15]

예제풀이

			0			
		0	1	0		
	0	1	2	1	0	
0	1	2	0	2	1	0
	0	1	2	1	0	
		0	1	0		
			0			

11 정답 61

1+4+8+12+16+20=61

12 정답 85

1+4+8+12+16+20+24=85

13 정답 113

1+4+8+12+16+20+24+28=113

14 정답 145

1+4+8+12+16+20+24+28+32=145

15 정답 313

1+4+8+12+16+20+24+28+32+36+40+44+48=313

예제풀이

A	65	N	78
B	66	O	79
C	67	P	80
D	68	Q	81
E	69	R	82
F	70	S	83
G	71	T	84
H	72	U	85
I	73	V	86
J	74	W	87
K	75	X	88
L	76	Y	89
M	77	Z	90

따라서 A는 65, B는 66, C는 67, D는 68이 소모되므로 'A'를 전송하고 나서 나머지 글자는 보낼 수 없다.

16 정답 SSA

S는 83, S는 83, A는 65, F는 70, Y는 89가 소모되고 컴퓨터의 자원이 300이므로 'SSA'까지만 출력된다.

17 정답 THANK U

T는 84, H는 72, A는 65, N은 78, K는 75, 공백은 32, U는 85가 소모되고 컴퓨터의 자원이 500이므로 'THANK U'가 모두 출력된다.

18 정답 K O R E

K는 75, 공백은 32, O는 79, 공백은 32, R은 82, 공백은 32, E는 69, 공백은 32, A는 65가 소모되고 컴퓨터의 자원이 450이므로 'K O R E'까지 출력된다.

19 정답 HELLO WORLD

H는 72, E는 69, L은 76, L은 76, O는 79, 공백은 32, W는 87, O는 79, R은 82, L은 76, D는 68이 소모되고 컴퓨터의 자원이 1,000이므로 'HELLO WORLD'가 모두 출력된다.

20 정답 YOU CAN DO

Y는 89, O는 79, U는 85, 공백은 32, C는 67, A는 65, N은 78, 공백은 32, D는 68, O는 79, 공백은 32, I는 73, T는 84가 소모되고 컴퓨터의 자원이 710이므로 'YOU CAN DO'까지 출력된다.

[1~5]

예제풀이

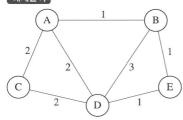

A지점 → A지점 최단 시간 0
A지점 → B지점 최단 시간 1
A지점 → C지점 최단 시간 2
A지점 → D지점 최단 시간 2
A지점 → E지점 최단 시간 2
따라서 A, B, C, D, E 총 5개이다.

01 정답 4개

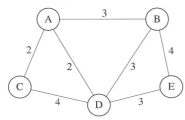

B → B 최단 시간 0
B → A 최단 시간 3
B → C 최단 시간 5이므로 포함되지 않음
B → D 최단 시간 3
B → E 최단 시간 4
따라서 A, B, D, E 총 4개이다.

02 정답 4개

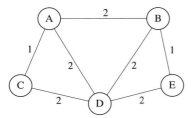

A → A 최단 시간 0
A → B 최단 시간 2
A → C 최단 시간 1
A → D 최단 시간 2
A → E 최단 시간 3이므로 포함되지 않음
따라서 A, B, C, D 총 4개이다.

03 정답 5개

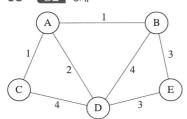

D → D 최단 시간 0
D → A 최단 시간 2
D → B 최단 시간 3
D → C 최단 시간 3
D → E 최단 시간 3
따라서 A, B, C, D, E 총 5개이다.

04 정답 3개

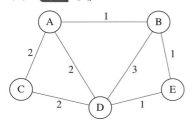

C → C 최단 시간 0
C → A 최단 시간 2
C → B 최단 시간 3이므로 포함되지 않음
C → D 최단 시간 2
C → E 최단 시간 3이므로 포함되지 않음
따라서 A, C, D 총 3개이다.

05 [정답] 3개

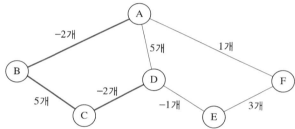

E → E 최단 시간 0
E → A 최단 시간 4이므로 포함되지 않음
E → B 최단 시간 2
E → C 최단 시간 4이므로 포함되지 않음
E → D 최단 시간 2
따라서 B, D, E 총 3개이다.

[6~10]

예제풀이

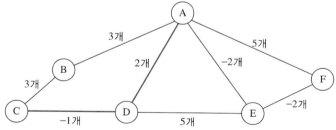

시작 위치 A에서 D로 가기 위한 최소 스탬프 비용은 A − B − C − D인 1개이다.

06 [정답] 1개

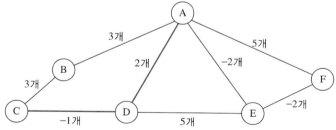

시작 위치 A에서 C로 가기 위한 최소 스탬프 비용은 A − D − C인 1개이다.

07 정답 1개

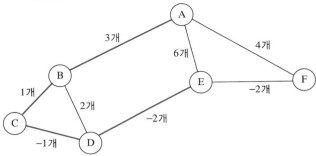

시작 위치 A에서 E로 가기 위한 최소 스탬프 비용은 A − B − C − D − E인 1개이다.

08 정답 2개

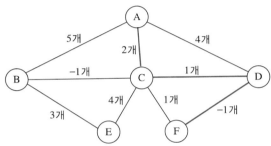

시작 위치 A에서 F로 가기 위한 최소 스탬프 비용은 A − C − D − F인 2개이다.

09 정답 3개

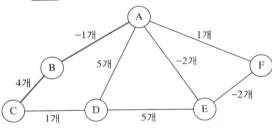

시작 위치 A에서 C로 가기 위한 최소 스탬프 비용은 A − B − C인 3개이다.

10 정답 5개

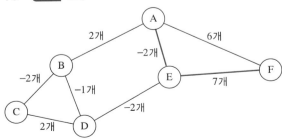

시작 위치 A에서 F로 가기 위한 최소 스탬프 비용은 A − E − F인 5개이다.

예제풀이

	M	O	C	K
L	0	0	0	0
O	0	1	1	1
C	0	1	2	2
I	0	1	2	2

따라서 최장 공통 부분 수열의 길이는 2이다.

11 정답 2

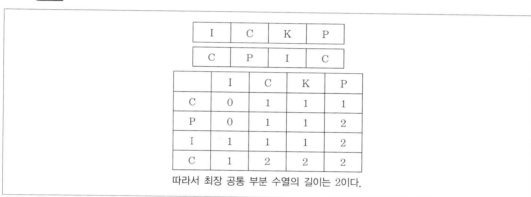

	I	C	K	P
C	0	1	1	1
P	0	1	1	2
I	1	1	1	2
C	1	2	2	2

따라서 최장 공통 부분 수열의 길이는 2이다.

12 정답 1

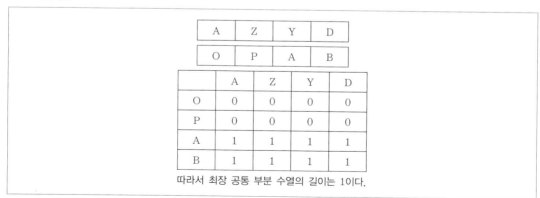

	A	Z	Y	D
O	0	0	0	0
P	0	0	0	0
A	1	1	1	1
B	1	1	1	1

따라서 최장 공통 부분 수열의 길이는 1이다.

13 정답 2

	F	C	D	D
F	1	1	1	1
D	1	1	2	2
C	1	2	2	2
F	2	2	2	2

따라서 최장 공통 부분 수열의 길이는 2이다.

14 정답 3

	U	I	V	E
I	0	1	1	1
V	0	1	2	2
E	0	1	2	3
A	0	1	2	3

따라서 최장 공통 부분 수열의 길이는 3이다.

15 정답 3

X	A	S	D

A	S	X	D

	X	A	S	D
A	0	1	1	1
S	0	1	2	2
X	1	1	2	2
D	1	1	2	3

따라서 최장 공통 부분 수열의 길이는 3이다.

04 다이나믹 프로그래밍 유형점검 정답 및 해설

[1~5]

예제풀이

무게	포션 회복량
2	10
4	50
6	100
7	200

최대무게가 20이고, 20을 넘지 않는 범위에서 무게 7의 포션 회복량이 200인 포션을 가능한 한 많이 사용해야 하므로 무게 7짜리의 포션 2개를 포함시킨다.
남은 무게인 6에서 무게 6짜리의 포션을 가능한 한 많이 사용해야 하므로 1개 포함시킨다.
무게 7짜리의 포션 2개, 무게 6짜리의 포션 1개, 즉 500 회복량의 포션을 가져갈 수 있으며 인벤토리에 넣을 수 있는 포션의 수는 총 3개이다.

01 정답 7개

무게	포션 회복량
2	10
4	50
6	100
7	200

무게 7 포션을 가능한 한 많이 가져가야 하므로 7개 가져간다.
따라서 7개를 가져갈 수 있다.

02 정답 3개

무게	포션 회복량
1	10
2	50
3	100
4	200

무게 4의 포션을 가능한 한 많이 가져가야 하므로 2개 가져간다.
무게 2의 포션을 1개 가져간다.
따라서 2+1=3개를 가져갈 수 있다.

03 　정답　9개

무게	포션 회복량
1	10
2	50
3	100
4	200

무게 4의 포션을 가능한 한 많이 가져가야 하므로 8개 가져간다.
무게 1의 포션을 1개 가져간다.
따라서 8+1=9개를 가져갈 수 있다.

04 　정답　5개

무게	포션 회복량
1	10
2	50
3	100
4	200

무게 4의 포션을 가능한 한 많이 가져가야 하므로 5개 가져간다.
따라서 5개를 가져갈 수 있다.

05 　정답　4개

무게	포션 회복량
1	10
3	50
5	100
7	200

무게 7의 포션을 가능한 한 많이 가져가야 하므로 2개 가져간다.
무게 5의 포션을 가능한 한 많이 가져가야 하므로 1개 가져간다.
무게 1인 포션을 1개 가져간다.
따라서 2+1+1=4개를 가져갈 수 있다.

[6~10]

예제풀이

블록의 번호(인덱스)	적힌 숫자	합계
0	1	1
1	8	9
2	−1	8
3	10	18

06 정답 47

블록의 번호(인덱스)	적힌 숫자	합계
0	−3	−3(음수로 선택하지 않음)
1	33	33
2	13	46
3	1	47

07 정답 20

블록의 번호(인덱스)	적힌 숫자	합계
0	15	15
1	5	20
2	−2	18
3	1	19

08 정답 26

블록의 번호(인덱스)	적힌 숫자	합계
0	5	5
1	0	5
2	8	13
3	13	26

09 정답 11

블록의 번호(인덱스)	적힌 숫자	합계
0	2	2
1	−10	2(음수로 선택하지 않음)
2	1	3
3	8	11

10 정답 86

블록의 번호(인덱스)	적힌 숫자	합계
0	12	12
1	30	42
2	−50	42(음수로 선택하지 않음)
3	44	86

[1~5]

예제풀이

물건 번호 \ 무게 총합	0	1	2	3	4	5
0	0	0	0	0	12	12
1	0	0	0	8	12	12
2	0	0	6	8	12	14

최솟값은 물건 번호 2를 1개 고른 6이고 최댓값은 14이므로 6+14=20이다.

01 정답 12

물건 번호 \ 무게 총합	0	1	2	3	4	5
0	0	0	3	3	3	3
1	0	0	3	4	4	7
2	0	5	5	8	9	9

최솟값은 물건 번호 0을 1개 고른 3이고 최댓값은 9이므로 3+9=12이다.

02 정답 16

물건 번호 \ 무게 총합	0	1	2	3	4	5
0	0	0	7	7	7	7
1	0	0	7	7	7	12
2	0	0	7	7	7	12

최솟값은 물건 번호 2를 1개 고른 4이고 최댓값은 120므로 4+12=16이다.

03 [정답] 11

물건 번호 \ 무게 총합	0	1	2	3	4	5
0	0	0	0	0	8	8
1	0	0	0	5	8	8
2	0	0	3	5	8	8

최솟값은 물건 번호 2를 1개 고른 3이고 최댓값은 8이므로 3+8=11이다.

04 [정답] 22

물건 번호 \ 무게 총합	0	1	2	3	4	5
0	0	0	0	12	12	12
1	0	0	6	12	12	18
2	0	4	6	12	16	18

최솟값은 물건 번호 2를 1개 고른 4이고 최댓값은 18이므로 4+18=22이다.

05 [정답] 13

물건 번호 \ 무게 총합	0	1	2	3	4	5
0	0	0	0	0	7	7
1	0	0	6	6	7	7
2	0	3	6	9	9	10

최솟값은 물건 번호 2를 1개 고른 3이고 최댓값은 10이므로 3+10=13이다.

[1~5]

예제풀이

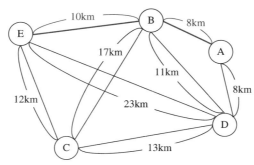

따라서 영희가 이동할 경로의 길이는 $10+8=18$km이다.

풀이 꿀팁

최단거리 문제는 다익스트라 알고리즘을 통해서 문제를 풀 수 있다. 다익스트라 알고리즘의 기본 알고리즘은 다음과 같다(단, 노드란 점과 선으로 이루어진 그래프에서 점을 말한다).

1. 시작 위치 노드에서 바로 인접한 이웃노드까지의 거리를 기록한다. 이때 다른 노드들을 거쳐서 이웃노드를 지나갈 수는 없다. 모든 이웃노드까지의 거리를 구하면 시작 위치 노드를 Finished로 라벨링한다.
2. Finished로 라벨링된 노드를 제외하고 시작 위치 노드에서 제일 근접한 이웃노드를 기준 노드로 삼는다. 그리고 다시 기준 노드의 바로 인접한 이웃노드들의 최단 거리를 기록한다. 이때 다른 노드들을 거쳐서 해당 이웃노드를 지나갈 수는 없지만, Finished로 라벨링된 노드는 거쳐서 지나갈 수 있다. 모든 이웃 노드들의 최단 거리를 구하면, 기준 노드를 Finished로 라벨링한다.
3. 2번 과정을 계속하여 반복한다.
4. 목표 도시가 Finished로 라벨링이 되면 알고리즘을 멈춘다.

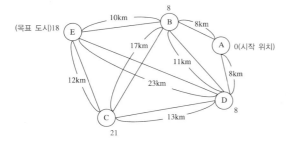

정답 9km

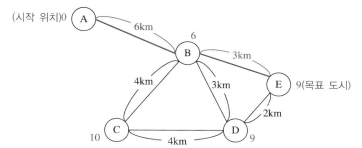

따라서 영희가 이동할 경로의 길이는 6+3=9km이다.

02 정답 28km

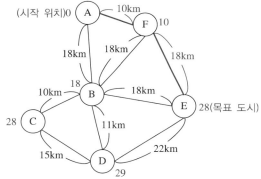

따라서 영희가 이동할 경로의 길이는 10+18=28km이다.

03 정답 16km

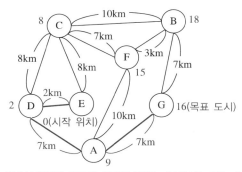

따라서 영희가 이동할 경로의 길이는 2+7+7=16km이다.

04 정답 17km

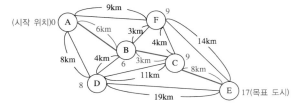

따라서 영희가 이동할 경로의 길이는 6+3+8=17km이다.

05 정답 17km

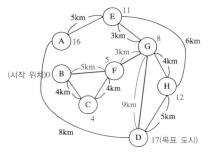

따라서 영희가 이동할 경로의 길이는 5+3+9=17km이다.

예제풀이

A → B → C : 1   A → D → C : 3
A → E → D → C : −5   A → F → E → D → C : 3
A → G → F → E → D → C : 2
따라서 A 출발 지점에서 C 도착 지점까지 필요한 골드의 최솟값은 −5이다.

06 정답 0

A → G → F : 0   A → F : 1
A → E → F : 3   A → D → E → F : 7
A → B → C → D → E → F : 3
따라서 A 출발 지점에서 F 도착 지점까지 필요한 골드의 최솟값은 0이다.

07 정답 −2

E → F → G → A : 5   E → F → A : 6
E → A : −2   E → D → A : 2
E → D → C → B → A : −2
따라서 E 출발 지점에서 A 도착 지점까지 필요한 골드의 최솟값은 −2이다.

08 정답 -4

D → E → F : 3
D → E → A → G → F : -4
D → A → E → F : 7

D → E → A → F : -3
D → A → G → F : 4
D → C → B → A → G → F : 0

따라서 D 출발 지점에서 F 도착 지점까지 필요한 골드의 최솟값은 -4이다.

09 정답 -8

C → B → A → G : -2
C → D → A → G : 0
C → D → E → F → A → G : 0

C → B → A → F → G : 5
C → D → E → A → G : -8
C → D → E → F → G : 5

따라서 C 출발 지점에서 G 도착 지점까지 필요한 골드의 최솟값은 -8이다.

10 정답 -3

B → A → F : 0
B → A → E → F : 2
B → C → D → E → F : 4

B → A → G → F : -1
B → A → D → E → F : 6
B → C → D → E → A → G → F : -3

따라서 B 출발 지점에서 F 도착 지점까지 필요한 골드의 최솟값은 -3이다.

[11~15]

예제풀이

최대 무게 과자 번호	0	1	2	3	4	5
1	0	0	0	0	600	600
2	0	0	0	800	800	800
3	0	0	1,400	1,400	1,400	2,200

11 정답 2,400원

최대 무게 과자 번호	0	1	2	3	4	5
1	0	600	600	600	600	600
2	0	600	1,600	2,200	2,200	2,200
3	0	600	1,600	2,200	2,200	2,400

12 정답 2,300원

최대 무게 과자 번호	0	1	2	3	4	5
1	0	0	900	900	900	900
2	0	1,200	1,200	2,100	2,100	2,100
3	0	1,200	1,200	2,100	2,300	2,300

13 정답 3,600원

과자 번호 \ 최대 무게	0	1	2	3	4	5
1	0	0	0	2,000	2,000	2,000
2	0	0	1,600	2,000	2,000	3,600
3	0	0	1,600	2,000	2,000	3,600

14 정답 4,200원

과자 번호 \ 최대 무게	0	1	2	3	4	5
1	0	0	0	2,400	2,400	2,400
2	0	0	1,800	2,400	2,400	4,200
3	0	900	1,800	2,700	3,300	4,200

15 정답 3,600원

과자 번호 \ 최대 무게	0	1	2	3	4	5
1	0	0	0	900	900	900
2	0	0	0	900	1,400	1,400
3	0	2,200	2,200	2,200	3,100	3,600

[16~20]

예제풀이

출발	0	0	0	1	1
0	1	1	2	2	2
0	1	1	3	3	4
0	1	2	3	3	5
1	1	2	3	4	도착

16 정답 3개

출발	0	1	1	1	1
0	1	1	1	1	1
0	1	1	1	1	2
0	1	2	2	2	3
0	1	2	2	2	도착

17 정답 3개

출발	0	0	0	1	1
0	0	0	0	2	2
0	1	1	1	2	2
0	1	1	1	2	2
0	2	2	2	3	도착

18 정답 4개

출발	0	0	0	1	1
0	1	1	1	1	1
0	2	2	2	2	2
0	2	2	3	3	4
0	2	2	3	3	도착

19 정답 4개

출발	0	0	0	0	0
0	0	1	1	1	1
1	1	1	1	1	1
1	1	2	2	3	3
1	1	2	2	4	도착

20 정답 4개

출발	0	0	1	1	1
0	0	1	1	1	1
0	0	2	2	2	2
0	0	2	2	3	4
0	0	2	3	3	도착

[1~5]

예제풀이

주어진 테이블을 회의 종료 시각이 빠른 순으로 정렬한다.

가장 종료 시각이 빠른 순서로 정렬하면 A, E, B이다. 시간이 겹치는 C는 진행할 수 없으므로 마지막에 D를 진행하면 된다.

예약 이름	A	E	B	D	C
시작 시각	09:00	10:00	14:00	18:00	14:00
종료 시각	10:00	11:00	16:00	19:00	19:00

따라서 최대 4개의 회의 예약을 확정할 수 있다.

01   정답   5개

종료 시각을 기준으로 정렬하면 다음과 같이 최대 5개의 회의 예약을 확정할 수 있다.

예약 이름	C	B	D	E	A
시작 시각	09:00	12:00	14:00	17:00	18:00
종료 시각	11:00	14:00	16:00	18:00	19:00

02   정답   4개

다음과 같이 최대 4개의 회의 예약을 확정할 수 있다.

예약 이름	B	D	A	E	C
시작 시각	09:00	11:00	12:00	16:00	10:00
종료 시각	10:00	12:00	15:30	18:00	12:30

03   정답   4개

다음과 같이 최대 4개의 회의 예약을 확정할 수 있다.

예약 이름	C	D	A	E	B
시작 시각	10:00	11:00	14:00	16:00	09:00
종료 시각	11:00	13:00	15:00	18:00	12:00

04   정답   3개

종료 시각이 가장 빠른 E를 먼저 확정하고, 다음으로 C - A 또는 C - B 또는 C - D 순으로 확정할 수 있다. 경우마다 3개의 회의 예약을 확정할 수 있다.

예약 이름	E	C	A	D	B
시작 시각	09:00	11:00	16:00	15:00	16:00
종료 시각	10:00	13:00	18:00	17:00	17:00

예약 이름	E	C	B	D	A
시작 시각	09:00	11:00	16:00	15:00	16:00
종료 시각	10:00	13:00	17:00	17:00	18:00

예약 이름	E	C	D	A	B
시작 시각	09:00	11:00	15:00	16:00	16:00
종료 시각	10:00	13:00	17:00	18:00	17:00

05 정답 3개

다음과 같이 최대 3개의 회의 예약을 확정할 수 있다.

예약 이름	A	C	D	B	E
시작 시각	11:00	12:00	16:00	14:00	11:00
종료 시각	12:00	15:00	17:00	18:00	15:00

[6~10]

예제풀이

알파벳 단추 'h', 'e', 'l', 'l', 'o'를 각각 먼저 누르고 'O' 단추를 눌러 대문자로 변환한다.
그다음 알파벳 단추 W를 누르고, 소문자로 다시 변환하기 위해 O단추를 눌러 소문자로 변환한다.
소문자로 변환 후 나머지 'o', 'r', 'l', 'd'를 누른다.
따라서 'hello'+'O'+'W'+'O'+'orld'를 누르므로 5+1+1+1+4=12회 눌러야 한다.

06 정답 7회

알파벳 단추 's', 't', 'r', 'i', 'k', 'e', 's'를 각각 누른다. 대문자 알파벳이 없으므로 'O' 단추는 누르지 않아도 된다.
따라서 7회 눌러야 한다.

07 정답 11회

먼저 대문자 'A'를 입력하기 위해 'O' 단추를 눌러 대문자로 변환한다.
'A'를 누르고 소문자로 다시 변환하기 위해 'O' 단추를 눌러 소문자로 변환한다.
소문자로 변환 후 's', 'u', 'n', 'n', 'y', 'd', 'a', 'y'를 누른다.
따라서 'O'+'A'+'O'+'sunnyday'를 누르므로 1+1+1+8=11회 눌러야 한다.

08 정답 8회

알파벳 단추 'c', 'h', 'e', 'e', 'r'을 각각 먼저 누르고 'O' 단추를 눌러 대문자로 변환한다.
그다음 알파벳 단추 'U', 'P'를 누른다.
따라서 'cheer'+'O'+'UP'를 누르므로 5+1+2=8회 눌러야 한다.

09 　정답　 18회

먼저 대문자 'M'을 입력하기 위해 'O' 단추를 눌러 대문자로 변환한다.
'M'를 누르고 소문자로 다시 변환하기 위해 'O' 단추를 눌러 소문자로 변환한다.
소문자로 변환 후 'e', 'r', 'r', 'y'를 누른다.
다시 대문자 C를 입력하기 위해 'O' 단추를 눌러 대문자로 변환한다.
'C'를 입력하고 'O' 단추를 눌러 소문자로 변환 후 나머지 'h', 'r', 'i', 's', 't', 'm', 'a', 's'를 누른다.
따라서 'O'+'M'+'O'+'erry'+'O'+'C'+'O'+'hristmas'를 누르므로 1+1+1+4+1+1+1+8=18회 눌러야 한다.

10 　정답　 13회

먼저 대문자 'C'을 입력하기 위해 'O' 단추를 눌러 대문자로 변환한다.
'C'를 누르고 소문자로 다시 변환하기 위해 'O' 단추를 눌러 소문자로 변환한다.
소문자로 변환 후 'a', 'r', 'p', 'e'를 누른다.
다시 대문자 C를 입력하기 위해 'O' 단추를 눌러 대문자로 변환한다.
'D'를 입력하고 'O' 단추를 눌러 소문자로 변환 후 나머지 'i', 'e', 'm'을 누른다.
따라서 'O'+'C'+'O'+'arpe'+'O'+'D'+'O'+'iem'를 누르므로 1+1+1+4+1+1+1+3=13회 눌러야 한다.

[11~15]

예제풀이

제시된 문자열에서 'a' 2개, 'b' 2개를 제거하면 된다.
따라서 2+2=4개를 제거해야 한다.

11 　정답　 2개

제시된 문자열에서 'a' 1개, 't' 1개를 제거하면 된다.
따라서 1+1=2개를 제거해야 한다.

12 　정답　 4개

제시된 문자열에서 'e' 2개, 'n' 1개, 'g' 1개를 제거하면 된다.
따라서 2+1+1=4개를 제거해야 한다.

13 　정답　 0개

제시된 문자열은 중복되는 문자가 없으므로 제거할 필요가 없다.

14 　정답　 7개

제시된 문자열에서 'a' 3개, 'c' 3개, 'b' 1개를 제거하면 된다.
따라서 3+3+1=7개를 제거해야 한다.

15 　정답　 16개

제시된 문자열에서 's' 6개, 'q' 4개, 'p' 5개, 'r' 1개를 제거하면 된다.
따라서 6+4+5+1=16개를 제거해야 한다.

예제풀이

A → B : 6
A → D → H → E → B : 10
A → G → H → E → B : 23
A → D → B : 5
A → D → H → F → B : 13
A → G → D → E : 26

따라서 A 출발 지점에서 B 도착 지점까지 필요한 최소 비용은 5이다.

16 　정답　 6

A → B → E : 7
A → D → B → E : 6
A → G → H → E : 22
A → B → F → H → E : 14
A → D → H → E : 9
A → G → H → D → B → E : 27

따라서 A 출발 지점에서 E 도착 지점까지 필요한 최소 비용은 6이다.

17 　정답　 13

A → B → C : 14
A → D → B → C : 13
A → D → H → F → C : 15
A → G → H → F → C : 28
A → B → F → C : 14
A → D → B → F → C : 13
A → G → H → I → C : 42
A → G → H → F → B → C : 34

따라서 A 출발 지점에서 C 도착 지점까지 필요한 최소 비용은 13이다.

18 　정답　 7

H → G → A : 20
H → E → B → A : 9
H → F → B → A : 12
H → D → A : 7
H → D → B → A : 12
H → F → C → B → A : 22

따라서 H 출발 지점에서 A 도착 지점까지 필요한 최소 비용은 7이다.

19 　정답　 19

I → C → B → A : 24
I → H → E → B → A : 21
I → H → D → B → A : 24
I → C → F → B → A : 24
I → H → D → A : 19
I → H → G → A : 32

따라서 I 출발 지점에서 A 도착 지점까지 필요한 최소 비용은 19이다.

20 　정답　 16

G → A → B → C : 26
G → H → E → B → C : 19
G → H → F → B → C : 22
G → A → D → B → F → C : 25
G → H → F → C : 16
G → H → I → C : 30

따라서 G 출발 지점에서 C 도착 지점까지 필요한 최소 비용은 16이다.

남에게 이기는 방법의 하나는 예의범절로 이기는 것이다.

– 조쉬 빌링스 –

4_{일차}

PART 3
최종점검 모의고사
정답 및 해설

제1회 최종점검 모의고사

제2회 최종점검 모의고사

01 객관식

01	02	03	04	05	06	07	08	09	10	11	12	13	14	15					
⑤	②	④	③	②	③	⑤	⑤	①	②	③	①	①	④	④					

01 　정답　 ⑤

ⅰ) 0 ~ 6의 카드 중 2장을 뽑아 두 자릿수를 만들 수 있는 경우의 수 : 6×6=36가지
ⅱ) 20 미만의 두 자릿수를 만들 수 있는 경우의 수 : 10, 12, 13, 14, 15, 16 → 6가지
ⅲ) 60 이상의 두 자릿수를 만들 수 있는 경우의 수 : 60, 61, 62, 63, 64, 65 → 6가지

따라서 구하고자 하는 확률은 $\dfrac{6+6}{36}=\dfrac{1}{3}$ 이다.

02 　정답　 ②

2022년에 서울과 경남의 등락률이 상승했고, 2021년에 제주의 등락률이 상승했다.

오답분석

① 2020년부터 부산의 등락률은 2.4%p → 1.5%p → 1.3%p → 0.8%p로 하락하고 있다.
③ 2020년에 경남은 제주의 1.2%p에 이어 1.9%p로 등락률이 두 번째로 낮다.
④ 2022년에 등락률이 가장 높은 곳은 1.6%p인 서울이다.
⑤ 2023년에 충북은 등락률이 −0.1%p로 가장 낮다.

03 　정답　 ④

총무부서 직원은 총 250×0.16=40명이다. 2022년과 2023년의 독감 예방접종 여부가 총무부서에 대한 자료라면, 총무부서 직원 중 2022년과 2023년의 예방접종자 수의 비율 차는 56−38=18%p이다. 따라서 40×0.18≒7.2이므로 약 7명 증가하였다.

오답분석

① 2022년 독감 예방접종자 수는 250×0.38=95명, 2023년 독감 예방접종자 수는 250×0.56=140명이므로, 2022년에는 예방접종을 하지 않았지만, 2023년에는 예방접종을 한 직원은 총 140−95=45명이다.
② 2022년의 예방접종자 수는 95명이고, 2023년의 예방접종자 수는 140명이다. 따라서 $\dfrac{140-95}{95}\times100≒47\%$ 증가했다.
③ 2022년의 예방접종을 하지 않은 직원들을 대상으로 2023년의 독감 예방접종 여부를 조사한 자료라고 한다면, 2022년과 2023년 모두 예방접종을 하지 않은 직원은 총 250×0.62×0.44≒68명이다.
⑤ 제조부서를 제외한 직원은 250×(1−0.44)=140명이고, 2023년 예방접종을 한 직원은 250×0.56=140명이다. 따라서 제조부서 중 예방접종을 한 직원은 없다.

04 정답 ③

2022년 예방접종을 한 직원은 $250 \times 0.38 = 95$명이고, 부서별 예방접종을 한 직원은 $250 \times (0.08 + 0.06 + 0.14) = 70$명이다. 즉, 제조부서 직원 중 예방접종을 한 직원은 $95 - 70 = 25$명이다. 따라서 제조부서 직원은 총 $250 \times 0.44 = 110$명이므로 제조부서 직원 중 2022년 예방접종을 한 직원의 비율은 $\frac{25}{110} \times 100 \fallingdotseq 22\%$이다.

05 정답 ②

- 2022년 9월 전월 대비 감소한 방문 고객 수 : $500 - 900 = -400$만 명
- 2022년 10월 전월 대비 감소한 방문 고객 수 : $300 - 500 = -200$만 명
- 2022년 11월 전월 대비 감소한 방문 고객 수 : $200 - 300 = -100$만 명
- 2022년 12월 전월 대비 감소한 방문 고객 수 : $150 - 200 = -50$만 명

매월 방문 고객수가 $\frac{1}{2}$ 감소하고 있으므로 2023년 1 ~ 3월까지의 방문 고객 수는 다음과 같다.

- 2023년 1월의 방문 고객 수 : $150 - 50 \times \frac{1}{2} = 125$만 명

- 2023년 2월의 방문 고객 수: $125 - 50 \times \frac{1}{4} = 112.5$만 명

- 2023년 3월의 방문 고객 수 : $112.5 - 50 \times \frac{1}{8} = 106.25$만 명

따라서 2023년 3월에 방문 고객 수가 처음으로 110만 명 미만이 된다.

06 정답 ③

'세미나에 참여한 사람'을 A, '봉사활동 지원자'를 B, '신입사원'을 C라고 하면, 첫 번째 명제에 따라 A는 B에 포함되며, 두 번째 명제에 따라 C는 A와 겹치지 않지만 B와는 겹칠 가능성이 있다. 이를 벤다이어그램으로 표현하면 다음과 같다.

- 경우 1

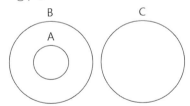

- 경우 2

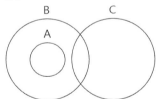

따라서 '신입사원은 봉사활동에 지원하였을 수도, 하지 않았을 수도 있다.'가 적절하다.

07 정답 ⑤

티라노사우르스=p, 공룡=q, 곤충을 먹음=r, 직립보행을 함=s이라고 하면, 각 명제는 순서대로 $p \to q$, $r \to \sim q$, $\sim r \to s$이다. 또한 두 번째 명제의 대우와 첫 번째·세 번째 명제를 정리하면 $p \to q \to \sim r \to s$이므로 $p \to s$가 성립한다. 따라서 티라노사우르스는 직립보행을 한다.

08 정답 ⑤

A나 C가 농구를 한다면 진실만 말해야 하는데, 모두 다른 사람이 농구를 한다고 말하고 있으므로 거짓을 말한 것이 되어 모순이 된다. 따라서 농구를 하는 선수는 B 또는 D이다.

ⅰ) B가 농구를 하는 경우 : C는 야구, D는 배구를 하고 남은 A가 축구를 한다. A가 한 말은 모두 거짓이고, C와 D는 진실과 거짓을 한 개씩 말하므로 모든 조건이 충족된다.

ⅱ) D가 농구를 하는 경우 : B는 야구, A는 축구, C는 배구를 한다. 이 경우 A가 진실과 거짓을 함께 말하고, B와 C는 거짓만 말한 것이 되므로 모순이 된다. 그러므로 D는 농구를 하지 않는다.

따라서 A는 축구, B는 농구, C는 야구, D는 배구를 한다.

09   정답   ①

첫 번째와 네 번째 조건에서 여학생 X와 남학생 B가 동점이 아니므로, 여학생 X와 남학생 C가 동점이다. 또한 세 번째 조건에서 여학생 Z와 남학생 A가 동점임을 알 수 있고, 두 번째 조건에서 여학생 Y와 남학생 B가 동점임을 알 수 있다.

따라서 남는 남학생 D는 여학생 W와 동점임을 알 수 있다.

10   정답   ②

제시어는 유의 관계이다. '손발'의 유의어는 '협력자'이고, '바지저고리'의 유의어는 '무능력자'이다.

11   정답   ③

가장 큰 도형과 내부도형은 시계 방향으로 90°씩 회전하고, 외부도형은 가장 큰 도형의 회전과 관계없이 시계 반대 방향으로 가장 큰 도형의 변을 한 칸씩 이동한다.

12   정답   ①

규칙은 가로로 적용된다.

첫 번째 도형을 시계 반대 방향으로 90° 회전한 것이 두 번째 도형이고, 이를 x축 기준으로 대칭 이동한 것이 세 번째 도형이다.

13   정답   ①

• ♤ : 1234 → 2341
• ♥ : 각 자릿수 +2, +4, +2, +4
• ◈ : 1234 → 2143

Q7J2 → S1L6 → 1L6S

14   정답   ④

제시문의 화제는 '과학적 용어'이다. 필자는 '모래언덕'의 높이, '바람'의 세기, '저온'의 온도를 사례로 들어 과학자들은 모호한 것은 싫어하지만 '대화를 통해 그 상황에 적절한 합의를 도출'하는 것으로 문제화하지 않는다고 한다. 따라서 제시문은 과학적 용어가 엄밀하고 보편적인 정의에 의해 객관성이 보장된다는 ④의 주장에 대한 비판적 논거이다.

15   정답   ④

마지막 문단에 따르면, 모든 동물이나 식물종을 보존할 수 없는 것과 같이 언어 소멸 역시 막기 어려운 측면이 있으며, 그럼에도 불구하고 이를 그저 바라만 볼 수는 없다고 하였다. 즉, 언어 소멸 방지의 어려움을 동물이나 식물종을 완전히 보존하기 어려운 것에 비유한 것이지, 언어 소멸 자체가 자연스럽고 필연적인 현상인 것은 아니다.

오답분석

① 첫 번째 문단에 따르면, 전 세계적으로 3,000개의 언어가 소멸해 가고 있으며, 이 중에서 약 600개의 언어는 사용자 수가 10만 명을 넘으므로 비교적 안전한 상태이다. 따라서 나머지 약 2,400개의 언어는 사용자 수가 10만 명이 넘지 않는다고 추측할 수 있다.

② 두 번째 문단의 마지막 문장에 의해, 히브리어는 지속적으로 공식어로 사용할 의지에 따라 부활한 언어임을 알 수 있다.

③ 마지막 문단 두 번째 줄의 '가령, 어떤 ~ 초래할 수도 있다.'를 통해 알 수 있다.

⑤ 두 번째 문단에서 '토착 언어 사용자들의 거주지가 파괴되고 종족 말살과 동화(同化)교육이 이루어지며, 사용 인구가 급격히 감소하는 것' 이외에도 전자 매체의 확산이 언어 소멸의 원인이 된다고 하였다. 따라서 타의적·물리적 압력에 의해서만 언어 소멸이 이루어지는 것은 아님을 알 수 있다.

02 주관식

[1~5]

예제풀이

최대 무게 수집품 번호	0	1	2	3	4	5
1	0	0	100	100	100	100
2	0	500	500	600	600	600
3	0	500	600	600	600	700

따라서 최대 가격은 1,000원이다.

01 　정답　 1,000원

최대 무게 수집품 번호	0	1	2	3	4	5
1	0	200	200	200	200	200
2	0	200	400	600	600	600
3	0	200	400	600	800	1,000

따라서 최대 가격은 1,000원이다.

02 　정답　 1,000원

최대 무게 수집품 번호	0	1	2	3	4	5
1	0	0	100	100	100	100
2	0	400	400	500	500	500
3	0	400	400	600	1,000	1,000

따라서 최대 가격은 1,000원이다.

03 정답 1,800원

수집품 번호 \ 최대 무게	0	1	2	3	4	5
1	0	0	0	800	800	800
2	0	0	1,000	1,000	1,000	1,800
3	0	0	1,000	1,000	1,000	1,800

따라서 최대 가격은 1,800원이다.

04 정답 1,200원

수집품 번호 \ 최대 무게	0	1	2	3	4	5
1	0	0	0	100	100	100
2	0	0	700	700	700	800
3	0	500	700	1,200	1,200	1,200

따라서 최대 가격은 1,200원이다.

05 정답 1,700원

수집품 번호 \ 최대 무게	0	1	2	3	4	5
1	0	0	0	500	500	500
2	0	0	0	500	700	700
3	0	1,000	1,000	1,000	1,500	1,700

따라서 최대 가격은 1,700원이다.

[6~10]

예제풀이

A → C 35분
A → B → C 55분
A → D → E → C 1시간 5분
따라서 A지점에서 C지점까지의 최소 소요 시간은 35분이다.

06 정답 55분

B → A → D 1시간 10분
B → C → A → D 1시간 25분
B → C → E → D 55분
따라서 B지점에서 D지점까지의 최소 소요 시간은 55분이다.

07 [정답] 45분

E → C → B 45분
E → D → A → B 1시간 40분
E → D → A → C → B 1시간 50분
E → C → A → B 1시간 25분
따라서 E지점에서 B지점까지의 최소 소요 시간은 45분이다.

08 [정답] 50분

D → A → B 55분
D → A → C → B 50분
D → E → C → B 1시간 10분
D → E → C → A → B 1시간 45분
따라서 D지점에서 B지점까지의 최소 소요 시간은 50분이다.

09 [정답] 30분

C → E → D 30분
C → A → D 1시간 10분
C → B → A → D 1시간 30분
따라서 C지점에서 D지점까지의 최소 소요 시간은 45분이다.

10 [정답] 50분

E → D → A 55분
E → C → A 1시간
E → C → B → A 50분
따라서 E지점에서 A지점까지의 최소 소요 시간은 50분이다.

[11~15]

예제풀이

강좌 이름	C	A	B
시작 시각	PM 02 : 00	PM 03 : 00	PM 05 : 00
종료 시각	PM 03 : 00	PM 04 : 00	PM 06 : 00

따라서 최대한 많이 신청할 수 있는 강좌는 3개이다.

11 [정답] 3개

강좌 이름	A	B	D
시작 시각	PM 01 : 00	PM 04 : 00	PM 05 : 00
종료 시각	PM 03 : 00	PM 05 : 00	PM 06 : 00

강좌 이름	C	B	D
시작 시각	PM 02 : 00	PM 04 : 00	PM 05 : 00
종료 시각	PM 03 : 00	PM 05 : 00	PM 06 : 00

12 정답 2개

강좌 이름	B	A
시작 시각	PM 01 : 00	PM 02 : 00
종료 시각	PM 02 : 00	PM 04 : 00

강좌 이름	B	C
시작 시각	PM 01 : 00	PM 03 : 00
종료 시각	PM 02 : 00	PM 04 : 00

강좌 이름	B	D
시작 시각	PM 01 : 00	PM 03 : 00
종료 시각	PM 02 : 00	PM 05 : 00

13 정답 2개

강좌 이름	C	D
시작 시각	PM 02 : 00	PM 05 : 00
종료 시각	PM 04 : 00	PM 06 : 00

강좌 이름	B	D
시작 시각	PM 03 : 00	PM 05 : 00
종료 시각	PM 05 : 00	PM 06 : 00

14 정답 2개

강좌 이름	A	D
시작 시각	PM 01 : 00	PM 05 : 00
종료 시각	PM 04 : 00	PM 06 : 00

강좌 이름	B	D
시작 시각	PM 02 : 00	PM 05 : 00
종료 시각	PM 04 : 00	PM 06 : 00

강좌 이름	C	D
시작 시각	PM 03 : 00	PM 05 : 00
종료 시각	PM 05 : 00	PM 06 : 00

15 정답 3개

강좌 이름	D	B	C
시작 시각	PM 01 : 00	PM 03 : 00	PM 04 : 00
종료 시각	PM 02 : 00	PM 04 : 00	PM 06 : 00

예제풀이

apple	bus	car	dad	puzzle

따라서 왼쪽에서 3번째에 해당하는 단어는 car이다.

16 정답 dog

candy	crow	dog	mood	seal	seed	zero

따라서 왼쪽에서 3번째에 해당하는 단어는 dog이다.

17 정답 real

cacao	good	haste	hobby	love	real	test

따라서 오른쪽에서 2번째에 해당하는 단어는 real이다.

18 정답 kid

bear	cat	desk	fog	kid	kite	picture	sad

따라서 오른쪽에서 4번째에 해당하는 단어는 kid이다.

19 정답 decade

cup	cute	deal	decade	eat	fast	process	top

따라서 왼쪽에서 4번째에 해당하는 decade이다.

20 정답 net

korea	net	new	pure	purple	tool	verb	yacht	you

따라서 왼쪽에서 2번째에 해당하는 단어는 net이다.

[21~25]

예제풀이

구분 \ 무게	1	2	3	4	5
1	0	10	10	10	10
2	20	20	30	30	30
3	20	20	20	30	50

따라서 바구니에 담은 과일의 가치의 합이 최대가 되는 값은 50이다.

21 정답 35

구분 \ 무게	1	2	3	4	5
1	0	0	20	20	20
2	0	15	20	20	35
3	0	15	20	20	35

따라서 바구니에 담은 과일의 가치의 합이 최대가 되는 값은 35이다.

22 정답 60

구분 \ 무게	1	2	3	4	5
1	0	15	15	15	15
2	0	40	40	55	55
3	0	40	40	55	60

따라서 바구니에 담은 과일의 가치의 합이 최대가 되는 값은 60이다.

23 정답 70

구분 \ 무게	1	2	3	4	5
1	0	0	20	20	20
2	30	30	30	50	50
3	30	30	40	70	70

따라서 바구니에 담은 과일의 가치의 합이 최대가 되는 값은 70이다.

24 정답 50

구분 \ 무게	1	2	3	4	5
1	0	5	5	5	5
2	0	15	15	20	20
3	30	30	45	45	50

따라서 바구니에 담은 과일의 가치의 합이 최대가 되는 값은 50이다.

25 정답 190

구분 \ 무게	1	2	3	4	5
1	0	50	50	50	50
2	0	50	50	70	70
3	120	120	170	170	190

따라서 바구니에 담은 과일의 가치의 합이 최대가 되는 값은 190이다.

01 객관식

01	02	03	04	05	06	07	08	09	10	11	12	13	14	15					
⑤	②	④	②	③	④	④	⑤	①	③	③	⑤	④	③	②					

01   정답   ⑤

ⅰ) 국류, 나물류를 하나씩 선택하는 경우 : $5 \times 4 = 20$가지
ⅱ) 국류, 볶음류를 하나씩 선택하는 경우 : $5 \times 3 = 15$가지
ⅲ) 나물류, 볶음류을 하나씩 선택하는 경우 : $4 \times 3 = 12$가지
따라서 서로 다른 메뉴를 두 개 선택하여 각각 하나씩 고르는 경우의 수는 $20 + 15 + 12 = 47$가지이다.

02   정답   ②

소포 하나 당 택배비는 $4,000 + (5-3) \times 300 = 4,600$원이다.
소포가 4개이므로 소포 4개에 대한 택배비는 $4,600 \times 4 = 18,400$원인데, 택배가 3개 이상이면 택배비는 10% 할인을 받는다.
따라서 S씨가 실제로 낼 택배비는 $18,400 \times 0.9 = 16,560$원이다.

03   정답   ④

2022년과 2023년 모든 지역에서 최고기온은 전년 대비 증가하였지만, 2022년 광주의 최저기온(2.1℃)은 전년인 2021년(2.2℃) 대비 감소하였다.

오답분석
① 수도권의 최고기온이 높은 순으로 나열하면 다음과 같다.
  • 2021년 : 경기(29.2℃) - 인천(28.9℃) - 서울(28.5℃)
  • 2022년 : 경기(31.4℃) - 인천(30.5℃) - 서울(30.1℃)
  • 2023년 : 경기(31.9℃) - 인천(31.5℃) - 서울(31.4℃)
  수도권의 최저기온이 높은 순대로 나열하면 다음과 같다.
  • 2021년 : 서울(-2.8℃) - 인천(-3.4℃) - 경기(-5.2℃)
  • 2022년 : 서울(-0.5℃) - 인천(-0.9℃) - 경기(-1.2℃)
  • 2023년 : 서울(0.9℃) - 인천(0.5℃) - 경기(-0.3℃)
  따라서 최고기온은 '경기 - 인천 - 서울' 순으로 높고, 최저기온은 '서울 - 인천 - 경기' 순으로 높다.
② 2021 ~ 2023년에 영하기온이 있는 지역은 다음과 같다.
  • 2021년 : 서울(-2.8℃), 경기(-5.2℃), 인천(-3.4℃), 대전(-1.1℃)
  • 2022년 : 서울(-0.5℃), 경기(-1.2℃), 인천(-0.9℃)
  • 2023년 : 경기(-0.3℃)
  따라서 영하기온이 있는 지역의 수는 매년 감소하고 있다.

③ 2021 ~ 2023년에 대구와 부산의 최고기온은 다음과 같다.
- 2021년 최고기온 : 대구 31.8℃, 부산 33.5℃
- 2022년 최고기온 : 대구 33.2℃, 부산 34.1℃
- 2023년 최고기온 : 대구 35.2℃, 부산 34.8℃
따라서 2023년에 대구의 최고기온이 부산보다 높아졌다.
⑤ 2022년 대비 2023년 평균기온은 인천(15.2−14.2=1.0℃), 대구(17.9−16.8=1.1℃) 두 지역만 1℃ 이상 증가하였다.

04 　정답　②

광주, 울산, 제주 지역의 초등학교 수와 중학교 수의 수치가 바뀌었다.

05 　정답　③

전월의 꽃의 수와 금월 꽃의 수의 합이 명월의 꽃의 수이다.
- 2023년 6월 꽃의 수 : 130+210=340송이
- 2023년 7월 꽃의 수 : 210+340=550송이
- 2023년 8월 꽃의 수 : 340+550=890송이
- 2023년 9월 꽃의 수 : 550+890=1,440송이
- 2023년 10월 꽃의 수 : 890+1,440=2,330송이
따라서 2023년 10월에는 2,330송이의 꽃이 있을 것이다.

06 　정답　④

'문제를 빠르게 푸는 사람'을 A, '집중력이 좋다.'를 B, '침착한 사람'을 C라고 하면, 첫 번째 명제는 A → B, 두 번째 명제는 ~C → ~B이다. 두 번째 명제의 대우는 B → C이므로 A → B → C가 성립한다. 따라서 빈칸에는 A → C인 '문제를 빠르게 푸는 사람은 침착한 사람이다.'가 적절하다.

07 　정답　④

문제에서 주어진 명제를 정리하면 다음과 같다.
p : 인디 음악을 좋아하는 사람
q : 독립영화를 좋아하는 사람
r : 클래식을 좋아하는 사람
s : 재즈 밴드를 좋아하는 사람
p → q , r → s, ~q → ~s 이다. ~q → ~s 명제의 대우는 s → q이므로, r → s → q이다. 즉, r → q이다.
따라서 '클래식을 좋아하는 사람은 독립영화를 좋아한다.'는 항상 참이다.

08 　정답　⑤

주어진 조건에 따라 엘리베이터 점검 순서를 추론해보면 다음과 같다.

첫 번째	5호기
두 번째	3호기
세 번째	1호기
네 번째	2호기
다섯 번째	6호기
여섯 번째	4호기

따라서 1호기의 점검 순서는 세 번째이고, 다음은 2호기, 그 다음이 6호기이므로 6호기는 5번째로 검사한다.

09   정답 ①

주어진 조건에 따라 공부하는 과목의 순서를 배치해보면 다음 표와 같다.

• 경우 1

첫 번째	두 번째	세 번째	네 번째	다섯 번째	여섯 번째
ㅁ	ㄹ	ㄱ	ㄴ	ㅅ	ㅂ

• 경우 2

첫 번째	두 번째	세 번째	네 번째	다섯 번째	여섯 번째
ㅁ	ㄹ	ㄱ	ㄴ	ㅂ	ㅅ

따라서 ㄱ 다음에 공부하는 과목은 ㄴ이다.

10   정답 ③

'할아버지'와 '할머니'는 성별로 대립되는 반의 관계이나, ③은 성별로 대립되는 관계가 아닌 부모와 자식 간의 관계이므로 제시된 단어의 관계와 다르다.

11   정답 ③

큰 사각형 안의 작은 사각형은 45° 회전하고, 검은 삼각형은 시계 반대 방향으로 90° 회전하며, 흰색 원은 큰 사각형 중심을 기준으로 시계 방향으로 이동한다.

12   정답 ⑤

규칙은 가로로 적용된다.
첫 번째 도형을 시계 방향으로 270° 회전한 것이 두 번째 도형이고, 이를 시계 반대 방향으로 90° 회전한 것이 세 번째 도형이다.

13   정답 ④

• □ : 각 자릿수 $+2$, -2, $+2$, -2
• ▨ : 1234 → 1243
• ◪ : 1234 → 3412
• ■ : 각 자릿수 $+3$, $+2$, $+1$, $+0$

$$OK15 \quad \xrightarrow[\quad\blacksquare\quad]{} \quad RM25 \quad \xrightarrow[\quad\square\quad]{} \quad TK43$$

14   정답 ③

긍정편향에 따르면 자신의 수명이나 동료에 비해 성공할 확률을 매우 높게 예측하는 경향이 있다. 따라서 자신의 미래를 타인의 미래보다 긍정적으로 바라본다는 것을 추론할 수 있다.

15   정답 ②

물가 상승으로 인해 화폐가치는 급락하지만, 풍년으로 인해 쌀값이 하락하면 오히려 화폐가치가 상승하는 결과를 낳는다.

`예제풀이`

값이 큰 순서대로 왼쪽부터 정렬한다.

22	25	32	35	27	29	: 0회
25	22	32	35	27	29	: 1회
32	25	22	35	27	29	: 2회
35	32	25	22	27	29	: 3회
35	32	27	25	22	29	: 4회
35	32	29	27	25	22	: 5회

`01` `정답` 3회

18	16	22	19	10	17	: 0회
22	18	16	19	10	17	: 1회
22	19	18	16	10	17	: 2회
22	19	18	17	16	10	: 3회

`02` `정답` 4회

7	10	15	11	5	18	: 0회
10	7	15	11	5	18	: 1회
15	10	7	11	5	18	: 2회
15	11	10	7	5	18	: 3회
18	15	11	10	7	5	: 4회

`03` `정답` 2회

33	27	26	28	22	25	: 0회
33	28	27	26	22	25	: 1회
33	28	27	26	25	22	: 2회

04 　정답　 5회

35	42	38	40	31	39	37	: 0회
42	35	38	40	31	39	37	: 1회
42	38	35	40	31	39	37	: 2회
42	40	38	35	31	39	37	: 3회
42	40	39	38	35	31	37	: 4회
42	40	39	38	37	35	31	: 5회

05 　정답　 6회

11	14	18	15	10	13	16	19	: 0회
14	11	18	15	10	13	16	19	: 1회
18	14	11	15	10	13	16	19	: 2회
18	15	14	11	10	13	16	19	: 3회
18	15	14	13	11	10	16	19	: 4회
18	16	15	14	13	11	10	19	: 5회
19	18	16	15	14	13	11	10	: 6회

[6~10]

예제풀이

구분 \ 무게	1	2	3	4	5	6	7
1	0	5	5	5	5	5	5
2	0	5	25	25	30	30	30
3	0	5	25	25	40	40	45

따라서 수조에 담은 물고기의 가치의 합이 최대가 되는 값은 45이다.

06 　정답　 45

구분 \ 무게	1	2	3	4	5	6	7
1	10	10	10	10	10	10	10
2	10	15	25	25	25	25	25
3	10	15	25	30	35	45	45

따라서 수조에 담은 물고기의 가치의 합이 최대가 되는 값은 45이다.

07 정답 50

구분 \ 무게	1	2	3	4	5	6	7
1	0	10	10	10	10	10	10
2	25	25	35	35	35	35	35
3	25	25	35	40	40	50	50

따라서 수조에 담은 물고기의 가치의 합이 최대가 되는 값은 50이다.

08 정답 70

구분 \ 무게	1	2	3	4	5	6	7
1	0	0	20	20	20	20	20
2	0	0	20	30	30	30	50
3	0	40	40	40	60	70	70

따라서 수조에 담은 물고기의 가치의 합이 최대가 되는 값은 70이다.

09 정답 30

구분 \ 무게	1	2	3	4	5	6	7
1	0	0	0	12	12	12	12
2	0	0	15	15	15	15	27
3	0	0	15	15	30	30	30

따라서 수조에 담은 물고기의 가치의 합이 최대가 되는 값은 30이다.

10 정답 55

구분 \ 무게	1	2	3	4	5	6	7
1	35	35	35	35	35	35	35
2	35	35	35	55	55	55	55
3	35	35	35	55	55	55	55

따라서 수조에 담은 물고기의 가치의 합이 최대가 되는 값은 55이다.

예제풀이

		10
3	2	9
4	1	8
5	6	7

따라서 마지막 수가 10으로 끝나는 칸은 '상'이다.

11   정답   하

13	12	11	10
14	3	2	9
15	4	1	8
16	5	6	7
17	18	19	

12   정답   0

31	30	29	28	27	26
32	13	12	11	10	25
33	14	3	2	9	24
34	15	4	1	8	23
35	16	5	6	7	22
36	17	18	19	20	21

13   정답   0

31	30	29	28	27	26	49
32	13	12	11	10	25	48
33	14	3	2	9	24	47
34	15	4	1	8	23	46
35	16	5	6	7	22	45
36	17	18	19	20	21	44
37	38	39	40	41	42	43

14 정답 우

57	56	55	54	53	52	51	50	
58	31	30	29	28	27	26	49	
59	32	13	12	11	10	25	48	
60	33	14	3	2	9	24	47	
61	34	15	4	1	8	23	46	
62	35	16	5	6	7	22	45	76
63	36	17	18	19	20	21	44	75
64	37	38	39	40	41	42	43	74
65	66	67	68	69	70	71	72	73

15 정답 좌

91	90	89	88	87	86	85	84	83	82
92	57	56	55	54	53	52	51	50	81
	58	31	30	29	28	27	26	49	80
	59	32	13	12	11	10	25	48	79
	60	33	14	3	2	9	24	47	78
	61	34	15	4	1	8	23	46	77
	62	35	16	5	6	7	22	45	76
	63	36	17	18	19	20	21	44	75
	64	37	38	39	40	41	42	43	74
	65	66	67	68	69	70	71	72	73

[16~20]

예제풀이

기차 전체의 길이를 구한 뒤, 속도를 적용하여 풀이한다.
1,000m의 터널을 1량(10m)만 있는 기차가 초속 10m의 속도로 지나가고 있다.
$1,010 \div 10 = 101$
따라서 기차가 일정한 속도로 가고 있을 때, 터널을 완전히 빠져나오기까지 101초가 걸린다.

16 정답 123초

기차 전체의 길이는 $15 \times 2 = 30$m이고, 터널을 완전히 빠져나오기까지의 길이는 1,230m이다.
$1,230 \div 10 = 123$
따라서 기차가 일정한 속도로 가고 있을 때, 터널을 완전히 빠져나오기까지 123초가 걸린다.

17 정답 72초

기차 전체의 길이는 $20 \times 3 = 60$m이고, 터널을 완전히 빠져나오기까지의 길이는 860m이다.

$860 \div 12 = 72$

따라서 기차가 일정한 속도로 가고 있을 때, 터널을 완전히 빠져나오기까지 72초가 걸린다.

18 　정답　458초

기차 전체의 길이는 $16 \times 5 = 80$m이고, 터널을 완전히 빠져나오기까지의 길이는 7,780m이다.

$7,780 \div 17 = 458$

따라서 기차가 일정한 속도로 가고 있을 때, 터널을 완전히 빠져나오기까지 458초가 걸린다.

19 　정답　356초

기차 전체의 길이는 $23 \times 8 = 184$m이고, 터널을 완전히 빠져나오기까지의 길이는 15,684m이다.

$15,684 \div 44 = 356$

따라서 기차가 일정한 속도로 가고 있을 때, 터널을 완전히 빠져나오기까지 356초가 걸린다.

20 　정답　578초

기차 전체의 길이는 $27 \times 17 = 459$m, 터널을 완전히 빠져나오기까지의 길이는 42,759m이다.

$42,759 \div 74 = 578$

따라서 기차가 일정한 속도로 가고 있을 때, 터널을 완전히 빠져나오기까지 578초가 걸린다.

[21~25]

예제풀이

지렁이를 먹는 순서는 다음과 같다.

0일	1일	2일	3일	4일
$(6+10=16)$	−	−	−	−
12	$(14+16=30)$	−	−	−
25	27	$(29+30=59)$	−	−
40	42	44	$(46+59=105)$	
30	32	34	36	$(38+105=143)$

따라서 4일 후 새의 크기는 143이다.

21 　정답　74

지렁이를 먹는 순서는 다음과 같다.

0일	1일	2일	3일	4일	5일
$(4+5=9)$	−	−	−	−	−
6	$(9+9=18)$	−	−	−	−
8	11	$(14+18=32)$	−	−	−
2	5	8	$(11+32=43)$	−	−
2	5	8	11	$(14+43=57)$	−
2	5	8	11	14	$(17+57=74)$

따라서 5일 후 새의 크기는 74이다.

22 정답 87

지렁이를 먹는 순서는 다음과 같다.

0일	1일	2일	3일	4일	5일
(6+7=13)	−	−	−	−	−
8	(13+13=26)	−	−	−	−
10	15	(20+26=46)	−	−	−
4	9	14	(19+46=65)	−	−
2	7	12	17	(22+65=87)	(87)
80	85	90	95	100	105

따라서 4일 후 새의 크기는 87이다.

23 정답 145

지렁이를 먹는 순서는 다음과 같다.

0일	1일	2일	3일	4일	5일	6일	7일
(5+6=11)	−	−	−	−	−	−	−
10	(11+11 =22)	−	−	−	−	−	−
20	21	(22+22 =44)	−	−	−	−	−
40	41	42	(43+44 =87)	−	−	−	−
20	21	22	23	(24+87 =111)	−	−	−
10	11	12	13	14	(15+111 =126)	−	−
5	6	7	8	9	10	(11+126 =137)	−
1	2	3	4	5	6	7	(8+137 =145)

따라서 7일 후 새의 크기는 145이다.

24 정답 4

크기가 2인 지렁이를 먼저 먹을 수 있고, 새의 크기는 4가 된다. 하루가 지나면 모든 지렁이 크기가 새의 크기보다 크므로 지렁이를 먹을 수 없다. 따라서 새의 크기는 4이다.

25 정답 44

지렁이를 먹는 순서는 다음과 같다.

0일	1일	2일	3일	4일	5일	6일	7일
(12+15 =27)	–	–	–	–	–	–	–
8	(17+27 =44)	(44)	–	–	–	–	–
27	36	45	54	63	72	81	90
40	49	58	67	76	85	94	103
66	75	84	93	102	111	120	129
80	89	98	109	118	127	136	145

따라서 1일 후 새의 크기는 44이다.

행운이란 100%의 노력 뒤에 남는 것이다.

- 랭스턴 콜만 -

2025 최신판 시대에듀 All-New 싸피 SSAFY (삼성 청년 SW아카데미) SW적성진단 5일 완성

개정9판1쇄 발행	2025년 03월 20일 (인쇄 2025년 02월 05일)
초 판 발 행	2020년 03월 10일 (인쇄 2020년 01월 31일)
발 행 인	박영일
책 임 편 집	이해욱
편 저	SDC(Sidae Data Center)
편 집 진 행	안희선 · 신주희
표지디자인	김도연
편집디자인	양혜련 · 고현준
발 행 처	(주)시대고시기획
출 판 등 록	제10-1521호
주 소	서울시 마포구 큰우물로 75 [도화동 538 성지 B/D] 9F
전 화	1600-3600
팩 스	02-701-8823
홈 페 이 지	www.sdedu.co.kr
I S B N	979-11-383-8860-3 (13320)
정 가	23,000원

싸피

삼성 청년 SW아카데미

SW적성진단

5일 완성

대기업 인적성 "기출이 답이다" 시리즈

역대 기출문제와 주요기업 기출문제를 한 권에! 합격을 위한

Only Way!

대기업 인적성 "사이다 모의고사" 시리즈

실제 시험과 동일하게 마무리! 합격으로 가는

Last Spurt!

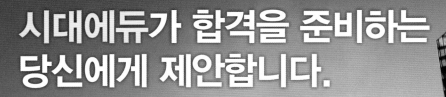

시대에듀가 합격을 준비하는
당신에게 제안합니다.

결심하셨다면 지금 당장 실행하십시오.
시대에듀와 함께라면 문제없습니다.

성공의 기회!
시대에듀를 잡으십시오.

NEXT STEP!

기회란 포착되어 활용되기 전에는 기회인지조차 알 수 없는 것이다. – 마크 트웨인 –